Raimund Schulz

Athen und Sparta

Geschichte kompakt – Antike

Herausgegeben von
Kai Brodersen

Beratung:
Ernst Baltrusch, Peter Funke, Charlotte Schubert,
Aloys Winterling

Raimund Schulz

Athen und Sparta

Wissenschaftliche Buchgesellschaft

Einbandgestaltung: schreiberVIS, Seeheim.

Die Deutsche Bibliothek verzeichnet diese Publikation
in der Deutschen Nationalbibliografie;
detaillierte bibliografische Daten sind im Internet über
http://dnb.ddb.de abrufbar.

Gedruckt auf säurefreiem und alterungsbeständigem Papier
Printed in Germany

Besuchen Sie uns im Internet: www.wbg-darmstadt.de

ISBN 3-534-15493-2

Inhaltsverzeichnis

Geschichte kompakt – Antike

Die Geschichte der Antike ist ein selbstverständlicher Teil der historischen Ausbildung und Bildung. Wer Geschichte studiert, befasst sich mit dem griechisch-römischen Altertum, dem Mittelalter und der Neuzeit, und wer Geschichte lehrt oder sich allgemein für Geschichte interessiert, wird diese drei „großen" Epochen ins Zentrum seiner eigenen Fortbildung stellen.

Allerdings ist die Geschichte der Antike vielleicht eher als die anderer Epochen nicht immer „von selbst verständlich". Oft sehen die Lehrpläne der Schulen eine Beschäftigung mit dem Altertum nur für Altersgruppen vor, denen ein Zugang zu historischen Fragestellungen noch wenig vertraut ist. Mitunter schrecken Studierende vor einer intensiveren Auseinandersetzung mit der Geschichte der Antike schon angesichts der Quellensprachen Griechisch und Latein zurück. Immer wieder schließlich hört man, es fehlten aktuelle und konzise Einführungen in wichtige Themen der Alten Geschichte für das Selbststudium, als begleitende Lektüre zu einer Lehrveranstaltung oder zur Vertiefung des eigenen Wissens.

Die Reihe „Geschichte kompakt – Antike" möchte allen Interessierten solche Einführungen zur Verfügung stellen. Bei der Auswahl des Stoffs für die einzelnen Bände, die Themen von der frühen griechischen Geschichte bis in die Spätantike erfassen, orientieren wir uns bewusst an der Lehre an Schulen und Universitäten. Die Themen werden dabei so erschlossen, dass sie ohne große Vorkenntnisse etwa von Begriffen oder Quellensprachen schnell erfasst und anhand der sorgfältig ausgewählten weiterführenden Literatur vertieft werden können.

Als Autorinnen und Autoren konnten wir vor allem jüngere Fachwissenschaftler gewinnen, die stets auf der Grundlage der (in Übersetzung gebotenen) Quellen, stets auf dem neuesten Forschungsstand und stets aufgrund eigener Lehrerfahrung informativ und kompakt darstellen, was für das jeweilige Thema der antiken Geschichte wichtig ist. So hoffen Autorinnen und Autoren, das Beratergremium, Herausgeber und Verlag dazu beizutragen, dass die Geschichte der Antike ein selbstverständlicher Teil der historischen Ausbildung und Bildung bleibt.

Kai Brodersen

Vorwort

Eine moderne Geschichte des so genannten klassischen Griechenland zu schreiben, war für mich ein lang gehegter Wunsch. Dass er in dieser Form verwirklicht wurde, verdanke ich Kai Brodersen, dem Herausgeber der Reihe.

Die historische Bedeutung des 5. und 4. Jahrhunderts v. Chr. ist unbestritten; doch haben viele Phänomene in den letzten Jahrzehnten eine neue Interpretation erfahren. Zentral scheint die Einsicht, dass Sparta und Athen bei allen fundamentalen Unterschieden doch in vielen Bereichen auch strukturell vergleichbare Entwicklungen durchgemacht haben, die im 5. Jahrhundert kulminierten. Wie verhielt sich die Entwicklung von Gesellschaft und Verfassung beider Poleis angesichts der außenpolitischen Veränderungen nach dem Sieg über die Perser, wie wirkte umgekehrt die innere Entwicklung auf die Gestaltung der Außenpolitik zurück, und welche kulturell-geistigen Wandlungen vollzogen sich parallel und als Reaktion auf die politisch-militärischen Veränderungen – dies sind nur einige der wichtigsten Fragen, auf die das Buch Antworten geben will. Besonderen Nachdruck habe ich darauf gelegt, das 5. und 4. Jahrhundert als Einheit zu betrachten; beide Jahrhunderte sind viel zu eng aufeinander bezogen, als dass man scharfe Trennlinien ziehen könnte. Weiterhin schien es mir wichtig, dem Phänomen Krieg wieder den ihm gebührenden Platz bei der Interpretation der politischen, wirtschaftlichen und kulturellen Zusammenhänge einzuräumen. Er bildet ein entscheidendes Movens der griechischen Geschichte und es wäre zu wünschen, dass man sich ihm in der schulischen und der universitären Lehre wieder so unbefangen widmet, wie es in der französischen und anglo-amerikanischen Forschung ganz üblich ist.

Zu danken habe ich Werner Dahlheim und Klaus Meister, die große Teile des Manuskripts gelesen und mich durch Diskussion und Rat vor manchen Fehlern bewahrt haben.

Weiterhin danke ich dem Herausgeber Kai Brodersen, mit dem ich das Thema durchgesprochen habe, sowie Dr. Martina Erdmann und Nicole Strobel von der Wissenschaftlichen Buchgesellschaft für ihre sorgfältige lektorische Arbeit.

Berlin, im Frühjahr 2003 Raimund Schulz

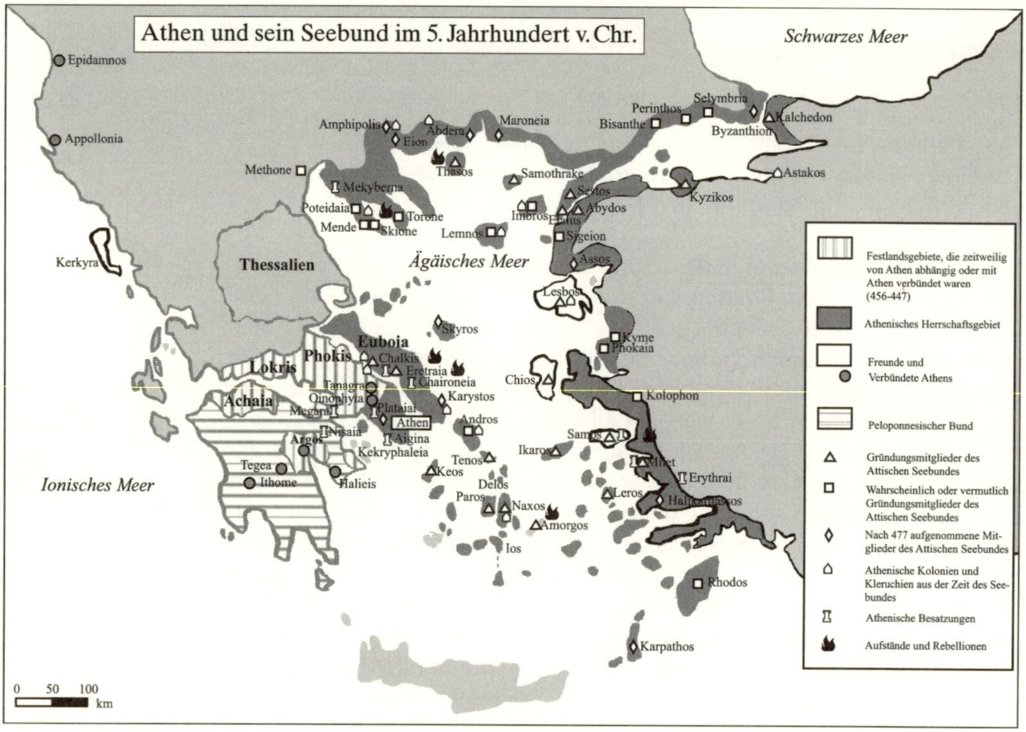

Es sind nur die wichtigsten literarisch und inschriftlich belegten und erschlossenen Besatzungen und Kolonien/Kleruchien aufgeführt. Man erkennt deutlich einen engeren Kreis von Festungen um das Gebiet von Attika, dem sich ein weiter ausgedehnter Kreis von Kleruchien und Kolonien im Ägäisraum anschließt.

I. Athens Aufstieg zur maritimen Großmacht

479	Seeschlacht bei Mykale Konferenz des Hellenebundes in Samos
478/7	Hegemoniewechsel. Gründung des Delisch-Attischen Seebundes
467	Niederschlagung der Revolte von Naxos
466/5	Doppelschlacht am Eurymedon
465/4	Niederschlagung der Revolte von Thasos
464–462	Erdbeben und Helotenaufstand in Sparta
462–61	Reformen des Ephialtes. Ostrakisierung Kimons
462–61	Bündnisse Athens mit Argos, Thessalien und Megara
ca. 460	Baubeginn der „Langen Mauern“ in Athen
460–454	Expedition und Niederlage der Athener in Ägypten
457	Schlacht von Tanagra
456/5	Flottenfahrt („Periplus“) des Tolmides
454/3	Verlegung der Bundeskasse von Delos nach Athen
450	Sieg und Tod Kimons bei Salamis (Zypern)
449/8	„Kalliasfriede“
447/6	Schlacht bei Koroneia
446/5	Dreißigjähriger Friede zwischen Sparta und Athen
446/5	Volksbeschlüsse über Eretria und Chalkis
441–39	Samischer Krieg
448–445	Kleruchien Athens in Naxos, der thrakischen Chersonnes und Brea
444/3	Gründung von Thurioi in Unteritalien
ca. 435/4	Pontosexpedition des Perikles

1. Athens Aufstieg zur maritimen Großmacht – „Sonderweg“ oder Konsequenz der gesamtgriechischen Entwicklung?

Das spektakulärste Phänomen der griechischen Geschichte nach der Abwehr der Perser bildet der Aufstieg Athens zur maritimen Großmacht. Bis heute streitet die Forschung über die Frage, ob diese Entwicklung das Ergebnis eines von Beginn an ausgeprägten Machtwillens war, oder ob die Athener vornehmlich auf äußere Herausforderungen reagierten und ihr „Reich in der Form des Seebundes gleichsam geschenkt“ bekamen (*A. Heuß*). Die erste These wurde bereits von Thukydides, dem bedeutendsten Historiker der Antike, aus der Kenntnis der späteren Entwicklung vertreten und hat bis heute viele Anhänger gefunden: **Thukydides** hat die rund fünfzig Jahre von 479 bis zum Ausbruch des Peloponnesischen Krieges als eine zusammenhängende Epoche (*Pentekontaetie* = fünfzig Jahre) begriffen, die durch den unaufhaltsamen Machtaufstieg Athens und den sich hieraus ergebenden Antagonismus zu Sparta geprägt war. Athens Entwicklung zur Großmacht wird hierbei in die Nähe eines „Athener Sonderwegs“ gerückt, der unweigerlich in den Peloponnesischen Krieg führte.

E

Thukydides (ca. 460–396)
Er war der bedeutendste Historiker der Antike und stammte aus Athen. Während des Peloponnesischen Krieges führte er eine athenische Expeditionstruppe und verfasste später eine unvollendete Geschichte des Peloponesischen Krieges, die im Jahre 411 abbricht. Von seinem Vorgänger Herodot setzte er sich ab, indem er mythische Vorstellungen verbannte und mit hohen methodischen Ansprüchen (vgl. Methodenkapitel 1,22) nach Ursachen, Triebkräften und Kausalzusammenhängen der Geschehnisse fragte. So wurde er zum Begründer der politischen Geschichtsschreibung.

Augenscheinlich haften dieser Erklärung viele (durchaus unsichere) Voraussetzungen und (häufig unausgesprochene) Zwangsläufigkeiten an, die gerade jüngere Gelehrte nicht mehr ohne weiteres gelten lassen wollen. Die Forschung tendiert denn auch dazu, Athen nicht mehr als ein isoliertes Sonderphänomen der griechischen Geschichte des 5. und 4. Jahrhunderts zu betrachten (bzw. zu glorifizieren oder zu verdammen), sondern den Aufstieg der Stadt stärker im Kontext der gesamtgriechischen Entwicklung zu begreifen. Tatsächlich wissen wir heute, dass der Sieg über die Perser nicht nur in Athen, sondern auch in anderen Poleis Griechenlands ungeahnte Energien in den verschiedensten Bereichen des menschlichen Lebens (Philosophie, Architektur, Kunst) freisetzte und ein neues Selbstbewusstsein entfalten ließ, das man vorher in dieser Form nicht gekannt hatte: So führten die Marinerüstungen und der erfolgreiche Seekrieg gegen die Perser zu einem Wirtschaftsboom zumal im Bereich des saronischen Golfes und zu einer größeren Beteiligung des Volkes am politischen Geschäft, dem die territorial verhafteten Poleis der Peloponnes wenig entgegenzusetzen hatten. Athen konnte von dieser Entwicklung am meisten profitieren und hat seinen Weg zur maritimen Großmacht und zur Ausbildung der ersten direkten Demokratie der Weltgeschichte am konsequentesten beschritten. Dieses Phänomen verlangt nach Erklärungen: Es gilt dabei nicht nur zu prüfen, ob die Athener ihren Aufstieg zielgerichtet geplant haben, sondern wir müssen auch erläutern, welche Umstände und Bedingungen ihren Erfolg ermöglichten.

Folgen der Perserkriege

2. Der Hegemoniewechsel des Jahres 478/7

Sparta hatte im Jahre 481 den Oberbefehl über alle Truppen des Hellenenbundes (**Hegemonie**) gegen die Perser erhalten. Nach Herodot (8,3) gab es bereits zu diesem Zeitpunkt Stimmen, die Athen als stärkster Seemacht das Kommando über die Flotte übertragen wollten. Diese Stimmen trafen jedoch auf den Widerstand der Verbündeten, die nur *einen* Hegemon akzeptieren wollten. Die Athener mussten sich beugen, doch war abzusehen, dass sie bei günstiger Gelegenheit erneut ihre Ansprüche geltend machen würden.

E

Hegemonie
Unter Hegemonie verstand man im engeren (vertragsrechtlichen) Sinne die Führung des militärisch stärksten Staates innerhalb eines Kampfbundes (Symmachie), im weiteren Sinne die Vorherrschaft eines Staates.

Nach der siegreichen Landschlacht bei Plataiai stießen Heer und Flotte des Hellenenbundes weit in die Ägäis vor und konnten im September 479 das Schiffslager der Perser bei Mykale an der Mündung des Mäander (gegenüber Samos) stürmen sowie den Großteil der gegnerischen Schiffe vernichten. Damit war eine unmittelbare Bedrohung des Mutterlandes gebannt und auch der Anstoß zum Abfall der kleinasiatischen Griechen („Ionier") gegeben: Diese vertrieben ihre perserfreundlichen Stadtherren und baten aus Furcht vor einem persischem Gegenschlag um Aufnahme in den Hellenenbund.

Konferenz von Samos

Ihr Aufnahmeantrag wurde auf einer Konferenz der Bundesmitglieder in Samos beraten. Hier traten die gegensätzlichen Standpunkte Spartas und Athens offen zu Tage. Die Spartaner lehnten die Bitte der Ionier ab und forderten sie statt dessen auf, nach Griechenland überzusiedeln. Dies ersparte den Spartanern eine Truppenpräsenz im östlichen Teil der Ägäis und entsprach ihrer traditionellen Politik, sich auf ihre Machtposition in Griechenland zu konzentrieren. Für die Betroffenen dürfte der Vorschlag freilich inakzeptabel gewesen sein, denn wer will schon die gerade errungene Freiheit mit der Aufgabe der Heimat bezahlen? Sie fanden Unterstützung bei den Athenern, die fürchteten, ihren Einfluss auf die ionischen Griechen zu verlieren (s. Quellen). Sie sahen in deren Schutzbedürfnis einen geeigneten Ansatzpunkt für die Verwirklichung ihrer eigenen Ziele. Diese bestanden kaum ein Jahr nach der Verwüstung Athens durch die Perser in erster Linie darin, die für die Stadt so lebensnotwendige Getreidezufuhr aus der Schwarzmeerregion zu sichern und die Ägäis vor persischen Angriffen zu schützen (*J. M. Balcer*). Am Ende kam es zu einem Kompromiss. So erhielten zwar lediglich die Ägäisinseln Samos, Lesbos und Chios Aufnahme in den Hellenenbund, doch konnten die übrigen Poleis damit rechnen, dass sich Athen weiter für sie engagieren würde.

Nach der Konferenz segelte die Flotte des Hellenenbundes an den Hellespont. Die Schiffbrücke der Perser war jedoch bereits zerstört und der Oberbefehlshaber Leotychidas kehrte nach Sparta zurück. Die Athener sowie die ionischen und hellespontischen Griechen begannen dagegen die Stadt Sestos gegenüber Abydos zu belagern. Mit der Einnahme der Stadt endet das Geschichtswerk Herodots; Thukydides beginnt an dieser Stelle einen Exkurs, in dem er den Machtzuwachs der Athener beschreibt. Tatsächlich war dies die erste militärische Aktion, die die Athener und ihre ionischen Freunde unabhängig von der Streitmacht des Hellenenbundes unternahmen und die nicht mehr nur der Abwehr einer persischen Bedrohung diente. Die Frage wurde drängender, wie sich dieses Vorgehen mit den Zielen des Hellenenbundes und der Hegemonie der Spartaner in Einklang bringen lassen würde.

Einnahme von Sestos

Wie häufig in der Geschichte führte die Eigendynamik der außenpolitischen Ereignisse zu einer Klärung. Im Frühjahr 478 stach zum letzten Mal eine Flotte des Hellenbundes unter Führung des spartanischen Regenten *Pausanias* gen Zypern in See und konnte einen Großteil der Insel unter Kontrolle bringen. Danach kehrten die Griechen in die Ägäis zurück, stießen bis zum Bosporus vor und eroberten die Stadt Byzanz. Damit waren die letzten Einfallstore in die Ägäis in griechischer Hand. Sparta trat nun – wie zu erwarten – für die Beendigung, Athen für die Fortsetzung des Krie-

Q

Die Konferenz von Samos

(Herodot, Historien 9, 106)
(...) In Samos angekommen hielten die Hellenen Rat über die Räumung des ionischen Landes; sie erwogen, wo in Hellas, soweit man des Landes Herr sei, die Ionier angesiedelt werden könnten (...) Sie fanden es ganz unmöglich, dass die Hellenen Ionien dauernd unter ihrer Obhut halten sollten, und doch durfte man nicht hoffen, dass die Ionier ohne solchen Schaden sich ungestraft von Persien freimachen könnten. Da meinten denn die peloponnesischen Führer, man solle die Handel treibenden Hellenenstämme, die zu den Persern gehalten hatten, verjagen und ihr Land den Ioniern geben. Die Athener dagegen wollten nichts von einer Räumung Ioniens hören und nicht dulden, dass Peloponnesier über athenische Pflanzstädte befänden. Ihrem heftigen Widerstand gaben die Peloponnesier nach. So wurden die Samier, Chier, Lesbier und andere Inselbewohner, die sich dem hellenischen Heer anschlossen, in den hellenischen Bund aufgenommen.

(Diodor 11,37)
Leotychidas und Xanthippos segelten zurück nach Samos, machten die Ionier und Äoler zu Verbündeten und bemühten sich dann, sie dazu zu bewegen, Asien zu verlassen und ihre Wohnsitze nach Europa zu verlegen. Sie versprachen, die Völker zu vertreiben, die sich der Sache der Meder angenommen hätten, und ihnen ihr Land zu geben (...). Als die Äoler und Ionier diese Versprechungen hörten, beschlossen sie den Rat der Griechen anzunehmen und bereiteten sich vor, mit ihnen nach Europa zu segeln. Aber die Athener (...) rieten ihnen, zu bleiben, wo sie waren, und sagten, dass die Athener, wenn auch kein anderer Grieche ihnen Hilfe bringen würde, als ihre Verwandten dies tun würden. Sie dachten, dass, wenn die Ioner von den Griechen gemeinsam eine neue Heimat erhielten, sie nicht Athen als ihre Mutterstadt betrachten würden. Dies war der Grund, weshalb die Ionier ihre Meinung änderten und in Asien zu bleiben beschlossen.

ges ein. Ein Kompromiss wurde nicht mehr erzielt. Im Winter 478/77 wechselte der Oberbefehl des Hellenenbundes von Pausanias auf Aristeides, den Feldherrn der Athener. Dieser schloss darauf mit den kleinasiatischen Griechen Verträge, die den Grundstock einer neuen Bündnisorganisation bildeten, den so genannten *Delisch-Attischen Seebund* (s. S. 6ff.).

Hintergründe des Hegemoniewechsels

Die Hintergründe dieses „Hegemoniewechsels" werden von den Quellen unterschiedlich dargestellt. Nach Thukydides (1,95–96) und Plutarch (Aristeides 23) hätten sich die Bündnispartner von der arroganten Führung des Pausanias lossagen wollen und deshalb Athen die Führung angetragen. Die Spartaner seien mit dieser Entwicklung nicht unzufrieden gewesen. Denn sie empfanden den Seekrieg zunehmend als Last und fürchteten, dass sich ihre Feldherrn durch die lange Abwesenheit der Heimat entfremdeten. Herodot (8,3,2) und Aristoteles (Athenaion politeia 23,2 und 4) betonen demgegenüber die alleinige Initiative der Athener: Sie hätten die Unbeliebtheit des Pausanias genutzt, um die Ionier *gegen den Willen der Spartaner* zum Abfall vom Hellenenbund zu bewegen und den Hegemoniewechsel zu vollziehen.

Die Mehrheit der Forscher hat die unterschiedliche inhaltliche Tendenz der Quellen betont, doch lassen sie sich durchaus miteinander vereinbaren.

Rolle der Athener

Dass die *Athener* jede sich bietende Chance zur Übernahme des Kommandos zu nutzen versuchten und dass die Weiterführung des Seekrieges auch den Wünschen der kleinasiatischen Griechen entsprach, kann nach den Ereignissen bei der Gründung des Hellenenbundes und der Konferenz von Samos kaum bezweifelt werden. Die Athener werden freilich mit Rücksicht auf Sparta so geschickt gewesen sein, sich *offiziell* von den Kleinasiaten bitten zu lassen (Thukydides und Plutarch), während *im Hintergrund* Aristeides die Bündner zu diesem Schritt ermuntert hatte (Herodot und Aristoteles). Die beiden Quellengruppen repräsentieren also eine eher offizielle und eine inoffizielle Version. Sie treffen sich aber im entscheidenden Punkt, dem gemeinsamen Interesse Athens und der kleinasiatischen Griechen an der Weiterführung des Seekrieges gegen Persien.

Rolle der Spartaner

Auch der Dissens der Quellen bezüglich der *Haltung der Spartaner* lässt sich plausibel erklären, wenn man sich von der Vorstellung verabschiedet, dass die führenden Politiker und einflussreichen Familien Spartas eine einheitliche außenpolitische Linie verfolgten. Tatsächlich war dies zumal in einer Grundsatzfrage wie der des Hegemoniewechsels offensichtlich nicht der Fall: Der Historiker Diodor (11,50,1–6) berichtet, wie im Jahre 475 eine Mehrheit der jüngeren Spartiaten in der Volksversammlung darauf drängte, die Hegemonie zurückzuerobern und einen Militärschlag gegen Athen zu führen; dies würde ihnen Wohlstand sichern und Spartas Macht steigern. Dagegen argumentierte ein Mitglied des Ältestenrates, man solle den Athenern ruhig die *hegemonia* überlassen, weil es nicht im spartanischen Interesse läge, Anspruch auf die Seeherrschaft zu erheben. Diodor hat bei seiner Schilderung zwar Erfahrungen des 4. Jahrhunderts mit einfließen lassen, die Grundzüge der Diskussion dürften jedoch nach Überzeugung der meisten Gelehrten die Situation nach dem Hegemoniewechsel korrekt widerspiegeln: Auf der einen Seite stand die Erfahrung der Alten, die ihre Entscheidung an den realpolitischen Möglichkeiten und den langfristigen Interessen Spartas bemaßen. Oberste Priorität besaß für sie die Sicherung der spartanischen Stellung auf der Peloponnes, die sie durch eine Ausweitung der militärischen Kräfte auf die See und fern der Heimat gefährdet sahen. Wir sind dieser außenpolitischen Tradition schon auf der Konferenz von Samos begegnet, als Sparta sich weigerte, die kleinasiatischen Griechen in den Hellenenbund aufzunehmen, und können sie bis in das Jahr 500 v. Chr. zurückverfolgen, als der spartanische König den Bitten der ionischen Gesandten um Unterstützung gegen die Perser eine Absage erteilte. Gerade im Jahre 478/7 war die Sorge um die Machtstellung Spartas auf der Peloponnes nicht unbegründet. Denn man rechnete mit Unruhen unter den **Heloten** und registrierte, dass sich die Beziehungen zu Tegea und Arkadien verschlechterten. Hinzu kamen die immensen Kosten eines weiteren maritimen Engagements im östlichen Mittelmeer, die langfristig die materiellen Ressourcen Spartas und seines Bundes überfordert hätten. Schließlich bestätigte das Verhalten des Pausanias die von Thukydides überlieferte Sorge vieler Spartaner, die Fortführung des Krieges könne ihre Feldherren, also ihre Könige, der Heimat entfremden.

E

Heloten
Als Heloten bezeichnete man die von den Spartanern unterworfene und zu Hörigen gemachte einheimische Bevölkerung der südlichen Peloponnes inklusive Messeniens. Die Heloten waren an den Boden ihrer Herren gebunden und mussten deren Äcker bearbeiten.

Den *innenpolitisch motivierten* Überlegungen stand der *außenpolitische* Prestigeverlust gegenüber, den die Aufgabe der Hegemonie und der Rückzug aus dem Seekrieg bedeutet hätten. Die älteren, eher auf Sicherheit bedachten Spartaner mussten sich gegenüber dem Drängen der jungen Spartaner und der Anhänger des Pausanias durchsetzen, die im Seekrieg Erfolge, Ruhm und Reichtum zu erringen hofften und nicht bereit waren, ihre Hoffnungen einem vernünftigen, aber unpopulären gesamtstaatlichen Kalkül unterzuordnen. Sie konnten zudem darauf verweisen, dass die Athener ein Jahr nach der Gründung des Seebundes gegen spartanischen Protest die Stadtmauern wiederaufzubauen begannen. Angesichts einer möglichen persischen Revanche war dies zwar eine verständliche Maßnahme, im Kontext des Hegemoniewechsels konnte sie aber auch als Symbol einer neuen Außenpolitik verstanden werden, die selbstbewusst eine Konfrontation mit Sparta in Kauf nahm.

Am Ende setzten sich übergeordnete Staatsinteressen und erprobtes Sicherheitsdenken durch, der Widerspruch zwischen traditionellem Verharren und militärischer Aufbruchstimmung blieb jedoch bestehen; er hat die spartanische Politik auch in der Folgezeit häufig gelähmt und damit den Athenern den Spielraum verschafft, die einmal eingeschlagene politische Linie weiter zu verfolgen.

3. Der Seebund der Athener

a) Bündnismitglieder und Schwurformel

Das im Jahre 478/7 von Aristeides geschmiedete Bündnissystem war in inhaltlicher und formaler Hinsicht ein Novum: Während alle bisherigen Bündnisverträge die Führung eines Landkrieges vorsahen, legten die im Jahre 478/7 geschlossenen Verträge den Partnern Verpflichtungen auf, die allein den Seekrieg betrafen – deshalb auch die moderne Bezeichnung „Seebund“. Sparta hatte mit den Mitgliedern des Peloponnesischen Bundes im Laufe der Zeit Einzelverträge geschlossen; Athen tat dies auf einer konstituierenden Versammlung mittels eines mündlichen Schwuraktes, den Aristeides den Bundesgenossen abnahm und seinerseits für die Athener leistete. Die Versenkung von Eisen- oder Bleiklumpen im Meer (Plutarch, Aristeides 25,1) symbolisierte die Dauerhaftigkeit der Bündnisse. Ihre Summe ergab einen Kampfbund, in dem Athen die politische und militärische Führung (Hegemonie) zufiel. Deshalb bezeichneten die Athener die Gesamtheit des Bundes als „Die Athener und ihre Bundesgenossen“, d.h. die Athener standen der Masse der namentlich nicht genannten Bündner gegenüber.

Gründungsmitglieder

Da uns keine Liste der Gründungsmitglieder überliefert ist, müssen wir sie aus verstreuten Quellenangaben erschließen. Demnach zählten hierzu neben Athen fast alle Poleis der kleinasiatischen Küste bis an die karische Küste, ferner die Inselpoleis Chios, Samos, Amorgos sowie die von Lesbos, dazu Euböa (außer Karystos), Keos, Naxos, Kythnos, Siphnos, Mykonos, Ios, Syros, Delos, Paros, Lemnos, Imbros, Nisyros und einige Städte der Chalkidike im Nordwesten der Ägäis. Vielleicht folgten kurze Zeit später Rhodos, dessen Städte Lindos, Kamiros und Ialysos von den Persern abgefallen waren, sowie einige Städte auf Zypern. Es handelte sich um einen Bund maritim ausgerichteter Poleis, die sich um die Ägäis konzentrierten.

Eidesformel

Nach Aristoteles (Athenaion Politeia 23,5) leistete Aristeides den Bündnispartnern den Eid, „dass Freund und Feind für sie gemeinsam sein sollten". Diese Formel wird an anderer Stelle auch von Thukydides (1,44,1) erwähnt und ist inschriftlich aus der zweiten Hälfte des Jahrhunderts erhalten. Ihr Inhalt war recht vage und ließ den Athenern genügend Gestaltungsmöglichkeiten, um ihr militärisches Übergewicht politisch auszunutzen. Denn im Gegensatz zu modernen Militärbündnissen fehlten genaue Angaben über den Bündnisfall sowie über die Art und Zielsetzung des gemeinsamen Kriegszuges, und auch das Verhältnis der Bundesgenossen zu Athen war nicht näher definiert.

Vielfach hat man deshalb gemeint, andere Klauseln hätten diese Lücke gefüllt. So hatten die Samier, Chier und Lesbier sowie einige andere Inselgriechen nach der Konferenz von Samos geschworen, „dass sie treu sein und nicht abtrünnig werden wollten". Vielleicht wurde eine vergleichbare Formel auch bei der Gründung des attischen Seebundes verwendet. Inschriftlich ist diese Formel allerdings nur in den Verträgen überliefert, die rebellierende Bündner nach ihrer Wiedereingliederung durch Athen eingehen mussten (s. S. 21 f.). 478/7 gab es aber noch keine Anzeichen für eine solche Entwicklung, so dass Athen sich äußerst ungeschickt verhalten hätte, wenn es schon jetzt eine entsprechende Formel gefordert hätte. Es handelt sich also wohl um eine Ergänzung, die erst später in den Vertrag aufgenommen wurde. Das Gleiche gilt für eine Formel, die sich aus einer von Thukydides (6,76) stilisierten Rede des Syrakusaners Hermokrates aus dem Jahre 422 rekonstruieren lässt. Demnach verbot diese den Bündnern, sich den Feldzügen des Bundes zu verweigern sowie Kriege gegen ein anderes Bundesmitglied zu unternehmen; doch war auch diese Bestimmung 478 überflüssig, da bereits die Schwurformel solche Aktionen ausschloss.

b) Materielle Verpflichtungen

Tatsächlich wurde die allgemein gehaltene Schwurformel durch Einzelbestimmungen ergänzt, die sich auf die materielle Ausstattung sowie den Unterhalt der Bundesflotte und die Führung des Seekrieges bezogen (s. Quellen). Die von Athen in Kooperation mit den Bundesgenossen festgelegten Leistungen sahen vor, dass die einzelnen Städte (außer Athen) finanzielle Beiträge (**Phoroi**) zum Unterhalt bzw. zum Bau der athenischen Flotte leisten oder eigene Schiffe und Mannschaften stellen sollten; die zweite Möglichkeit nahmen nur die größeren Poleis Chios, Lesbos und Samos wahr. Die Schiffe sammelten sich im Piräus, die Gelder gelangten in eine Bundeskasse auf Delos.

Q

Der Gründungsakt des Seebundes

(Thukydides 1,96)
(Die Athener) setzten nun fest, welche Städte Geld gegen den Barbaren beisteuern sollten und welche Schiffe (...). Damals setzten die Athener zuerst die Behörde der Schatzmeister von Hellas (Hellenotamiai) ein, den Beitrag (*phoros*) zu empfangen. Der erste Beitrag, der umgelegt wurde, betrug 460 Talente; als Schatzhaus wählten sie Delos, und dort im Heiligtum waren auch ihre Versammlungen.

(Andokides, Über den Frieden, p. 145)
Durch Überredung ordneten sie zur Verwaltung der öffentlichen Gelder in Athen die Hellenotamiai an und veranlassten teils die Versammlung der Flotten in unseren Häfen, teils die Stellung von Schiffen durch uns für Staaten, die keine Trieren hatten.

E

Phoroi (= „Abgaben", „Beiträge")
Als Phoroi bezeichnete man die finanziellen Beiträge, die die Mitglieder des Delisch-Attischen Seebundes als Ersatz für die Stellung von Schiffen vertragsgemäß an die Bundeskasse abführen mussten.

Höhe des Phoros

Um die Höhe des Phoros festzulegen, bereiste der Athener Aristeides (Plutarch, Aristeides 24) die Ländereien der Bündner und prüfte anhand der Bodenerträge und der Gesamteinnahmen jeder Polis, wie viel Phoros sie aufbringen konnten. Nach der Auswertung der Ergebnisse in der Bundesversammlung ergab dies nach Thukydides eine Gesamtsumme von 460 Talenten. Diese Zahl ist vielfach – im Vergleich zu den späteren inschriftlichen Aufzeichnungen – als zu hoch angesehen worden, heute wird sie jedoch in der Regel mit der Erklärung akzeptiert, dass Thukydides andere Einnahmen (z. B. Zölle) mit einberechnet haben muss.

c) Synhedrion und Strategen

Formale Gleichheit im Synhedrion

Sitz der Bundeskasse und Tagungsort der *Bundesversammlung* (*Synhedrion*) war bis 454 Delos. Jedes Bundesmitglied hatte unabhängig von seiner Größe und seinem militärischen Gewicht eine Stimme. Die Mytilener erklärten später, die Athener seien „uns gleichgestellte *hegemones*" (Thukydides 3,10; 11,4). Sie wollten damit sagen, dass die Athener zwar Oberbefehlshaber im Krieg (*hegemones*) waren, bei Abstimmungen im Synhedrion aber so viel wie jedes andere Bundesmitglied galten. Erfahrungsgemäß kann eine solche formale Gleichheit jedoch recht schnell durch das faktische Übergewicht der Führungsmacht aufgehoben werden. Die Athener Strategen führten auch die Bundesflotte, die zu großen Teilen aus athenischen Kriegsschiffen bestand. Schon dies gab der athenischen Stimme im Synhedrion ein großes Gewicht. Wir werden ferner sehen, dass die im Bundesrat beschlossenen Militäroperationen überwiegend der Durchsetzung athenischer Interessen dienten. Offensichtlich folgten die meisten Bündner bei ihrer Stimmabgabe den Vorstellungen der Hegemonialmacht.

Viele Forscher nehmen deshalb an, das Synhedrion sei nur dann zusammengekommen, wenn dringender Handlungsbedarf seitens Athens bestand. Demgegenüber hat *R. Meiggs* die ansprechende These vertreten, dass Bundesversammlungen regelmäßig stattfanden, wenn die Vertreter der Bündner im Frühjahr kurz vor Eröffnung der Seefahrtssaison ihre Phoroi nach Delos brachten. Zum Empfang und zur Verwaltung der Gelder wurden zehn *hellenotamiai* („Schatzmeister der Griechen") aus den Reihen der Athener gewählt, doch waren sie Verwaltungsbeamte ohne politische oder exekutive Befugnisse. Was mit den Geldern im Einzelnen zu geschehen hatte, dürfte so zumindest in der Anfangszeit das Synhedrion bestimmt haben, zumal es bereits bei der Festlegung der Leistungen mitgewirkt hatte.

Zuständigkeit in finanziellen Fragen

Es wird sich so in den Anfangsjahren eine recht reibungslose Kooperation zwischen Athen und seinen Bundesgenossen eingespielt haben. Die Konzentrierung politischer Macht sowie militärischer Kompetenzen ergab sich aus der Natur der Sache. Denn die Athener besaßen die größte Erfahrung im Seekrieg gegen die Perser, leiteten von Beginn an die militärischen Operationen und trugen damit auch die größte Verantwortung für deren Erfolge. Eine Zersplitterung der Kompetenzen hätte dagegen organisatorische und militärische Schwierigkeiten mit sich gebracht, die niemand heraufbeschwören wollte – zumal in einer Phase, in der sich der Bund erst noch militärisch bewähren musste. Die Ausübung der athenischen Hegemonie entsprach also den außenpolitischen Erfordernissen und Bedingungen der Zeit. Die weitere Entwicklung hing davon ab, welche Ziele die Athener verfolgten und inwiefern sich diese Ziele mit denen der Bundesgenossen in Einklang bringen ließen.

d) Ziele des Seebundes

Die Athener gaben nach Thukydides (1,96,1; vgl. 3,10,2) als offizielles Ziel der Bündnisse an, „durch Verwüstungen des königlichen Landes (sc. des persischen Großkönigs) Rache für die eigenen Leiden zu nehmen". Das Motiv der Rache war ein anerkanntes Prinzip aristokratischer Machtkämpfe und barg ein erhebliches offensives Potential. Im Jahre 478 war es aus rein athenischer Perspektive formuliert worden: Denn mit „den Leiden", die der Großkönig verursacht hatte, waren die Zerstörung der Akropolis durch Xerxes sowie die Verwüstungen in Athen und Attika gemeint. Dementsprechend zielte die Rache nicht nur auf die Vertreibung der Perser aus der Ägäis, sondern auch auf die Zerstörung und Plünderung ihrer Hoheitsgebiete.

Rache

Die kleinasiatischen Poleis hatten jedoch weitaus geringere materielle Verluste durch die Perserkriege erlitten. Für sie reichte demnach das Rachemotiv allein nicht aus. Ihnen ging es in erster Linie um die Befreiung von persischer Herrschaft, sie verfolgten das politische Ziel der Freiheit (Thukydides 3,10). Der Begriff *Freiheit* setzte die Vertreibung der perserfreundlichen Stadtregimenter (Tyrannen) voraus und führte so zu einer Umwälzung der innenpolitischen Machtverhältnisse. Er beinhaltete außenpolisch das Ende der Tributzahlungen an die Satrapen (den Statthaltern des

Freiheit

persischen Reiches) und die Unabhängigkeit von persischen Befehlen. Von nun an konnten die Poleis ihren Kurs selbst bestimmen. Allerdings bedeutete die Entscheidung, sofort im Jahre 478 ein Militärbündnis einzugehen, eine nicht geringe Einschränkung der gerade errungenen Freiheit. Es blieb abzuwarten, wie Athen reagieren würde, wenn die Bündner bei einer Änderung der außenpolitischen Verhältnisse ihren Anspruch auf Freiheit auch im Hinblick auf den Seebund wahrnehmen, d.h. sich von der Hegemonie Athens lösen oder aus dem Bund ausscheiden wollten.

Schutz

Dieses Spannungsverhältnis zwischen den Zielen der Hegemonialmacht und denen der Bündner wurde überdeckt, solange die kleinasiatischen Poleis auf den *Schutz* des Bündnisses angewiesen waren; viele rechneten aufgrund der Erfahrungen des ionischen Aufstandes mit einem persischen Gegenschlag. Auch mit der Forderung nach Rache konnten sich viele Bündner arrangieren, indem sie Rache an denjenigen Mitbürgern nahmen, die mit den Persern kollaboriert hatten. Dies war jedoch eine recht gekünstelte Auslegung, die langfristig ihre Zugkraft verlieren musste. Überhaupt fehlten klare Kriterien, nach denen man entscheiden konnte, ob die proklamierten Ziele erreicht waren.

Unterwerfung von Hellas durch Athen?

Schon Thukydides (6,76; vgl. 6,83) vertrat deshalb die Auffassung, dass die Athener die Idee des Rachefeldzuges als Vorwand benutzt hätten, um entgegen allen Parolen von Freiheit und Schutz die Unterwerfung von Hellas zu betreiben. Es handelt sich jedoch um eine Einschätzung, die Thukydides erst im Nachhinein entwickelte und einem späteren Kriegsgegner Athens (dem Syrakusaner Hermokrates) in den Mund gelegt hat; vieles spricht dafür, dass er Parolen wiedergibt, die erst aufkamen, als die Athener in den 450er Jahren und während des Peloponnesischen Krieges die Zügel straffer anzogen. Sicherlich verfolgten die Athener Ziele, die über die offiziellen Verlautbarungen hinausgingen; ob sie aber bereits 478/7 den Seebund als Instrument zur Aufrichtung einer Herrschaft über die Bündner oder gar über ganz Griechenland zu nutzen gedachten, ist wenig wahrscheinlich und lässt sich auch aus der Kenntnis der bisherigen Fakten nicht entscheiden. Die These des Thukydides muss sich an den folgenden Ereignissen messen.

4. Die Offensive gegen die Perser und die Sicherung des Seebundes in der Kimonischen Ära

Die Gründung des Seebundes und der Sieg über die Perser bei Mykale markieren das Ende des Verteidigungskrieges gegen Persien und den Beginn der Offensive unter Athens Führung. Es folgt die Zeit der großen überseeischen Erfolge, die den Ruhm der Stadt und das Selbstbewusstsein ihrer Bürger nachhaltig prägen sollten. Initiator und Lenker dieser Erfolge war **Kimon**, der Sohn des Miltiades aus dem Haus der Philaiden und einer thrakischen Prinzessin, ein Prototyp des ehrgeizigen Aristokraten, der durch große Taten seine Tüchtigkeit (*arete*) beweisen musste. Er war einer der erfolgreichsten Strategen, die Athen je hervorbrachte, und hat die Zeit von 478/7–462/1 so geprägt, dass man auch von einer „Kimonischen Ära" spricht.

E

Kimon (ca. 510–449)
Politiker und Stratege Athens, Sohn des Marathonsiegers Miltiades. Er vertrat eine spartafreundliche Außenpolitik und führte Athen in die Offensive gegen die Perser seit 478. Höhepunkt seiner Erfolge war der Sieg am Eurymedon 466/5. Zwei Jahre später folgte er dem Hilferuf der Spartaner gegen die Heloten mit einer Hoplitenarmee, wurde aber von den Spartanern zurückgeschickt, musste sich den Reformen des Ephialtes beugen und wurde 461 durch das Scherbengericht verbannt („Sturz Kimons"). Nach seiner Rückkehr 457 führte Kimon ein letztes Mal eine große Flotte siegreich nach Zypern und starb bei der Belagerung von Kition.

Den Auftakt der Offensive bildete die Eroberung von Eion an der thrakischen Küste (am Mündungsgebiet des Strymon), eine der letzten persischen Bastionen, die den Zugriff auf die Gold- und Silberminen des Pangeiongebirges versperrte. 476–466 führte Kimon die Flotte bis nach Karien und Lykien. Hier konnte er in einer Doppelschlacht zu Wasser und zu Lande an der Mündung des *Eurymedon* (in Pamphylien) das persische Schiffslager und 200 Kriegsschiffe vernichten. Athen war binnen 15 Jahren zur ersten Seemacht des ostmediterranen Raumes aufgestiegen.

Schlacht am Eurymedon

Parallel zu den Unternehmungen gegen die Perser begannen die Athener ihren Einfluss in der Ägäis auszubauen. Kimon eroberte 475 die östlich von Euböa gelegene Insel *Skyros*. Fünf Jahre später zwangen die Athener die im Süden Euböas gelegene Stadt *Karystos* in den Seebund. Diese Aktionen dienten allein athenischen Machtinteressen und sollten die für die Athener Bevölkerung so wichtigen Getreidehandelswege aus dem Schwarzmeergebiet – auch gegen die Piraten – sichern. 467 versuchte sich Naxos aus dem Seebund zu lösen, weil man die eigene Handlungsfreiheit durch die Athener bedroht sah (Thukydides 1,98,4). Zwei Jahre später fielen die Thasier ab, „die wegen ihrer Handelsplätze und der von ihnen betriebenen Bergwerke im gegenüberliegenden Thrakien mit Athen in Streit geraten waren" (Thukydides 1,100). Thasos war Zwischenlieferant für das thrakische Bauholz, das für die stetig wachsende Flotte der Athener – Kimon soll 200 Trieren auf der Eurymedonexpedition mit sich geführt haben – eine zentrale Bedeutung gewann. Beide Bündner gehörten zu den wohlhabendsten Poleis des Seebundes und wurden nach langen Kämpfen mit der Erhöhung der Tribute, der Schleifung der Mauern und der Auslieferung der Flotte bestraft.

Ausbau des athenischen Einflusses in der Ägäis

Thukydides sieht in diesen Maßnahmen den untrüglichen Beweis für das wachsende Machtstreben Athens. Ein moderner Kenner der Materie wie *R. Meiggs* kommt zu dem Schluss, Athen habe mit der Niederschlagung der Rebellion von Thasos „the first unambiguous sign of tyranny" gegeben. Jede unvoreingenommene Beurteilung muss aber die veränderten Rahmenbedingungen und die sich hieraus ergebenden Ziele der ägäischen Poleis berücksichtigen. Schon die antiken Quellen betonen, dass sich viele Bündner angesichts der nachlassenden Persergefahr damit abfanden, Athen die Initiative zu überlassen, und dazu übergegangen waren, anstelle von Schiffen Tribute zu zahlen (s. Quelle). Nach wie vor lag aber eine persische Gegenoffensive im Bereich des Möglichen, und nur der Ausbau und Unterhalt einer stehenden Flotte unter einem zentralen Kommando konnten den nötigen Schutz gewähren. Wer wollte es den Athenern verdenken, dass sie die von den Bündnern freiwillig übertragenen Kompetenzen und Ressourcen getreu den Zielen des Seebundes zum Ausbau ihrer Flotte nutzten. Eine einheitliche, nach athenischen Richtlinien aufgestellte Flotte war zudem schlagkräftiger als zusammengewürfelte Einheiten unterschiedlicher Herkunft. Je mehr sich aber das militärische Potential und die außenpolitische Initiative in Athen konzentrierten, desto stärker musste sich die Stadt bemühen, die Kontrolle über die Verschiffungshäfen von Holz und Getreide (für den Unterhalt der Flotte) zu gewinnen und Abfallsbestrebungen zu unterdrücken.

Q

Athen nutzt die Trägheit der Bundesgenossen zum Ausbau der Hegemonie
(Thukydides 1,99)

Die Gründe, die die Städte zum Abfall trieben, waren verschieden; der Hauptgrund war, dass sie mit dem Tribut und den Schiffen in Rückstand blieben oder überhaupt jede Leistung verweigerten. Die Athener trieben nämlich die Abgaben streng ein und machten sich durch ihre Zwangsmaßnahmen verhasst bei Menschen, die weder gewohnt noch willens waren, sich zu plagen. Auch sonst führten die Athener die Herrschaft nicht mehr so zur Zufriedenheit der Bundesgenossen wie anfangs. Sie behandelten sie bei Kriegszügen nicht als ihresgleichen, und zugleich wurde es ihnen immer leichter, die Abgefallenen wieder unter ihre Kontrolle zu bringen. Daran waren aber die Bundesgenossen selbst schuld. Weil die meisten an den Feldzügen nicht teilnehmen mochten, um nicht fern von der Heimat weilen zu müssen, verpflichteten sie sich zur Zahlung von Geldbeiträgen, die dem Wert der vertraglich festgelegten Schiffslieferungen entsprachen; so wurde die Flotte der Athener durch die Beiträge der Bundesgenossen immer größer, und diese waren, wenn sie sich auflehnen wollten, ungerüstet und ohne Erfahrung in der Kriegführung.

Athen und die Bündner

Diese Entwicklung schürte sicherlich Ressentiments zumal unter den reicheren Bundesmitgliedern; es gab aber auch viele Poleis, die froh waren, dass ihnen die Athener den gefahrvollen Kampf gegen die Perser abnahmen und durch die Zurückdrängung der Piraterie für einen gefahrlosen Schiffsverkehr sorgten. Der Ausbau der athenischen Hegemonialstellung war also immer auch eine Reaktion auf die nachlassende Kampfbereitschaft der Bündner und ihrem Willen, sich der aktiven Mitarbeit zu entziehen. Athen hatte es seinerseits versäumt, den Bündnern angesichts der schwindenden Persergefahr ein neues Programm zu bieten und die Vorteile der Hegemonie stärker herauszustreichen; doch diese waren meist nur langfristig sicht- und deshalb schwer vermittelbar. „Die dadurch unvermeidlich werdenden Risse des Seebundes ließen sich nur mit dem Kitt athenischen Machteinsatzes verkleben" (*A. Heuß*).

Reaktionen der Spartaner

Wie aber reagierten die Spartaner? Viele, die in den 470er Jahren auf einen Präventivschlag gedrängt hatten (s. S. 5f.), fühlten sich in ihren Befürchtungen bestätigt: Athens Flotte und Hegemonie im Seebund hatten sich in den 460er Jahren endgültig zu einem konkurrierenden Machtgebilde entwickelt, das die Stellung Spartas bedrohte. Auch die Besonnenen waren nun nicht mehr bereit, den Machtaufstieg Athens einfach hinzunehmen; doch bevorzugte man zunächst noch subtilere diplomatische und außenpolitische Methoden gegenüber einer direkten militärischen Konfrontation. So versprach man den Thasiern auf deren Bitte, sie bei ihrem

Abfallbemühungen durch einen Einmarsch in Attika zu entlasten. Dieses Angebot wurde aus unvorhersehbaren Gründen (s. S. 14) nicht eingelöst, doch allein die Bereitschaft, rebellierende Bündner Athens mit einer parallelen Offensive zu Lande zu unterstützen, hat die Beziehungen zu Athen erheblich belastet: Misstrauen und Missverständnisse prägten fortan das Verhältnis der beiden Mächte. Die seit den Perserkriegen latent vorhandene Konkurrenz drohte sich zu einem strukturellen außenpolitischen Antagonismus zu verfestigen.

5. Der Sturz Kimons und die Reformen des Ephialtes

Dass die Beziehungen Athens zu Sparta dennoch bis in die Mitte der 460er Jahre stabil blieben, war auch ein Verdienst Kimons. Ein erfolgreicher Seekrieg gegen Persien setzte – so seine Überzeugung – ein gutes Einvernehmen mit Sparta voraus: Athen könne nicht „allein in dem für zwei bestimmten Joch gehen", so verkündete er seinen Mitbürgern, und die Erfolge gegen die Perser gaben ihm Recht. Sie verschafften ihm zudem die Zustimmung des Volkes, das er durch großzügige Gesten öffentlicher Wohltätigkeit auf seine Seite zu ziehen wusste.

Kimon und der Areopag

Die adligen Familien unterstützen Kimons Politik. Denn viele der aus ihren Reihen stammenden Feldherren (Strategen) sahen in der Ausweitung der maritimen Operationen die Chance, persönlichen Ruhm zu ernten sowie ihr Amt zur Bereicherung und innenpolitischen Machtpositionierung zu nutzen. Ferner verlangte die neue außenpolitische Lage schnelle Entscheidungen, die ohne die zeitaufwendige Mitwirkung des Volkes im Kreise der adligen Familien und ehemaliger Beamter im **Areopag** getroffen wurden. Der Areopag gewann so im Zuge der maritimen Erfolge und der Konzentrierung der Entscheidungsprozesse auf die adlige Führungsschicht eine Machtstellung, die im Widerspruch zur isonomen, d. h. die politische und rechtliche Gleichheit aller Bürger betonenden Entwicklung stand: Aristoteles (Athenaion politeia 23) hat später gesagt, der Areopag habe nach den Perserkriegen an Macht gewonnen und die Polis verwaltet, ohne seine Vorherrschaft einem Beschluss zu verdanken. Da allein der Areopag die Beamten kontrollierte, konnte sich ein einflussreicher Mann wie Kimon im Areopag eine Interessenvertretung schaffen, die seine Politik und etwaige Verfehlungen deckte.

Areopag
Der Areopag war der alte Adelsrat Athens auf dem Areshügel. Seit Solon versammelten sich hier die ehemaligen Beamten.

E

Veränderung der außen- und innenpolitischen Rahmenbedingungen

Spätestens seit der Mitte der 460er Jahre begannen sich jedoch die Rahmenbedingungen der kimonischen Außenpolitik zu ändern. Die persische Gefahr schien nach dem Sieg am Eurymedon gebannt und die von Kimon propagierte Partnerschaft mit Sparta hatte erste Risse erhalten, als das Hilfsangebot für Thasos bekannt wurde. Selbst die Theten, die unter Kimon das Meer erobert hatten, zweifelten an der Richtigkeit der Politik ihres Feldherrn, schienen die Spartaner sie doch um die Früchte ihrer Mühen zu bringen. Sie sahen so auch nicht mehr ein, weshalb die hohen Herren allein die Außenpolitik bestimmen sollten.

Wie in Sparta so opponierte auch in Athen eine junge Politikergeneration gegen die Alten und nahm die Kritik auf: Sie war zu keinerlei Konzessionen mehr gegenüber Sparta bereit und versuchte gleichzeitig die „Interessenkumpanei von Areopag und Strategen" (*M. Stahl*) aufzuheben. Ihre Wortführer waren ein Mann namens Ephialtes und der 25-jährige Perikles, ein Großneffe des Kleisthenes, der mütterlicherseits aus der hochadligen Familie der Alkmeoniden stammte. Beide befürworteten zwar wie Kimon eine Ausweitung des Seebundes, aber – wenn nötig – auch gegen den Willen und auf Kosten Spartas.

Erdbeben und Helotenaufstand in Sparta

Lange Zeit konnte Kimon das Heft in der Hand behalten und aufkommende Kritik unterdrücken. Die Wende brachte ein unvorhersehbares Ereignis: Im Jahre 464 hatte ein Erdbeben schwere Verwüstungen in Sparta angerichtet und die messenischen Heloten zu einem Aufstand veranlasst, der fälschlich als 3. Messenischer Krieg bezeichnet wird. Die Heloten hatten sich auf dem Berg Ithome verschanzt. Die Spartaner riefen daraufhin die Mitglieder des alten Hellenenbundes zur Hilfe, unter ihnen auch die Athener, die gegen rebellierende Bündner Erfahrung in der Eroberung befestigter Orte gesammelt hatten. Kimon konnte zwei Jahre später (462) die Entsendung von 4000 Hopliten nach Lakonien durchsetzen. Dort angekommen leisteten sich die Spartaner einen schweren diplomatischen Fauxpas (Thukydides 1,102): Aus der Sorge, die Athener könnten sich den Aufständischen anschließen und die Not Spartas nutzen – die Spartaner hatten das Gleiche gegenüber Athen im Falle von Thasos erwogen! –, schickten sie Kimon und seine Hopliten wieder nach Hause mit der Begründung, sie nicht länger zu benötigen.

Die öffentliche Meinung in Athen reagierte mit Empörung auf diese Brüskierung und erblickte in Kimon den Schuldigen. Für Ephialtes bot sich nun die Chance, die spartafreundliche Politik des Strategen und deren Basis im Areopag zu stürzen. Schon während der Abwesenheit Kimons und seiner Hopliten hatte er verschiedene Anträge vor die Volksversammlung gebracht, die sich gegen den Areopag richteten. Kimon versuchte nach seiner Rückkehr alles, um diese Anträge zu verhindern. Ein Scherbengericht führte jedoch zu seinem Sturz und schickte den Sieger vom Eurymedon in die Verbannung; Ephialtes wurde wenige Tage später Opfer eines Anschlags.

Sturz Kimons

Sein Reformwerk war zu diesem Zeitpunkt längst Gesetz: Der Areopag verlor sämtliche Kontroll- und Aufsichtsrechte über die Exekutive: Fortan übernahmen der Rat der 500, die Volksversammlung und die Volksgerichte die Überprüfung der Qualifikation (Dokimasie) und Amtsführung der Beamten sowie etwaige Anklagen. Zu diesem Zweck richtete man zusätzliche Gerichtshöfe, so genannte Dikasterien, ein. In ihnen fungierten erloste Laien als Richter. Sie erhielten kurz nach 462 einen Sold, sodass nun auch die ärmsten Bürger über die Beamten zu Gericht saßen.

Machtverlust des Areopag

Die Mehrheit der Forschung hat diese Maßnahmen als „Entmachtung" oder „Sturz des Areopag" bezeichnet und in ihnen den entscheidenden Durchbruch zur „vollendeten" oder „radikalen Demokratie" gesehen. Ob dies auch die Athener so empfanden, ist unklar und hängt von der Deutung der zeitgenössischen Tragödien ab (s. S. 54ff.). Ein Jahr vor den Reformen des Ephialtes hatte Aischylos in den *Hiketiden* geschildert, wie der König von Argos das Aufnahmegesuch ägyptischer Frauen vor der heimischen Volksversammlung vertreten musste und diese in betont isonomer Manier den endgültigen Beschluss fasste. Eine in Vers 604 benutzte Wortkombination setzt vermutlich den Begriff *demokratia* voraus. Aus all dem ist zu schließen, dass in Athen eine Stimmung herrschte, die zumindest erwog, dem Volk noch größere innenpolitische Macht zu verleihen und es so zum Herrn des politischen Entscheidungsprozesses zu machen. Dies bedeutete eine konsequente Weiterführung der kleisthenischen Isonomie. Seit Kleisthenes und Themistokles hatte man außenpolitisch-militärische Herausforderungen mit einer stärkeren Beteiligung breiter Volksschichten zu begegnen versucht, der Ausbau der Flotte, die Organisation des Seebundes und die Weiterführung des Seekrieges stellten Anforderungen wie selten zuvor. Doch Kimon und seine Freunde wichen von dieser Linie ab, konzentrierten den Entscheidungsprozess im Areopag und schotteten ihn vom Einfluss des Demos ab. Ephialtes korrigierte diese Entwicklung und führte sie auf eine neue Stufe. Seine Ermordung deutet jedoch darauf hin, dass die Übertragung der Exekutive vom Adel auf das Volk größere Gegensätze und Konflikte heraufbeschwor als früher. Vermutlich hat Aischylos auch diese Spannungen abzubauen versucht, indem er in den *Eumeniden* von 458 Athena die „alten" Erinyen mit dem neu eingesetzten Areopag versöhnen lässt und damit einen aktuellen Ausgleich zwischen „neuem" demokratischen und „altem" aristokratischen Prinzip propagiert.

Veränderung des außenpolitischen Entscheidungsprozesses

Tatsächlich hat sich in der Folgezeit die Kooperation zwischen Adel und Demos erstaunlich reibungslos eingespielt, und dies, obwohl Ephialtes die Bedingungen des außenpolitischen Entscheidungsprozesses fundamental änderte: War die Außenpolitik unter Kimon in den Kreisen der aristokratischen Familien formuliert worden, so verlagerte sie sich nun in die Volksversammlung und hing weitaus stärker von den Interessen der in der Ekklesie dominierenden Schichten ab. Die Strategen mussten nun bei der Planung und Durchsetzung ihrer Kriegspolitik Rücksicht nehmen auf die Stimmung des Volkes, weil sie sich nicht mehr nur vor ihresgleichen, sondern vor dem gesamten Demos und deren Gerichten zu verantworten hatten.

Eine einflussreiche Gruppe des Demos bildeten die Theten, die ärmeren Bürger aus der untersten Steuerklasse. Ihr Selbstbewusstsein war (s. S. 33) im Kampf gegen die Perser stetig gewachsen. Sie befürworteten eine aggressive maritime Politik, um ihren Anspruch auf politische Gleichberechtigung weiter manifestieren zu können, doch verlor sie ihre einseitige, gegen Persien gerichtete Tendenz. Die seit der Thasosaffäre schwelende Sorge vor spartanischen Angriffen sowie das brüskierende Verhalten Spartas während des Helotenaufstandes waren Grund genug, den gesamten maritimen Raum der Ägäis und die westlichen Gewässer um die Peloponnes ins Visier zu nehmen. Ein besonderes Interesse richtete sich auf das wirtschaftliche Kraftzentrum am Saronischen und Korinthischen Golf. Um sich die Vorherrschaft in diesem Raum zu sichern, galt es, maritime Konkurrenten auszuschalten oder in den Seebund zu integrieren. Es kam so in den nächsten Jahren zu militärischen Konflikten, die als 1. Peloponnesischer Krieg bezeichnet werden.

6. Athens vergeblicher Griff nach Mittelgriechenland und Ägypten (1. Peloponnesischer Krieg)

Verträge mit Argos, Thessalien und Megara

Ephialtes hatte vor seinem Tod mit breiter Zustimmung des Demos das Hellenenbündnis kündigen und Verträge mit dem spartanischen Erzfeind Argos und den Thessalern schließen lassen. Kurze Zeit später gelang es den Athenern, das nahe Megara, eines der wichtigsten Mitglieder des Peloponnesischen Bundes, auf ihre Seite zu ziehen. Vorausgegangen war ein Grenzkrieg Megaras mit Korinth, der zweiten Macht auf der Landbrücke zwischen der Peloponnes und Attika. Sparta wollte sich nicht einschalten, und so baten die Megarer Athen um Unterstützung. Athen nutzte die Chance, schloss ein Bündnis, sandte Garnisonstruppen und half den Megarern, ihre Häfen Pagai (am Korinthischen Golf) und Nisaia (am Saronischen Golf) durch lange Mauern mit der Stadt zu verbinden.

Einkreisung Korinths

Thukydides kommentiert diese Maßnahmen mit den viel zitierten Worten: „Dies war auch der Hauptanlass für den bitteren Hass, den die Korinther seitdem gegen Athen hegten" (1,103). Tatsächlich schien Korinth – nimmt man das Bündnis mit Argos hinzu – von allen Seiten eingeschlossen, während sich Athen ein Sicherheitsglacis gegen Angriffe geschaffen hatte. 459 gingen die Athener daran, auch ihre Häfen Piräus und Phaleron durch (jeweils 7200 und 6300 m) *„Lange Mauern"* mit der Stadt zu verbinden und das gesamte Areal zu einer – nach dem damaligen Stand der Kriegstechnik – uneinnehmbaren Festung auszubauen (Thukydides 1,107; 108,3). Danach wandte man sich gegen Aigina, der letzten unabhängigen Polis am Saronischen Golf, die traditionell über starke maritime Kräfte verfügte. Nach einem gescheiterten Versuch, über die Hafenstadt Halieis eine Verbindung nach Argos zu gewinnen, konnten die Athener die Seestreitkräfte Korinths, Aiginas und des Peloponnesischen Bundes besiegen. 457/6 wurde Aigina nach langer Belagerung unter harten Bedingungen in den Seebund eingegliedert.

Eine zweite Stoßrichtung richtete sich auf den Korinthischen Golf. 460/59 hatten die aufständischen Heloten in Messene unter der Gewährung freien Abzuges kapituliert. Athen bot ihnen Siedlungsplätze in Naupaktos am Ausgang des Golfes an. Von Naupaktos kontrollierten fortan athenische Kriegsschiffe die Einfahrt in den Korinthischen Golf und die Kornzufuhr nach Korinth. Zusätzlich waren Athener Schiffe in Megaras Hafen Perai im Ostende des Golfes stationiert. Damit hatte man den gesamten maritimen Raum nördlich der Peloponnes in der Hand.

Flottenfahrt des Tolmides

Gekrönt wurden diese Erfolge im Jahre 456/5 durch die spektakuläre Flottenfahrt des Strategen Tolmides um die Peloponnes nach Nordwestgriechenland. Während dieser Umsegelung zerstörte er das spartanische Flottenarsenal in Gytheion, konnte die korinthische Kolonie Chalkis am Nordufer des Korinthischen Golfes gewinnen und sich mit einem Sieg über das Aufgebot der Sikyoner Respekt verschaffen. Vielleicht integrierte er sogar die vorgelagerten Inseln Kephallenia und Zakynthos in den Seebund (Diodor 11,84,6–8). Es ging auch hier um die Ausschaltung jeder Konkurrenz auf dem Meer – deshalb die Zerstörung des Arsenals in Gytheion – und um die Sicherung des maritimen Einflussgebietes auf Kosten Korinths, der einstigen Beherrscherin des Golfes und der Straße von Otranto.

Die Spartaner vermieden jede direkte Konfrontation in diesem Bereich und versuchten stattdessen im Norden Attikas ein Gegengewicht gegen die athenische Machtentfaltung aufzubauen (Diodor 10,81,3). 457 marschierte ein Heer des Peloponnesischen Bundes nach Böotien und konnte bei Tanagra einen schwer erkämpften Sieg über die vereinten Truppen der Athener und des Seebundes, der Thessaler und Argiver erringen. Bereits zwei Monate später schlugen die Athener jedoch das böotische Heer bei Oinophyta und stellten ihre Hegemonie in Böotien (mit Ausnahme Thebens) wieder her. Das Jahr 454 bedeutete den Höhepunkt der athenischen Machtentfaltung: Athen kontrollierte den gesamten maritimen Raum von der Ägäis, dem Saronischen Golf, dem Isthmos von Korinth bis zum Malischen Golf im Westen; Thessalien und Böotien waren von Athen abhängig und die Hafen- und Handelsstädte Aigina, Megara und Troizen als Bündner gewonnen oder in den Seebund eingegliedert.

Tanagra und Oinophyta

In dieser Situation kam Sparta und seinen Bündnern ein unerwartetes Ereignis zu Hilfe. Ägypten hatte sich Anfang der 460er Jahre von Persien befreien können und Athen um Hilfe gegen eine mögliche persische Revanche gebeten. Athen entsandte daraufhin eine große Flotte, wohl auch um sich den Zugriff auf die ägyptischen Getreideexporte zu sichern. Der persische Gegenschlag führte jedoch im Jahre 454 zum Verlust von über 100 Trieren und 10000 Mann Besatzung im Nildelta.

Niederlage im Nildelta

Diese Niederlage beendete die Erfolgsserie Athens. Aus Sicherheitsgründen wurde 454/3 die Seebundskasse von Delos nach Athen verlegt. Erst 450 konnte der aus dem Exil zurückgekehrte Kimon bei Salamis (auf Zypern) eine persische Flotte von 100 Einheiten versenken, musste diesen Erfolg jedoch mit dem Tod bezahlen. Mit seinem Dahinscheiden endet die Offensive gegen Persien. Seit 448 beherrschte ein stillschweigender Status quo die außenpolitische Szenerie. Man einigte sich ohne formellen Friedensschluss darauf, dass Athen auf Expeditionen an die persischen Küstengebiete (Ägypten und Zypern) verzichtete und die Perser sich von der Ägäis fern hielten und den Beitritt der kleinasiatischen Städte in den Seebund akzeptierten (so genannter Kalliasfriede). Der Großkönig hatte damit Athen als ostmediterrane Großmacht anerkannt.

Einigung mit Persien (Kalliasfriede)

Sparta hatte in der Zwischenzeit durch einen Frieden mit Argos seine Position auf der Peloponnes stärken und drei Jahre später das mittelgriechische Phokis der athenischen Suprematie entreißen können. Wenige Jahre später geriet die athenfreundliche Regierung in Böotien durch einen oligarchischen Staatstreich ins Hintertreffen. Das neue Regiment erklärte Athen den Krieg und konnte ein attisches Heer 447/6 bei Koroneia vernichtend schlagen. Die Herrschaft Athens in Mittelgriechenland brach zusammen und zeigte auch innerhalb des Seebundes Erosionserscheinungen: 446/5 fielen Megara und Euböa vom Seebund ab; lediglich die megarischen Hafenstädte Pagai und Nisaia wurde von athenischen Garnisonen gehalten. Im gleichen Jahr holte Sparta zum entscheidenden Schlag aus und sandte ein Heer unter König Pleistonax nach Attika. Die Peloponnesier standen nur noch wenige Stunden vor Athen, als es Perikles nach langen Verhandlungen – und Bestechungen – gelang, den spartanischen

Schlacht bei Koroneia

König zur Rückkehr zu bewegen und mit Sparta einen Frieden auf dreißig Jahre zu schließen. Er wird deshalb auch der „Dreißigjährige Friede" genannt.

Dreißigjähriger Friede

Der Vertrag enthielt die übliche Nichtangriffsklausel und sah darüber hinaus die Einsetzung eines Schiedsgerichtes zur Schlichtung von Streitfragen vor (Thukydides 7,18,2). Ferner legte er den Status quo, also den zum Zeitpunkt des Vertragsschlusses bestehenden Besitzstand fest (Thukydides 1,140,2). Die Athener mussten lediglich Nisaia, Pagai, Troizen und Achaia auf der Peloponnes herausgeben (Thukydides 1,115), konnten aber die Kontrolle über Naupaktos und Aigina behalten und sich mit Argos verständigen. Eine Auflistung der mit den vertragsschließenden Parteien verbündeten Poleis und Staaten fixierte die Machtbereiche. Es war beiden Parteien verboten, abtrünnige Bündner der Gegenseite aufzunehmen oder zu unterstützen (Thukydides 1,35,2; 40,2; 66). Die bündnisfreien Poleis konnten sich anschließen, „welcher der beiden Mächte sie wollten" (Thukydides 1, 35).

Dieser Friede bildete die völkerrechtliche Grundlage Griechenlands bis zum Ausbruch des Peloponnesischen Krieges. Beide Seiten konnten ihn als Erfolg verbuchen, Sparta hatte die Machtausdehnung Athens auf Mittelgriechenland gestoppt, Athen hatte die Anerkennung seines Seebundes nicht nur durch Persien (s. S. 17), sondern auch durch Sparta durchgesetzt, denn offizielle Vertragspartner waren „Athen und seine Bundesgenossen" sowie die „Lakedaimonier (= Spartaner) und ihre Bundesgenossen".

Neuordnung Griechenlands

Beide Hegemonialmächte hatten aber auch aus den verlustreichen und wechselvollen Kämpfen gelernt: Deutlich ist ihr Bemühen zu erkennen, das Konfliktpotential auf ein Minimum zu reduzieren und die Situation im gesamten griechischen Raum zu regeln. Der Vertrag teilte sämtliche griechischen Poleis in drei Kategorien ein: 1. Athen und seine Verbündeten; 2. Sparta und seine Verbündeten; 3. die neutralen Poleis, die nur freiwillig, d.h. ohne militärischen Zwang, in eines der beiden Bündnissysteme eintreten durften. Diese Friedensordnung erschwerte zwar die Machtausdehnung der Hegemonialmächte *außerhalb* ihrer Bünde, schützte die Bundesmitglieder vor Übergriffen der Gegenseite und verschaffte den Neutralen Rechtsicherheit; im Gegenzug erhielten jedoch Sparta und Athen größeren Spielraum, um ihren Willen *innerhalb* ihrer Bündnissysteme zur Geltung zu bringen: Denn abfallbereite Bündner hatten fortan – anders als Thasos im Jahre 464 – keine Hilfe mehr von außen zu erwarten, sondern mussten mit völkerrechtlich sanktionierten Gegenmaßnahmen ihrer jeweiligen Hegemonialmächte rechnen, die sich ganz auf den Ausbau ihrer Stellung innerhalb der Bünde konzentrieren konnten.

Fehler des Friedensvertrages

Dies war der entscheidende Konstruktionsfehler des Friedens: Er war allein aus der machtpolitischen Perspektive Spartas und Athens geschlossen und berücksichtigte in keiner Weise die Interessen der Bundesmitglieder, hielt diese nicht einmal für wert, als Partner mit aufgenommen zu werden; sie waren eine Verfügungsmasse ohne eigene Stimme. Diese Arroganz der Macht sollte sich rächen. Viele Bündner besannen sich auf ihre Stärke und entwickelten als Reaktion auf ihre Nichtberücksichtigung den Gedanken der **Autonomie**, um ihn später zum politischen Schlagwort zu erheben.

E

Autonomie
Als Autonomie bezeichnete man das Recht eines Staates, seine inneren Angelegenheiten und seine äußere Politik selbst zu bestimmen. Als politisches Schlagwort wurde es vermutlich nach dem Dreißigjährigen Frieden entwickelt und dann von Mitgliedern des Peloponnesischen Bundes und Sparta propagandistisch gegen Athen eingesetzt.

7. Das athenische Seereich in der Zeit des Perikles

a) Die Lehren des Krieges und die so genannte Friedenspolitik des Perikles

Der 1. Peloponnesische Krieg hinterließ auf die Athener einen nachhaltigen Eindruck. Innerhalb von 15 Jahren hatten sie einen beispiellosen Machtaufstieg erlebt, die Seeherrschaft im östlichen Mittelmeer und die Hegemonie in Mittelgriechenland errungen. Doch nach den Niederlagen bei Koroneia und im Nildelta war binnen weniger Jahre das Erreichte verloren oder in Frage gestellt, am Ende marschierte ein spartanisches Heer bis fast vor die Tore der Stadt.

Neuorientierung der athenischen Politik

Perikles zog aus dieser Entwicklung seine Lehren: Athen hatte seine Kräfte nach Westen und Osten überdehnt. Alle militärischen oder diplomatischen Erfolge halfen zudem wenig, wenn unzufriedene Bündner wie Eretria oder Chalkis Athens Stellung innerhalb des Seebundes gefährdeten. Es galt demnach zunächst die Kontrolle über die Bündner zu verstärken und die maritime Hegemonie im ägäischen Raum zu konsolidieren, anstatt die Kräfte mit weitausgreifenden Plänen zu vergeuden. Das Ende der Kämpfe mit Persien 449/8 und der Frieden mit Sparta bildeten hierfür den nötigen Rahmen, denn die Konsolidierung im Innern benötigte ein entspanntes Verhältnis zu den alten Gegnern. Viele Forscher haben deshalb diese Phase der perikleischen Politik als Friedenspolitik bezeichnet, sie findet ihr wichtigstes Zeugnis in einem Bericht Plutarchs (Perikles 17), wonach Perikles alle Griechen Kleinasiens und Europas zu einem Friedenskongress nach Athen eingeladen habe, auf dem auch über die Sicherheit der Meere und eine Friedensordnung für ganz Griechenland beraten werden sollte. Wenn dieser Vorgang historisch ist – er wird von keiner anderen Quelle erwähnt – so haben ihn die Spartaner schnell als einen Versuch der Athener entlarvt, aus der Not – einer dringend benötigten Atempause – eine propagandistisch zu verwertende Tugend zu machen und sich als Vollstrecker einer panhellenischen Ordnung aufzuspielen; Sparta sagte kurzerhand seine Teilnahme ab.

Friedenspolitik des Perikles?

Tatsächlich beinhaltet der Begriff Friedenspolitik nur einen Aspekt einer Politik, die stabile Verhältnisse nach außen benötigte, um die Stellung Athens in der Ägäis zu stärken. Perikles konnte noch im letzten Kriegsjahr die abgefallenen Städte *Chalkis* und *Eretria* auf Euböa mit Gewalt zur Aufgabe zwingen und in der Folgezeit die Hegemonie seiner Heimatstadt innerhalb des Bundes ausbauen. Solange dieser Prozess jedoch nicht abgeschlossen war, galt es den Griechen zu suggerieren, dass mit den Maßnahmen innerhalb des Bundes keine aggressiven Ambitionen nach außen verbunden waren. Stärke gegenüber den Bündnern und demonstrative Bekundung des Friedenswillens nach außen bedingten einander: Es war eine kalkulierte Doppelstrategie, die den Hintergrund für verschiedene Veränderungen innerhalb des Seebundes bildete.

b) Die Verlegung der Bundeskasse und die Finanzverwaltung

Im Jahr 454/3 wurde die Bundeskasse von Delos nach Athen verlegt. Was offiziell als Schutzmaßnahme vor einem Gegenangriff der Perser deklariert war (s. S. 17), erwies sich bald als praktisches Kontrollinstrument gegenüber den Bündnern. Mit der Verlegung der Kasse wurde nämlich auch die Bundesversammlung aufgelöst. Fortan entschied allein die Athener Ekklesie über alle Seebundsangelegenheiten. Die Athener gewannen damit auch eine direktere Zugriffsmöglichkeit auf die Phoroi. Deren sechzigster Teil

aparche

wurde an die Kasse der Athena als so genannte Erstlingsgabe (*aparche*) abgeführt und damit dem Schutz der Athena Polias unterstellt. Dies war ein Akt von nicht geringer ideologischer Bedeutung: An die Stelle des Apolls von Delos trat die Stadtgöttin der Hegemonialmacht, die allmählich in die Funktion einer Bundesgöttin hineinwuchs.

Die Bundesgenossen sandten ihre Beiträge in der Regel jährlich im Frühling zur Zeit der Dionysien nach Athen. Hier wurden die eingehenden Beiträge auf der Bühne des Dionysostheater dem Volk von Athen gezeigt (Isokrates 8, 82). Zuständig für den Empfang der Phoroi, deren Registrierung und die Abführung der *aparche* an die Tempelkasse waren die *hellenotamiai* (s. S. 9). Sie leiteten auch die alle vier Jahre im Rahmen der Großen Panathenäen stattfindende Neuveranlagung der Phoroi.

Während man zur Dokumentation der *aparche* in Delos Holztafeln verwendet hatte, ging man im Zuge der seit Ephialtes verstärkten Kontrollen dazu über, die Liste mit den Namen der Bündner und der Höhe ihrer *aparche* auf Marmorstelen zu veröffentlichen und auf der Akropolis auszustel-

Tributlisten

len. Die erste Stele (*Lapis primus*) ist fragmentarisch erhalten und enthält 15 Jahreslisten (von 454/3–440/39 v. Chr.), die nächsten neun Listen finden sich auf einer kleineren Stele (*Lapis secundus*). Seit 430/29 wurde für jede Liste eine einzelne Stele erstellt. Die Reihenfolge der Namen in der ersten Liste orientierte sich an den zeitlichen Eingängen, wesentlich später einlaufende *aparchai* wurden an das Ende der Liste oder – wenn die Jahresliste bereits veröffentlicht war – an den Anfang der folgenden Jahresliste platziert.

Von besonderem Interesse sind die alle vier Jahre erfolgenden Neueinschätzungen des gesamten Seebundstributes: Die erste Neuveranlagung

Ziele der Athener

des Jahres 450 fiel erstaunlich „milde" aus. Der Herabsetzung von 21 Tributen steht die Erhöhung von lediglich 5 gegenüber, wobei die Tribute der Inselpoleis verringert wurden. Offenbar wollten die Athener ihren ägäischen Bündnern einen Ausgleich für die Verlegung der Kasse nach Athen verschaffen und die Verstimmung der wieder eingegliederten Bündner Andros, Naxos und Karystos nicht zusätzlich schüren. Die Liste des Folgejahres (449) lässt erstmals das Bemühen der Athener erkennen, die Bündner und ihre Tribute nach geographischen Distrikten zu ordnen, ferner entrichteten viele Poleis nur Teilzahlungen oder suchten ihre Zahlungen zu stückeln. Dies reflektiert den wachsenden Unmut der Bündner und den Versuch Athens, durch eine straffere Organisation die Kontrollen zu verschärfen. 447 zeigen sich erste Erfolge: Von nun an zahlten alle Bündner wieder ihren vollen Beitrag, und im Jahre 442 ist auch die geographische Gliederung des Bundesgebietes abgeschlossen, indem jeder Distrikt einen eigenen Namen erhielt.

Wir erkennen also aus den Veränderungen der Zahlen und Eingangsmodalitäten, wie die Athener auf die nachlassende Kampfbereitschaft und Loyalität der Bündner reagierten. Ein klarer Trend zu einer härteren Gangart ist jedoch nicht festzustellen. Die Neueinschätzungen zeigen keine inflationäre Steigerungen, sie betrugen bis 433 nie mehr als 400 Talente und fallen damit sogar geringer aus als die von Aristeides festgelegte erste Schätzung von 460 Talenten. Offensichtlich ging es den Athenern also nicht um die finanzielle Ausbeutung der Bündner, sondern vielmehr darum, die Finanzorganisation des Bundes effektiver zu gestalten und die Kontrolle der einlaufenden Tribute zu verbessern. Dieses Bemühen steht auch hinter dem berühmten Kleiniasdekret (HGIÜ Nr. 74), das viele Forscher in die Zeit der Neuveranlagung der Phoroi von 443 und die Systematisierung der Seebundsdistrikte datieren. Fortan überwachten athenische Beamte die Einziehung der Phoroi in den Bundesstädten selbst. Sie notierten die Höhe des abgeführten Tributes auf einer Tafel und sandten diese versiegelt mit den Geldlieferungen nach Athen. Dort kontrollierte der Rat die Eingänge, stellte Quittungen aus und veranlagte ausstehende Rückstände. Nach der Feier der Dionysien verkündeten die Hellenotamiai der Volksversammlung, welche Poleis die Beträge korrekt abgeliefert und welche sich Zahlungsverzüge geleistet hatten. Danach reisten athenische Beamte in die Bundesstädte, quittierten den Phoros und nahmen Rückstände in Empfang. Verstöße wurden mit gerichtlicher Verfolgung in Athen bestraft. Deutlich ist das Bemühen der Athener zu erkennen, die finanzielle Leistung der Bündner lückenlos zu erfassen, aber auch den Tributeinzug gerechter und effektiver zu gestalten.

Kleiniasdekret

c) Die Wiedereingliederung rebellierender Bündner

Auch diese Maßnahmen reagierten in erster Linie auf die Erfahrungen des Krieges; denn eine seiner Lehren war ja, dass die materiellen Ressourcen nicht ausgereicht hatten, um gleichzeitig im Osten und im Westen der Ägäis zu expandieren. Unabdingbare Voraussetzung einer finanziell abgesicherten Expansion war aber auch eine stabile Hegemonialstellung in der Ägäis. Tatsächlich begann die Volksversammlung Ende der 450er Jahre zahlreiche Dekrete (*psephismata*) zu verabschieden, die auf eine straffere politische Kontrolle der Bündner abzielten. In der Mehrzahl der Fälle reagierten diese Beschlüsse auf die gescheiterten Versuche von Poleis, sich vom Seebund loszusagen. So regelte man beispielsweise das Verhältnis der von Perikles wieder zur Räson gebrachten euböischen Poleis Eretria und

Chalkis zu Athen nicht mehr durch einen Bündnisvertrag, sondern durch einen einseitigen Beschluss der Athener Volksversammlung. Dieser ist im Falle von Eretria nur fragmentarisch (HGIÜ Nr. 78), im Falle von Chalkis (HGIÜ Nr. 79) fast vollständig erhalten:

Chalkisdekret

Die Athener verpflichteten sich gegenüber den Chalkidiern, ihre Stadt nicht zu zerstören und keinen Einwohner zu vertreiben, keinen Bürger ohne rechtskräftiges Urteil zu verbannen, zu verhaften, zu töten oder seines Vermögens zu berauben sowie Gesandtschaften binnen zehn Tagen den Zugang zur Athener Boule und Ekklesie zu gestatten. Diese zwischen „gleichberechtigten" Partnern selbstverständlichen Rechte standen jedoch unter dem Vorbehalt, dass die Chalkidier keine Vertragsverletzungen begehen. In einem solchen Falle waren alle Zusagen nichtig, und Athen behielt sich dann das Recht vor, militärisch zu intervenieren und die Stadt wie einen Kriegsgegner zu behandeln.

Die Chalkidier verpflichteten sich im Gegenzug, Abfallsbestrebungen weder umzusetzen noch propagandistisch („durch Wort") und im Geheimen („durch List") vorzubereiten; verdächtige Personen mussten den Athenern angezeigt werden. Weiterhin versprachen die Chalkidier, ihre Phoroi ordnungsgemäß zu entrichten, loyaler Bundesgenosse zu sein, und – diese Formel wurde auch anderen Verträgen beigefügt – den Athenern militärisch beizustehen und Heeresfolge zu leisten. Nur die Chalkidier waren also zu militärischem Beistand verpflichtet; ließen sie sich die kleinsten Versäumnisse zu schulden kommen, konnten die Athener den Vertrag kündigen und den Kriegszustand ausrufen. Deshalb verweigerten sich die Athener auch den Bitten der Chalkidier, ihre Geiseln freizugeben. Athen behielt ein Faustpfand, das bei geringfügigstem Anschein von Untreue eingesetzt werden konnte. Doch damit nicht genug: Die Athener bestätigten zwar den Chalkidiern das Recht, die Fremden (sc. Metöken) zu besteuern, doch konnte die Volksversammlung jedem Fremden Steuerfreiheit gewähren. Diese Eingriffsmöglichkeit in die Steuerhoheit von Chalkis eröffnete die Chance, im Krisenfall die Finanzkraft der Stadt zu schwächen und sich in Chalkis eine loyale Anhängerschaft heranzubilden.

Vergleichbare Einflussmöglichkeiten eröffneten die jurisdiktionellen Vorschriften. Demnach mussten alle Verfahren, in denen die Strafe auf Verbannung, Tod oder Atimie (Verlust der bürgerlichen Rechte) lauten würde, an das Gericht der Thesmotheten in Athen verwiesen werden. Athen sicherte sich so die exklusive Ahndung aller Kapitalstrafsachen (geringere Delikte waren politisch uninteressant). Dieses Recht ist weder in Bezug auf die Person, deren Fall nach Athen verwiesen werden kann, noch auf deren Rechtsposition (Ankläger/Angeklagter) spezifiziert. Denn die Athener wollten beides verhindern: dass ihre Anhänger in ungerechtfertiger Weise verurteilt und ihre Gegner freigesprochen würden. Nur so schien man den wachsenden Ressentiments gegen den Einfluss Athens wirksam entgegentreten zu können.

Stärkere Kontrolle abgefallener Bündner

Zusammengefasst dokumentiert das Chalkisdekret den Willen der Athener, über die ehemaligen Rebellen eine straffe Kontrolle auszuüben: An die Stelle des zweiseitigen Bündnisvertrages trat eine einseitige Verfügung, die die Innen- und Außenpolitik dieser Poleis auf Athen ausrichtete. Die Dekrete schufen so neben den Bundesgenossen, die sich nach wie vor im Status gleichberechtigter Symmachoi befanden, eine zweite Kategorie von Poleis, deren Wohlergehen immer stärker vom guten Willen der Athener abhing.

d) Der Ausbau der Herrschaft durch Generaldekrete

Viele Forscher sehen deshalb in diesen Dekreten einen Markstein in der Entwicklung des Seebundes von einer Vereinigung gleichberechtigter Partner hin zu einer Herrschaft (*arche*) der Athener. Tatsächlich basierten wesentliche Bestimmungen der Einzeldekrete auf Generaldekreten (*leges generales*), die sich auf das gesamte Bundesgebiet bezogen, oder Einzelbestimmungen wurden später in Generalbestimmungen umgewandelt. So bezieht sich die Klausel über die Verweisung von Strafsachen an ein Athener Volksgericht aus dem Chalkisdekret wohl auf ein (vorausgegangenes) *Generaldekret*, das die Aburteilung von Kapitalsachen durch Athen im gesamten Bundesgebiet regelte. Eine oligarchische Schrift aus den 430er Jahren behauptet nämlich, dass die Athener „die Bündner zwingen, zu Gerichtsverhandlungen nach Athen zu fahren" (Pseudo-Xenophon 1,16), und betont die Vorteile, die der Demos aus der Tatsache zöge, „wenn in Athen die Gerichtsverhandlungen für die Bündner in Athen abgehalten werden" (1,17). Ferner sagt der Dichter Antiphon (5,47), es sei keiner Stadt erlaubt, jemanden ohne Zustimmung Athens mit dem Tod zu bestrafen. Demnach haben die Athener offenbar bereits vor 446 schwere Straftaten, die im Gebiet des Bundes verübt wurden, an sich gezogen und durch die Volksgerichte aburteilen lassen. Die Kontrolle der kapitalen Strafgerichtsbarkeit sollte einerseits Athenerfreunde vor einer ungerechten Hinrichtung bewahren, andererseits der laxen Behandlung von athenfeindlichen Gruppen entgegenwirken. Letztlich ging es darum, politische Unruhen im Keim zu ersticken. Deshalb begannen die Athener im Zuge der Eingliederung rebellierender Bündner, auch diejenigen Delikte (wie Verrat, Verweigerung des Treueeides, Vergehen bei der Tributzahlung) bei sich zu monopolisieren, die ihre Herrschaft gefährdeten. Verbesserung der Kontrolle und Steigerung der organisatorischen Effizienz des Seebundes gingen Hand in Hand.

Münzdekret

Eine vergleichbare Tendenz weisen die Maßnahmen auf, die sich auf das Finanzwesen innerhalb des Seebundes beziehen. Das Münzdekret (wohl aus den Jahren 449–445; HGIÜ Nr. 68) sah eine Vereinheitlichung der Maße, Gewichte und Münzen vor und bestimmte die attische Silberwährung als Standardmünze. Zuständig für die Münzumstellung waren die Strategen, die auch Überschüsse beim Geldumtausch in Empfang nahmen. Allerdings gibt es Forscher, die diese und andere *leges generales* erst in die Zeit des Peloponnesischen Krieges datieren. Dieser gab zwar den Bemühungen der Athener, ihre Kontrollen über den Seebund auszubauen, einen entscheidenden Schub, doch ist es kaum möglich, Entwicklungssprünge punktuell zu markieren. Schon die Zeitgenossen haben sich nicht um Präzision bemüht. So gebraucht Thukydides die Begriffe *hegemonia* und *arche* ohne Bedeutungsunterschied für militärische Führung. Der Ausbau der Kontrollmechanismen war ein fließender Prozess, der immer auch auf den

Unwillen der Bündner reagierte, ihren vertraglichen Verpflichtungen nachzukommen. Deshalb kam das „Reich" überall da zum Vorschein, „wo der Willen Athens und der eines Bündners auseinandergingen" (*A. Heuß*).

e) Die Einrichtung von Demokratien

Dieser Grundsatz gilt auch für eine letzte Maßnahme, die auf die Verfassung ehemals rebellierender Bündnerstädte zielte: Die Athener wandelten in Erythrai, Chalkis und wahrscheinlich in Eretria und Samos die bestehende Oligarchie in eine Demokratie um. Blieben dagegen die Verhältnisse stabil und kamen die Bündner ihren Verpflichtungen nach, dann akzeptierte man – wie in Mytilene (bis 427), Chios, Samos und Milet – oligarchische Verfassungen und sogar dynastisch regierte Poleis (in Karien). Dies zeigt: Auch die Demokratisierung entsprang keineswegs einem globalen Herrschaftsplan oder gar einem ideologisch-weltanschaulichen Programm; sie war vielmehr zumindest in den 450er Jahren immer eine Antwort auf eine akute Krise und von pragmatischen Erwägungen geleitet. Denn nur eine demokratische Staatsform verschaffte den athenfreundlichen Gruppen innerhalb der abgefallenen Bündnerstädte eine solide rechtliche Basis zur Aufrechterhaltung ihrer Macht und damit dem Seebund langfristige Stabilität. Hierbei konnte man an breite isonome Strömungen innerhalb des Bundes anknüpfen: Denn bereits bei der Gründung des Seebundes war in vielen Poleis Kleinasiens die Isonomie die gängige Staatsform (Herodot 6,43,3). Natürlich haben die Athener eine gemeinsame Verfassung als zusätzliche (ideologische) Klammer geschätzt; die Demokratisierung jedoch allein als Instrument imperialistischer Machtinteressen zu interpretieren, blendet das objektive Bemühen um eine politische Stabilisierung des Seebundes aus: Denn ein von Rebellionen erschütterter Militärbund beraubt sich seiner eigenen Stärke, die nicht nur gegen Sparta, sondern auch gegen eine nach wie vor mögliche persische Revanche erhalten bleiben musste.

Demokratisierung als Reaktion auf Krisen

Stabilisierung des Seebundes

f) Beamte und Gastfreunde (*proxenoi*)

Um die beschriebenen Maßnahmen und gesetzlichen Reglungen durchzusetzen, benötigte Athen einen für den Seebund ständig verfügbaren *Beamtenapparat.*

episkopoi

Die *episkopoi* („Aufseher") beaufsichtigten die Einrichtung demokratischer Verfassungen. Später bereisten sie regelmäßig die Bündnisstädte, um die ordnungsgemäße Erhebung und Übersendung der Phoroi sicherzustellen (Kleiniasdekret HGIÜ Nr. 74, Z.4–6). Bei dieser Gelegenheit dürften sie auch eine allgemeine Kontroll- und Aufsichtsfunktion wahrgenommen haben; bei ihnen erstatteten z. B. die Einwohner von Chalkis Anzeige, wenn sie einen Aufrührer ausmachten. Die *episkopoi* haben dann den Fall selbst entschieden oder, wenn es sich um ein politisch bedeutsames Delikt handelte, an ein Athener Gericht überwiesen.

Des Weiteren tauchen in den Inschriften *archontes* („Beamte") auf, wenn in einer wiedereingegliederten Polis eine Übergangsregierung oder eine Demokratie eingerichtet werden sollte; so wurden 450/49 (HGIÜ Nr. 65) fünf Archonten nach Milet geschickt, um die einheimischen Magistrate zu „beraten". Auch sie griffen wohl bei dieser Gelegenheit in die lokale Gerichtsbarkeit ein und waren – nach dem Kleiniasdrekret (s. S. 21) – mit dem Rat und den *episkopoi* zuständig für die Durchführung der Tributzahlung. Das Münzdekret bevollmächtigte sie außerdem, den Währungsumtausch in den Bundesstädten zu überwachen. Es handelt sich also um eine weitgefächerte Aufgabenpalette mit wichtigen Hoheitsfunktionen, die die einheimische Beamtenschaft immer mehr zu Vollzugsorganen Athens degradierte.

archontes

Anders als die *episkopoi* und *archontes*, die für bestimmte Aufgaben die Bundesstädte bereisten und sie danach wieder verließen, waren die Kommandanten (*phrouarchoi*) athenischer Garnisonen über einen längeren Zeitraum in denjenigen Poleis stationiert, die vom Seebund abgefallen waren und/oder – wie viele kleinasiatische Städte – einen Schutz gegen persische Angriffe benötigten. Die erste Garnison ist sicher in Erythrai belegt, weitere befanden sich in Milet 450/49 und Samos; die meisten Garnisonen wurden aber erst im Zuge des Peloponnesischen Krieges (Thukydides 4,7) eingerichtet. Neben dem militärischen Schutz bestand ihre Aufgabe auch darin, die Einrichtung von Demokratien abzusichern sowie Widerstandsnester und Unruhen ausfindig zu machen (vergleichbare Ziele verfolgten die Spartaner später mit der Einrichtung von Harmosten; s. S. 129). Wenn die Garnisonstruppen in lokale Rechtsstreitigkeiten verwickelt waren, hatte der Phrouarch das Recht, den Fall an sich zu ziehen oder mit einer Empfehlung nach Athen zu überweisen.

phrouarchoi

Man sieht so, wie sich viele Kompetenzen der Beamten zumal im Bereich der Gerichtsbarkeit überschnitten und einzelne Beamtenkategorien bei der Überwachung der Bündner ineinander griffen. So bildeten die Phrouarchen das militärische Bindeglied zu den auf See operierenden Strategen und teilten sich ihre Aufgaben mit den nur kurzzeitig anreisenden *archontes* und *episkopoi*. Es entstand ein über das gesamte Bundesgebiet gespanntes Netz von Beamten – Aristoteles spricht (Athenaion Politeia 24,3) übertrieben von 700 Beamten –, dessen Umfang und Dichte einmalig in der griechischen Geschichte ist und später selbst vom Römischen Reich nicht mehr erreicht wurde.

Um den Beamtenapparat herum lagerte sich ein Geflecht privater oder offizieller Kontakte zwischen Bündnern und der athenischen Hegemonialmacht. Eine wichtige Rolle spielten die so genannten Gastfreunde (***proxenoi***). Es war in Griechenland üblich, dass eine Stadt dem Bürger einer fremden Polis den Titel und Status eines Gastfreundes verlieh, damit dieser – vergleichbar einem modernen Konsul – im Gegenzug den eigenen Bürgern mit Rat und Tat zur Seite stand, wenn diese sich in seiner Heimat aufhielten. Mit dem Ausbau des Seebundes nahm die Zahl der in Athen und in den Bündnerstädten ansässigen Proxenoi stetig zu. Sie vertraten ihre Landsleute vor Gericht, halfen bei der Abwicklung des Handels und dienten als Informanten. Athen hat deshalb – wie wir aus den sogenannten Proxeniedekreten wissen – die Ernennung von Proxenoi in den Bundesstädten energisch vorangetrieben und sie mit Privilegien ausgestattet, die sie vor Übergriffen schützten. Das Herrschaftsinteresse Athens war aber auch hier nur ein Aspekt; denn eine wichtige Rolle spielte das Bemühen, Handel, Verkehr und Kommunikation innerhalb des Bundes im allseitigen Interesse zu verbessern. Das Zusammenwachsen des Seebundes förderte Wirtschaft und Handel, erleichterte aber auch die hegemonialen Kontrollen Athens.

E

Proxenoi

Zu Proxenoi (Gastfreunden) wurden Bürger einer griechischen Polis von einer fremden Stadt ernannt, um deren Interessen zu vertreten. Meist handelte es sich um einflussreiche und wohlhabende Personen.

g) Kleruchien und Kolonien

Den gleichen Zweck verfolgte die seit der Mitte des Jahrhunderts verstärkt einsetzende Kolonisationspolitik der Athener. In den etwa zwanzig Jahren seit dem Kalliasfrieden zogen rund 10 000 Bürger Attikas in neue überseeische Siedlungen des Ägäisraums und des Schwarzmeergebietes. Streng genommen gab es zwei Typen von Siedlungen, die Kleruchie und die Kolonie (oder Apoikie). Als Kleruchien bezeichnet man Siedlungen, deren Bewohner im Gegensatz zu den Auswanderern in Kolonien Athener Bürger blieben und keine eigene (koloniale) Rechtsstellung genossen. Im 5. Jahrhundert waren allerdings die politischen Funktionen beider Ansiedlungstypen sehr ähnlich und auch ihre terminologische Unterscheidung fließend. Deshalb werden Kolonie und Kleruchie meist zusammen unter dem Begriff der athenischen Kolonisationspolitik behandelt.

Siedlungstypen

Hatten die Athener früher meist siedlungsfreies Land in Besitz genommen, so wählten sie seit der Jahrhundertmitte zunehmend Gebiete der Seebundsmitglieder, die als unzuverlässig galten oder bereits abtrünnig geworden waren: 448 erhielt Naxos eine Kleruchie, ein Jahr später Andros und wieder ein Jahr später richtete man Kleruchien in den wiedereingegliederten Poleis Chalkis und Eretria auf Euböa (s. S. 21 f.) ein; weitere Ansiedlungen werden in Karystos, Lemnos, Imbros und Lesbos erwähnt. Einen zweiten Schwerpunkt bildeten die nördliche Ägäis und die Hellespontregion. Perikles selbst führte 447 eine Kleruchie zur thrakischen Chersonnes. Zwei Jahre später zogen attische Siedler nach Brea an der thrakischen Küste, 437/6 gründete der Stratege Hagnon am Mündungsgebiet des Strymon Amphipolis, 434 errichtete Perikles Astakos an der Propontis. Nach der Rückkehr erwirkte er einen Beschluss, wonach sich athenische Kleruchen in Sinope niederlassen konnten. Auch die Kolonie in Amisos an der Südküste des Schwarzen Meeres geht wohl auf die Initiative des Perikles zurück.

Machtpolitische und strategische Ziele

Anders als die Kolonien der archaischen Zeit verfolgten fast alle überseeischen Ansiedlungen Athens in dieser Zeit in erster Linie machtpolitische und strategische Ziele; deshalb waren sie auch mit Athen so eng verbunden: Eine erste Gruppe sollte wiedereingegliederte oder politisch unsichere Bundesgenossen einschüchtern und von künftigen Rebellionen abhalten. Die zweite Gruppe der an der Nordägäis und in der Hellespontregion angelegten Kolonien sicherte die für Athen so wichtige Kornzufuhr sowie den Zugriff auf andere, für die Wahrung der Seeherrschaft zentrale Ressourcen; eine besondere Bedeutung kam dabei Amphipolis zu. Diese Kolonie kontrollierte den einzigen Landweg von Makedonien zum Hellespont und eröffnete den Zugang zu den Goldminen des Pangeiongebirges. Vom nahe gelegenen Hafen Eion aus gelangte man zu den für den Bau der athenischen Kriegsschiffe so wichtigen Holzvorkommen Makedoniens und der Chalkidike. Die dritte Gruppe umfasste die während der Pontosexpedition angelegten Kolonien, die Kleruchien an den Meerengen, den thrakischen Küsten und der Chersones. Sie dienten der militärischen Absicherung des Herrschaftsraums z.B. gegen thrakische Invasionen sowie der Machtdemonstration in einem strategisch bedeutsamen Gebiet. Perikles präsentierte sich und seine Stadt während der Pontosexpedition als Schutzherr der Griechen vor barbarischen Stämmen und als Befreier von Tyrannen (s. Quelle). Er verlieh damit der Ausweitung athenischer Macht eine ideologische Grundlage und seinem eigenen Tatendrang eine Rechtfertigung, die an frühere Expeditionen adliger Herren anknüpfte.

Q

Die Pontosexpedition des Perikles
(Plutarch, Perikles 20)

Perikles unternahm einen Zug ins Schwarze Meer mit einer mächtigen, trefflich gerüsteten Flotte. Den dortigen Griechenstädten trat er mit gewinnender Freundlichkeit entgegen und tat alles, was sie von ihm erbaten; den umwohnenden Barbarenvölkern aber und ihren Königen und Fürsten führte er die gewaltige Macht der Athener, ihre Furchtlosigkeit und Kühnheit vor Augen; denn sie besaßen die unumschränkte Herrschaft zur See und konnten fahren, wohin es ihnen beliebte. Damit sich die Bürger von Sinope des Tyrannen Timesilaos erwehren könnten, ließ er ihnen dreizehn Schiffe (...) mitsamt den nötigen Soldaten zurück. Und als der Tyrann mit seinen Anhängern vertrieben war, erwirkte er den Volksbeschluss, dass 600 Athener freiwillig nach Sinope auswandern und sich dort niederlassen sollten, nachdem sie die Häuser und Ländereien, die im Besitz der Tyrannen gewesen waren, unter sich verteilt hätten.

Die politische und militärische Absicherung nach außen verband sich meist mit der Kontrolle und Inanspruchnahme der bereits etablierten (oder wieder eingegliederten) Bündner. So werden im Volksbeschluss für die Kolonie Brea (s. Quelle) die benachbarten Poleis Thrakiens „gemäß der Vereinbarungen" verpflichtet, der Kolonie im Konfliktfalle militärisch beizustehen (bei diesen „Vereinbarungen" handelt es sich wohl um ein Dekret über die Städte des thrakischen Bezirkes).

Jenseits dieser außen- bzw. machtpolitischen Zielsetzung kamen die Athener durch die Einrichtung von Kolonien auch in den Genuss von freiem und billigem Land. Die ältere Forschung hat gemeint, dass hiervon nur die unteren Schichten profitierten; Perikles habe – vergleichbar seinem Bauprogramm auf der Akropolis (s. S. 54) – die Hauptstadt von den Theten befreien und ihnen in den Kolonien Arbeit und Land verschaffen wollen. Diese Ansicht basiert auf einer Passage der Periklesvita des Plutarch (11,5–6), in der Plutarch anachronistisch Vorstellungen über die angebliche

Landversorgung der Theten?

Q

Die Gründung der Kolonie Brea (ca. 445 v. Chr.)
(HGIÜ Nr. 82)

(...) derjenige , der Anzeige erstattet hat oder der Kläger (...) sollen ihnen zur Verfügung stellen die Si(edl)ungsleiter, um für die Apoikie (so viele) Opfer darzubringen, wie sie es für gut befinden. Als Geonomen (Landverteiler) soll man wählen zehn Männer, einen aus jeder Phyle; diese sollen verteilen das Land. Demokleides soll einrichten die Apoikie als Bevollmächtigter nach bestem Vermögen. (Die heiligen Bezirke, die reserviert sind, soll man lassen, wi(e sie sin)d, und weitere nicht (mehr) abstecken. Ein Rind und eine P(anoplie soll man entse)nden zu den Großen Panathenäen und zu den Dionysien und einen Phallos. Wenn jemand einen Feldzug unternimmt gegen das Gebiet der attischen Siedler, sollen Hilfe leisten di(e Städte so energisch) wie möglich gemäß der Vereinbarungen, die (...) getroffen wurden bezüglich der Städte in Thrakien. Aufzeichnen soll man diese Bestimmungen auf einer Stele und sie aufstellen auf der Polis; zur Verfügung stellen sollen die Stele die Siedler (*apoikoi*) auf ihre eigenen Kosten. Wenn jemand eine Abstimmung veranlasst, (die) gegen (die Bestimmungen) dieser Stele verstößt, oder wenn ein Redner einen Antrag stellt oder zu veranlassen sucht, etwas am Beschlossenen abzuändern oder zu annullieren, sollen der Atimie verfallen er und sei(ne) Söhne, und sein Vermögen soll eingezogen werden und der (Göttin der z)ehnte Teil zufallen, sofern nicht die Siedler selbst (...) ersuchen. Diejenigen, die sich einschreiben lassen als zusätzliche Siedler und zwar von den Soldaten, sollen sich nach ihrer Rückkehr nach Athen binnen dreißig Tagen in Brea einfinden als zusätzliche Siedler. Entsenden soll man die Apoikie binnen dreißig Tagen. Aischines soll (den Zug) begleiten und auszahlen die Gelder (...). (Ph)antokles stellte den Antrag: Bezüglich der Apoikie nach Brea Übereinstimmung mit dem, was Demokleides beantragt hat, doch den Phantokles soll auftreten lassen die Erechtheis-Prytanie vor dem Rat bei dessen nächster Sitzung. Nach Brea sollen aus (der Schicht der) Theten und Zeugiten (stammende) Siedler ziehen (...).

Lage des „Mobs" in den römischen Großstädten der Kaiserzeit auf die Zeit des klassischen Griechenland überträgt. Sicherlich dienten Kolonien wie Brea auch dazu, die wachsende Zahl der Theten mit Land zu versorgen; doch kann dies kaum das primäre Ziel gewesen sein. Denn die Flotte wurde schon bald nach der Niederlage im Nildelta auf den alten Stand gebracht und benötigte die Theten als Ruderer. Gegen die Auffassung Plutarchs spricht zudem die Tatsache, dass die Teilnahme an einer Kolonisation im Prinzip allen Zensusklassen offen stand. Die Inschrift über Brea bestimmte, dass die Siedler aus der dritten Vermögensklasse der Zeugiten (mittelgroße Landbesitzer) und Theten kommen sollten. Eine solche Vorschrift macht aber nur Sinn, wenn es normalerweise keine Einschränkung gab. Die Sonderbestimmung für Brea zielte zudem nicht auf die Verbesserung der sozialen Lage der unteren Schichten, sondern sollte kampfwillige Siedler anziehen. Während nämlich die reicheren Kolonisten nach der Zuweisung ihres Landbesitzes (*kleros*) meist wieder nach Athen zurückkehrten und ihren Kolonialbesitz durch Pächter oder Sklaven bebauen ließen, erhielten die Theten als Kleruchen eine Hoplitenrüstung und waren auch in der Fremde zum Heeresdienst (im Notfall auch auf der Flotte) verpflichtet. Die Brea-Inschrift erwähnt Soldaten, die offenbar von einem Kampfeinsatz nach Athen zurückkehrten und mit einer Ansiedlung in Brea belohnt werden sollten. Es ging den Athenern also nicht in erster Linie um die Landvergabe an ärmere Bevölkerungskreise, sondern um die Kontrolle unzuverlässiger Bündner, die militärische Absicherung strategisch bedeutender Territorien und um eine gezielte Verlagerung des heimischen Wehrpotentials vom Zentrum an die Peripherie des Imperiums.

Verlagerung des Wehrpotentials

h) Die Flotte und das Konzept des *mare clausum*

Die Verlagerung des Wehrpotentials verfolgte ein nach innen und außen gerichtetes Ziel: Athen schuf sich einerseits Militärstützpunkte, um bei günstiger Gelegenheit über das Gebiet des Seebundes vorzustoßen und andererseits der Flotte zusätzliche Anlaufpunkte zu verschaffen, von denen aus sie Nachschub, frische Ruderer und Materialien aufnehmen und in der Ägäis aktiv werden konnte. In beiden Fällen bildete die Flotte die Grundlage der athenischen Herrschaft: Nicht die Spartaner, sondern die Athener haben sich seit den Perserkriegen mit ihrer Flotte von bis zu 300 Schlachtschiffen die mächtigste Kriegsmaschinerie geschaffen, die die griechische Welt bis dahin kannte, und sie haben sie konsequent zum Machterhalt und zur Machterweiterung eingesetzt. Jedes Jahr wurden 20 Trieren gebaut, Perikles ließ jedes Jahr für acht Monate 60 Schiffe in der Ägäis kreuzen (Plutarch, Perikles 11,4), hinzu kamen die Flottillen der Strategen, die von Bündnern Tribut einzogen. Dieses Verfahren lässt sich erstmals aus der Liste des Jahres 453/2 erschließen, später hat man es insbesondere während des Peloponnesischen Krieges angewandt.

Machtanspruch in der Ägäis

Die Athener demonstrierten durch die Flottenpräsenz ihren Machtanspruch in der Ägäis, sie konnten schneller als jede Landmacht an jedem Ort des Bundes aktiv werden und viel effektiver Städte blockieren oder erobern. Voraussetzung war die Unterdrückung konkurrierender Seestreitkräfte. Seit der Gründung des Seebundes ist der Kreis der schiffestellenden Bundesgenossen nicht mehr erweitert worden, jedem neuen Mitglied wurde der Unterhalt einer Flotte verboten, wiedereingegliederte Poleis mussten ihre Schiffe abgeben und Tribute zahlen. Mitte des Jahrhunderts stellten so nur noch Lesbos, Chios und Samos Schiffe für die Bundesflotte. 440 führte Perikles einen großen Feldzug gegen Samos an der kleinasiatischen Küste, das angeblich den Athenern die Seeherrschaft streitig machen wollte. Nach neunmonatiger Belagerung war eine der letzten konkurrenzfähigen Seemächte in die Knie gezwungen.

Kontrolle der Seehandelswege

Der Sieg über rebellierende Seemächte verschaffte den Athener meist auch die Kontrolle über deren Häfen. Zusammen mit den Kleruchien und Kolonien bekamen sie so die wichtigsten Anlaufpunkte und Seewege der Ägäis in die Hand. Am Hellespont überwachten *Hellespontophylakes* („Wächter des Hellespont") mit Unterstützung der Flotte den Schiffsverkehr aus den getreideproduzierenden Ländern der Schwarzmeerregion. Inschriftliche Zeugnisse (HGIÜ Nr. 104: Dekret für Methone und Makedonien 430/29–424/3 und HGIÜ Nr. 107 für Aphytis 427/6) bestätigen, dass Athen in der Zeit des Peloponnesischen Krieges Poleis oder Einzelpersonen vertraglich erlaubte, Getreide durch den Hellespont einzuführen und die

Ägäis zu befahren. Dies bedeutet im Umkehrschluss, dass Athen anderen Poleis dieses Recht verweigerte und ihnen maritime Verkehrsbeschränkungen auferlegte. Diese Maßnahmen zielten darauf ab, im Krisenfall rebellierende Bundesgenossen von der Zufuhr wichtiger Importgüter abzuschneiden sowie die Handelsströme über See in den Piräus zu konzentrieren. Seit den 450er Jahren hatte sich Athen zum nahezu einzigen Absatzmarkt für Schiffsbauholz, Eisen, Kupfer, Flachs und Wachs entwickelt. So verpflichtete sich König Perdikkas II. von Makedonien, Ruderholz nur an Athen oder an dessen Bundesgenossen auszuführen, wenn diese es an Athen lieferten (HIGÜ Nr. 121). Ps.-Xenophon (2,11–12) sagt: „Aber den Überfluss der Griechen und Nichtgriechen vermögen allein die Athener an sich zu ziehen. Denn wenn irgendeine Stadt Überfluss hat an Schiffsbauholz, wo wird sie es absetzen, wenn sie nicht den Herrn des Meeres dafür gewinnt? (...) Überdies werden sie gar nicht erlauben, es anderswohin zu verfrachten, oder unsere Widersacher werden nicht mehr die Meere befahren dürfen. Und so habe ich, ohne einen Finger zu rühren, alle Erzeugnisse des Landes über das Meer zur Verfügung."

mare clausum

M. I. Finley hat dieses Konzept als *mare clausum* bezeichnet, es bildet eines der wichtigsten Prinzipien athenischer Außenpolitik seit der Mitte des Jahrhunderts: Der gesamte Ägäisraum sollte durch die Inbesitznahme der wichtigsten Küsten und Häfen und durch die Kontrolle der für den Schiffbau notwendigen Materialien zu einem athenischen Binnenmeer werden, in dem allen Versuchen zum Aufbau fremder Seestreitkräfte der Boden entzogen war.

8. Die so genannte Westpolitik des Perikles

Fast zeitgleich mit der Ausweitung der Seeherrschaft in der Ägäis begann Athen seine Fühler gen Westen auszustrecken. Mitte der 440er Jahre wurden Bündnisse mit Leontinoi auf Sizilien und Rhegion an der gegenüberliegenden italischen Küste der Straße von Messina geschlossen, Kleruchien in Hestiaiai und Unteritalien angelegt sowie Neapolis in Kampanien durch attische Kolonisten verstärkt. 444/3 rief Perikles Siedler aus ganz Griechenland auf zur Teilnahme an der Gründung der panhellenischen Kolonie Thurioi an der Stelle der zerstörten Kolonie Sybaris (am Golf von Tarent).

Über die Ziele und Motive dieser „Westpolitik" schweigen die Quellen, die Vermutungen der Forscher reichen von einer gezielten Machterweiterung über die Gewinnung von Basen für einen Angriff auf die Peloponnes bis hin zur Sicherung des Handelsmonopols gegen korinthische Konkurrenz. Häufig hat man sich durch die späteren Ereignisse des Peloponnesischen Krieges leiten lassen, doch wird jede Interpretation zunächst zu fragen haben, was der Westen den Athenern in den frühen 440er Jahren bieten konnte. Bei der Beantwortung dieser Frage wird man zunächst auf den wirtschaftlichen Bereich verwiesen. Athens Bevölkerung war stetig gestiegen und hatte seit dem Frieden des Kallias den Zugang zu dem ägyptischen Kornreservoir weitgehend verloren bzw. an phönikische Zwischenhändler abgegeben. Als Ersatz boten sich Sizilien und Kampanien geradezu an, denn sie waren die reichsten kornproduzierenden Länder des westlichen Mittelmeerraums. Hierzu passt, dass der Stratege Phormion fast zeitgleich mit den Verträgen mit Leontinoi – dem ertragreichsten Getreideanbaugebiet Siziliens – und Rhegion – dem traditionellen Knotenpunkt des Seehandels von Sizilien über Unteritalien nach Griechenland – mehrere Bündnisse mit den Gemeinden Akarnaniens abschloss. Von hier aus liefen wichtige Schifffahrtsrouten in die Adria und nach Italien. Offensichtlich wollte man sich also sichere Anlaufbasen für den Handel mit Getreide aus dem Westen schaffen. Dies schloss die Möglichkeit ein, politische Rivalen von der Kornzufuhr abzuschneiden. Tatsächlich versuchte Phormion in den Anfangsjahren des Peloponnesischen Krieges, die Kornzufuhr aus Sizilien auf die Peloponnes und nach Korinth zu blockieren. Dies zeigt erneut: Die alten Feindseligkeiten aus der Zeit des 1. Peloponnesischen Krieges waren durch den Dreißigjährigen Frieden keineswegs aufgehoben, sondern durch eine kurzzeitige Akzentverschiebung der athenischen Politik nur verdeckt worden.

II. Athen und Sparta in der Mitte des 5. Jahrhunderts

ca. 463	*Hiketiden* des Aischylos
458	*Orestie* des Aischylos
458/7	Zeugiten erhalten Zugang zu den obersten Beamtenstellen (Archontat)
nach 462	Einführung der Richterdiäten
451/50	Bürgerrechtsgesetz des Perikles
450–443	Debatte über die Baupolitik des Perikles
447–432	Bau des Parthenon
443	Ostrakismos des Thukydides Melesiou
441 (?)	*Antigone* des Sophokles
437–432	Neubau der Propyläen
436 oder 425	*Ödipus Tyrannus* des Sophokles

1. Demokratie, Wirtschaft und Kultur der Athener

a) Einführung

Vierzig Jahre nach der Abwehr der Perser war Athen trotz der Rückschläge des 1. Peloponnesischen Krieges die mächtigste, schönste und ungewöhnlichste Stadt Griechenlands. Kaufleute aus der ganzen Welt strömten in die Stadt, Verbündete brachten Tribute und bezeugten ihre Reverenz. Wenn sie den Blick über die Festungsanlagen der Stadt schweifen ließen, dann sahen sie auf der Akropolis die goldene Lanze der Athenastatue, eingerahmt von ihrem riesigen Tempel und anderen Prachtbauten, wie es sie in ganz Griechenland kein zweites Mal gab. Und sie gewahrten Menschenmengen in rastloser Betriebsamkeit: die einen auf dem Weg zu den öffentlichen Gerichten, die anderen zur Pnyx, dem Versammlungsplatz des Volkes, wieder andere kamen aus dem Sitzungssaal des Rates oder geleiteten Gesandtschaften vor das versammelte Volk. Tagelöhner und Handwerker wirkten als Beamte ihrer Polis. Einige Adlige führten als Redner das große Wort, andere mussten sich vor den Volksgerichten verteidigen.

Der Begriff der Demokratie

Die Athener nannten diese Staatsform seit den 430er Jahren „Demokratie" = „Herrschaft des Volkes" (der Begriff taucht erstmals bei Herodot auf), gängiger waren die Begriffe *isonomia* und *isegoria*, die beide die Gleichheit (vor dem Gesetz bzw. des Rederechtes) als Prinzip des Bürgerstatus betonen. Die Forschung verwendet meist die Bezeichnung „vollendete" oder „radikale Demokratie". „Vollendung" suggeriert jedoch einen geplanten, zielgerichteten Prozess, „radikal" besitzt negative Konnotationen. Tatsächlich handelte es sich um die Entwicklung zu einer Staatsform, die in den 450er Jahren ein Stadium erreicht hatte, das von den Athenern als die ihnen eigentümliche Verfassung und Lebensform begriffen wurde.

Rolle des Perikles

Traditionell verbindet man diese Entwicklung mit dem Wirken des **Perikles**, der dem Demos in den 450er Jahren weitere Beteiligungsmöglichkeiten an der Politik eröffnete und alles tat, um die Demokratie in das öffentliche Bewusstsein der Stadt zu verankern. Dabei konnte er sich selbst eine herausragende Machtstellung sichern. Man hat deshalb diese Zeit als „Zeitalter" oder „Ära des Perikles" bezeichnet, doch beginnt die Forschung, die von den Quellen vielfach überzeichnete Rolle des Perikles zu relativieren und konsequenter nach strukturellen Gründen für den politischen Wandel zu suchen. Insbesondere interessiert dabei die Frage, wie es gelang, die unterschiedlichen Bevölkerungsschichten und ihre Ansprüche in die Demokratie zu integrieren, ohne dass es zu größeren sozialen Verwerfungen und politischen Zerreißproben kam. Eine wichtige Rolle dürfte hierbei neben der Form der öffentlichen Kommunikation der Aufschwung von Kunst und Kultur gespielt haben. Sie erlebten in der Mitte des Jahrhunderts einen Höhepunkt, der seit dem 19. Jahrhundert mit dem Begriff der „Klassik" verbunden wird. Die Berechtigung dieser Wertschätzung ist heute umstritten. Erklärungsbedürftig bleibt dennoch der Zusammenhang zwischen kultureller Blüte insbesondere im Bereich der Architektur sowie des dramatischen Schauspiels (Tragödie) und dem Ausbau der Verfassung, der sich markant von der spartanischen Entwicklung unterscheidet.

E

Perikles (ca. 495–429 v. Chr.)
Perikles stammte aus der hocharistokratischen Familie der Alkmäoniden und wurde in der Mitte des 5. Jahrhunderts zum bedeutendsten Staatsmann Athens. Sein politischer Aufstieg begann 462 mit den Reformen des Ephialtes, den er unterstützte. Eine politische Ausnahmestellung errang er in der Folgezeit als Redner in der Volksversammlung und dadurch, dass er 15-mal hintereinander zum Strategen gewählt wurde. In den 450er Jahren wirkte er am Ausbau des kulturellen Lebens seiner Heimatstadt mit, vergaß jedoch nicht, die Macht Athens nach Außen hin zu demonstrieren. In dieser Zeit scheint sich bei ihm allmählich die Überzeugung verfestigt zu haben, dass die labile Konkurrenzsituation des Seebundes zu Sparta nur durch einen großen Krieg zu lösen sei. Deshalb hat er maßgeblich am Ausbruch des Peloponnesischen Krieges mitgewirkt. Seine territorial defensive Kriegstaktik erwies sich zunächst als erfolgreich, doch kurz nach 429 erlag er den Folgen der großen Seuche in Athen.

b) Der Wandel von Gesellschaft und Wirtschaft

Im Zuge des maritimen Machtaufstieges vollzogen sich in Athen folgenreiche soziale und wirtschaftliche Veränderungen.

Theten

Die Zahl der Theten war seit den Perserkriegen ständig gestiegen. Athen und der Piräus boten insbesondere Söhnen kleinerer Bauern lukrativere Verdienstmöglichkeiten als das karge väterliche Landgut vor der Stadt. Viele suchten Arbeit in den Docks, mieteten einen kleinen Laden und heuerten als Ruderer in der Flotte an. Langjähriger Ruderdienst ermöglichte den Aufstieg in die Zeugitenklasse, und nach einer gewissen Zeit konnte man sich als Landbesitzer in den Kleruchien (s. S. 26f.) niederlassen. Im Zuge der Wanderung vom Land in die Stadt und dem Dienst in der Flotte nahmen die Theten eine urbane und selbstbewusste Lebenseinstellung an, die durch die Partizipation an der Demokratie stetig verstärkt wurde.

Oberhalb der Thetenschicht rangierte die ca. 7000–8000 Bürger umfas-

Kleinbauern und Handwerker

sende Gruppe der Kleinbauern und Handwerker aus der Zeugitenklasse; sie besaßen ein Vermögen von ca. 2000 Drachmen, betrieben mit ihrer Familie und (in der Erntesaison) ein oder zwei Tagelöhnern Höfe von kaum mehr als 20 Hektar und bauten in Mischwirtschaft Getreide und Oliven an. Die Erträge reichten zur eigenen Ernährung gerade aus, selten brachten sie Überschüsse auf den Markt. Bei dieser Gelegenheit besuchten sie auch die Volksversammlung und nahmen an den politischen Entscheidungen ihrer Polis teil.

Adlige Großgrundbesitzer

Aus der Masse der Bauern ragte eine kaum mehr als 1200–2000 Bürger (ca. 1,5% der Bevölkerung) zählende Schicht adliger Grundbesitzer heraus, die ein Vermögen von mindestens einem Talent (6000 Drachmen) besaßen. Entscheidend für die Zugehörigkeit zum Adel waren neben der edlen Abkunft individuelle Eigenschaften und materieller Besitz: Nur der Besitzer eines reichen Hauses (*oikos*) und umfangreicher Güter wurde als vollwertiger Adliger angesehen. Besitz und Reichtum erlaubten der adligen Elite ein Leben in Müßiggang, sie wird deshalb auch als „leisure class" bezeichnet.

Innerhalb dieser Schicht gab es etwa 300–400 Großgrundbesitzer, die mit einem Vermögen von mehr als 3–4 Talenten die mit Abstand reichsten Athener waren (einige sollen es auf über 200 Talente gebracht haben). Ihre Güter lagen über die fruchtbaren Ebenen von Attika verstreut und wurden zunehmend von Pächtern verwaltet. Der adlige Herr konnte so zwischen seinem Landsitz und der Stadtvilla pendeln und permanent Einfluss auf die Politik nehmen.

Aus den Reihen des wohlhabenden Adels kamen fast alle bedeutenden Redner und Feldherren; erst der große Krieg mit Sparta hat Neureiche nach oben gebracht, die von den Rüstungen und der Abwesenheit der Adligen im Feld profitierten. Jeder von Ihnen hatte ab einem bestimmten Vermögen für ein Jahr die Ausrüstung und Instandsetzung jeweils einer Triere sowie die Ausbildung der Mannschaft zu übernehmen (Trierarchie), ein Drama zu finanzieren und aufführen zu lassen (Choregie) oder sonstige öffentliche Aufgaben sowie deren Organisation zu übernehmen. Man nannte diese Leistungen **Leiturgien**. In Kriegs- und Krisenzeiten kamen außerordentliche Umlagen (*eisphora*) auf das Vermögen (zur Finanzierung von Truppen und Schiffen; Thukydides 3,19) hinzu. Nur durch diese Leistungen und die Einnahmen des Seebundes konnte die Stadt die Masse der Bürger steuerfrei und politikfähig halten, sich den Luxus einer stehenden Flotte und einer ausgreifenden Außenpolitik sowie großer Bauten und Feste (s. S. 51–54) leisten.

E

Leiturgien

Als Leiturgien bezeichnete man die von den reichsten Bürgern in bestimmten Abständen zu entrichtenden Leistungen und Aufgaben. Die Trierarchie verpflichtete den Trierarchen zur Bemannung und Ausrüstung einer Triere, eine Choregie beinhaltete die Ausstattung und Einübung der Chöre für die Tragödien, eine Gymnasiarchie bestand in der Übernahme der Betriebskosten für die Gymnasien.

Wirtschaftlicher Aufschwung

Parallel zu den Veränderungen der Gesellschaft erlebten die Stadt und der Piräus einen rasanten wirtschaftlichen Aufschwung. Die Entlöhnung der Theten und die Einführung der Richterdiäten ließen erhebliche Kapitalmengen in die städtische Wirtschaft fließen. Der Piräus entwickelte sich binnen fünfzig Jahren von einem mittleren Dorf zu einer planmäßig vergrößerten Stadt. Eine regelrechte „entertainment industry" im Hafenviertel zog Touristen, Seeleute und Händler von überall an und füllte den Staatssäckel. Die Flottenrüstung und der Bau maritimer Infrastrukturen ließen eine „Handwerksindustrie" entstehen, die importierte Materialien wie Holz (für Rümpfe und Masten der Schiffe), Flachs (für die Taue) sowie Eisen und Kupfer (für Rammsporne und Ruderhalterungen) weiterverarbeitete.

Die Ausweitung des Seebundes verschaffte zudem neue Handelspartner, machte die Ägäis zu einem vor Piraten sicheren „attischen Binnenmeer" und ließ den Überseehandel erblühen. Eine große Rolle spielte der Handel mit Getreide, das jedes Jahr in großen Konvois vor allem aus den Anbaugebieten des Schwarzen Meeres nach Athen transportiert wurde. Im Sog des Getreidehandels importierten Händler makedonisches Bauholz, Tierhäute für die Lederwarenherstellung sowie Lebensmittel, die in Athen nicht verfügbar waren. Im Gegenzug exportierte die Stadt athenische Keramik, Waffen, Brustpanzer, Möbel sowie aus importierten Tierhäuten gegerbte Lederwaren wie Schuhe, Ruderriemen und die Polsterungen der Hoplitenrüstungen.

Metöken

Der Aufschwung von Handel, Handwerk und Wirtschaft zog eine große Zahl fremder Handwerker und Händler an. Sie ließen sich häufig als Metöken (= Mitbewohner) im Hafenviertel oder in der Stadt nieder. Ihre beruflichen Tätigkeiten unterlagen keinerlei Beschränkungen, doch hatten sie für das ihnen gewährte Wohnrecht eine Steuer zu zahlen, sie mussten bei der Verteidigung der Stadt mitwirken und sich durch einen Athener vor Gericht vertreten lassen. Ihre Zahl belief sich mit ihren Familien wohl auf bis zu 40 000, das war fast die Hälfte der bürgerlichen Bevölkerung Athens (ca. 100 000–120 000). Um ihre Waren über See zu vertreiben, mussten sie Schiffe mieten und Geld bei wohlhabenden Kollegen oder Bürgern borgen. Auf diese Weise entwickelte sich eine Wirtschaft auf monetärer Basis, die allen Bevölkerungsschichten zugute kam, den Adligen, die durch Seedarlehen satte Gewinne einstreichen konnten, den Bauern, die Überschüsse auf den Markt brachten, den Mittellosen, die als Ruderer dienten oder sich als Lohnarbeiter verdingten, und den Metöken, die im Handel, als Handwerker, als Schankwirte, Zuhälter, Fremdenführer oder Sklavenhändler ihr Brot verdienten.

Sklaven

Die Zahl der Sklaven war nach den Perserkriegen und in Folge der in die Stadt fließenden Seebundsgelder enorm gestiegen. Mitte des Jahrhunderts gab es nach modernen Schätzungen zwischen 80 000–120 000, d. h. mindestens doppelt so viele Sklaven und Sklavinnen wie wehrfähige Bürger in Athen! Sie kamen meist aus den entfernteren Küstengebieten der Ägäis und des Schwarzmeerraums. Dem Kleinbauern fehlte das Geld, um sich einen Sklaven kaufen und ernähren zu können, doch in der Stadt gehörten Sklaven zu den Grundlagen der Demokratie, weil sie ihre Herren von der täglichen Arbeit entlasteten und ihnen so den nötigen Freiraum für politisches Engagement verschafften. Sklaven dienten als Hausgehilfen, arbeiteten in den Werkstätten der Handwerker, halfen in den Markthallen oder als Dockarbeiter am Piräus oder schufteten in großer Zahl (bis zu 20 000) in den Silberminen von Laureion.

Die soziale Stellung der Sklaven war ihren Arbeitsgebieten entsprechend unterschiedlich: Den Minenarbeitern ging es schlecht, während Haussklaven oder Handwerksgehilfen Berufe ausüben konnten, deren Gewinne allerdings dem Herrn zum großen Teil abzuliefern waren. Wegen dieser Unterschiede haben die Sklaven keine Solidarität untereinander entwickelt und niemals Aufstände gewagt. Ihr Ziel war der individuelle soziale Aufstieg und die Freilassung. Anders als in Rom haben dies allerdings nur wenige erreicht, doch diejenigen, die es schafften, konnten als Freigelassene zu beträchtlichem Reichtum und Ansehen gelangen. Die Freigelassenen wurden jedoch niemals automatisch Bürger, sondern blieben Fremde. Demokratie war ein exklusives Gut und verschaffte Mitspracherechte, die der Athener einem ehemaligen Sklaven aus der Fremde nicht anvertrauen mochte.

Frauen

Anders als der männliche Bürger war die Athener Frau von jeder politischen Beteiligung ausgeschlossen. Dennoch haben die Frauen weitaus intensiver am Leben der Stadt teilgenommen, als man lange gedacht hat. Die Arbeitsteilung zwischen den Geschlechtern brachte es zwar mit sich, dass die Frauen sich um das Haus und die Erziehung kümmerten, während die Männer Politik und Handel trieben oder in den Krieg zogen. Doch vielfach und zumal auf dem Lande dürften sich die Arbeitswelten der Geschlechter schon aus existentiellen Zwängen vermischt haben. Die lange tradierte Meinung, die Frauen hätten abgeschottet von der Außenwelt ihr Leben an Webstuhl und Herd verbracht, ist wenig mehr als ein aristokratisches Klischee: Eine reiche Athenerin wurde nicht gezwungen, zu Hause zu bleiben, sondern hatte es nicht nötig, Besorgungen in der Stadt zu erledigen oder Produkte auf dem Markt zu verkaufen, weil ihr dies ihre Sklavinnen abnahmen. Frauen aus den mittleren und niederen Schichten sah man dagegen sehr wohl an den öffentlichen Brunnen Wasser holen oder in kleineren Läden arbeiten.

Es gab neben dem Politischen lediglich drei Bereiche, von denen die Frauen gänzlich ausgeschlossen waren: Keine Frau durfte vor Gericht auftreten – denn dies war ein integraler Teil der politischen und damit männlichen Sphäre; sie musste sich vielmehr in allen Rechtsfragen von einem Vormund vertreten lassen, entweder vom Vater, bei dessen Tod vom älteren Bruder und nach der Heirat vom Ehemann. Dementsprechend konnte die Frau ein Erbe nur stellvertretend (als Erbtochter) übernehmen, solange ein männlicher Erbe fehlte. Weiterhin waren die Sportstätten eine exklusive Welt der Männer. Und schließlich blieben die Frauen den Gastmählern der höheren Gesellschaft fern; der Gastherr bestellte statt dessen Schauspielerinnen und Prostituierte (Hetären), die sich aber durch ihre Tätigkeit außerhalb des Standardverhaltens einer bürgerlichen, d. h. heiratsfähigen oder verheirateten, Frau bewegten.

Wenige Frauen werden sich über diese Beschränkungen beklagt haben – es gab ja nirgends reale Alternativen. Die Athener waren sich bewusst, dass die Stabilität ihres Gemeinwesens auf die Arbeit der Frauen und das gedeihliche Miteinander der Geschlechter angewiesen war. Dies zeigen Vasenbilder, Grabreliefs und die Rolle der Frauenfiguren in den Tragödien (s. S. 54ff.; 108). Frauen gestalteten ferner die Feste als Mitglieder ihrer Polis (s. S. 52). Sie blieben zwar dem Mann rechtlich untergeordnet, waren aber nicht ehrlos und fanden ihren unverzichtbaren Platz innerhalb des Gemeinwesens.

c) Maritimer Machtaufstieg und Entwicklung zur Demokratie

Wie der Wandel von Gesellschaft und Wirtschaft so war auch die Entwicklung zur Demokratie ein langer Prozess, der im Zuge der maritimen Erfolge an Dynamik gewann. Fast immer war es eine Mischung äußerer und innerer Herausforderungen, deren Lösung zu einer stärkeren Beteiligung des Volkes am politischen Geschäft führte: Kleisthenes hatte im Jahr 508 die Mithilfe des Demos gegen adlige Konkurrenten gesucht und auf militärische Bedrohungen reagiert. Seine Neugliederung der Bürgerschaft verbesserte die Rekrutierung und schuf mit den Demen Foren, in denen das Volk unabhängig von dem Einfluss des Adels politische Entscheidungen auf lokaler Ebene treffen konnte. Ferner richtete er mit dem Rat der 500 eine demokratische Vertretung des Volkes ein und strebte so unter dem Schlagwort *isonomia* („gleichmäßige Zuteilung") eine gerechte politische Beteiligung aller Bürger an.

Isonomie des Kleisthenes

Athen folgte damit einem „isonomen" Trend, der auch andere Poleis erfasste. Doch die Stadt verharrte hierbei nicht: Der Angriff der Perser verlangte ungewöhnliche Gegenmaßnahmen. Themistokles sprach sich für den Bau einer großen Flotte und entsprechender Hafenanlagen aus. Als Ruderer kamen nur die Theten in Frage. Von deren Geschick hing das Schicksal der Stadt ab. Als sie 480 bei Salamis die Perser besiegen und ihre Heimat vor der Kapitulation retten konnten, hatten sie sich als eine existentiell wichtige Bevölkerungsgruppe erwiesen, der man eine stärkere Beteiligung an der Politik langfristig nicht versagen konnte. Natürlich wurden die Theten nicht über Nacht zu Politikern, und auch Themistokles wird kaum die innenpolitischen Dimensionen seiner Entscheidung mitbedacht haben; doch es waren nun die Voraussetzungen gegeben, dass die Besitzlosen die soziale Schranke durchbrachen, die sie bisher von der politischen Gleichberechtigung getrennt hatte. Allerdings mussten sie sich weiterhin als Ruderer bewähren, um ihren Wert zu manifestieren.

Flottenbau des Themistokles

In dieser Phase kam den Theten der Entschluss Spartas entgegen, sich vom Seekrieg zurückzuziehen und den Athenern die Initiative zu überlassen (s. S. 4). Viele Athener Adlige wie Aristeides oder Kimon erkannten hierin die Chance, auch für sich Ruhm, Reichtum und Anhängerschaften zu erwerben. Als Admiräle waren sie auf die Ruderer in besonderem Maße angewiesen; die Erfolge der Adligen waren so auch Erfolge der Theten und damit weitere Schritte hin zur politischen Aufwertung der Besitzlosen. Der Seebund bildete hierfür den notwendigen Rahmen. In anderen Poleis war üblicherweise die Agenda politischer Themen begrenzt, in Athen ergaben sich durch Seekrieg und Seebund eine Vielzahl komplexer Sachverhalte, die im Rat, den Gerichten und der Volksversammlung behandelt und entschieden werden mussten. Die finanziellen Gewinne aus dem Seereich ermöglichten es nun auch, diese Institutionen zu unterhalten und größere Bevölkerungskreise mit den neuen Aufgaben zu betrauen.

Wir haben gesehen, wie der Areopag sich in den 470er Jahren unter Kimon dieser Entwicklung zunächst noch entgegenzustellen versuchte, dann aber durch Ephialtes und seine Freunde seine politische Rechte an den Rat, die Volksversammlung und die Volksgerichte abgeben musste (s. S. 14). Jeder Feldherr musste fortan bedenken, dass er sich vor dem gesamten Demos und nicht mehr nur vor dem engeren Kreise der Standesgenossen zu verantworten hatte. Da die Theten eine gewichtige Gruppe in der Volksversammlung bildeten, konnten sie sich stärker als zuvor als politische Kraft artikulieren und ihre Ansprüche geltend machen. Allerdings benötigten sie nach wie vor die Unterstützung adliger Politiker, die anstelle der adligen Freundschaften in der Kooperation mit den Besitzlosen eine Chance für ihr eigenes Weiterkommen sahen.

Man nannte diese Politiker **Demagogen**, „Führer des Volkes". Perikles war der erste von ihnen. Er konnte in der Volksversammlung den Demos als Partner gewinnen, sich als Stratege auszeichnen und sich so gegenüber seinen Konkurrenten einen Machtvorsprung sichern. Er war es denn auch, der im Jahre 457 den Zeugiten Zugang zu den Beamtenstellen verschaffte und wohl in der gleichen Zeit ein staatliches Entgelt (Diäten) für die Richtertätigkeit einführte. In der gleichen Zeit konnte er durchsetzen, dass nur noch die Söhne athenischer Eltern das Bürgerrecht erhielten. Damit schwächte er die überregionalen Kontakte der Adligen und zentrierte ihr politisches Bewusstsein auf die Tätigkeit in und für Athen. Bürgerlicher Dienst für die Gemeinschaft und Loyalität zur Polis erfuhren eine Aufwertung und absorbierten divergierende Eigeninteressen, ohne sie gänzlich zu unterdrücken. Vermutlich sollte ferner der Zustrom von Fremden in die Stadt und auf das Bürgerrecht gestoppt werden. Die Athener Bürgerschaft wurde so zu einer politisch freien, aber nach Außen geschlossenen Gesellschaft (*J. Ober*).

Bürgerrechtsgesetz des Perikles

E

Demagoge („Führer des Volkes")
Seit der Mitte des 5. Jahrhunderts verstand man unter Demagoge einen Politiker, der in der Demokratie großen Einfluss beim Volk besaß, sich durch Redetalent auszeichnete und das Volk in seinem Sinne zu beeinflussen suchte.

d) Institutionen, Praxis und Ideale der Demokratie

Volksversammlung

Im Zentrum des demokratischen Entscheidungsprozesses stand die Volksversammlung. Zu ihr hatten alle männlichen Bürger nach Vollendung des 18. Lebensjahres Zutritt; man versammelte sich auf der Pnyx, einem halbkreisförmigen Platz, der bis zu 6000 Menschen Raum bot und meist gut gefüllt war. Jeder konnte sich als Redner melden, Anträge oder Fragen stellen und abstimmen. Die Themen umfassten alle Bereiche der staatlichen Politik, an erster Stelle Krieg und Frieden, die finanzielle und materielle Ausstattung des Heeres sowie die Festlegung von Feldzügen und Kriegszielen, ferner Maßnahmen zur Sicherung der Kornzufuhr. Auch ausländische Gesandte mussten der Volksversammlung Rede und Antwort stehen. Selbst die heikelsten politischen Fragen wurden vor aller Augen unter freiem Himmel diskutiert und entschieden.

Nur die wenigsten verfügten freilich über das Redetalent und Selbstbewusstsein, um vor Tausenden von Menschen zu sprechen und einen Standpunkt wirkungsvoll zu vertreten. Meist führten deshalb nur einige Adlige (nie mehr als zwanzig) das große Wort. Sie hatten das Reden gelernt und waren daran gewöhnt, vor dem Volk aufzutreten. Allerdings mussten auch sie damit rechnen, dass sich aus dem Volk Initiativen entwickelten, die einen Redner in eine schwierige Lage brachten. Jede Diskussion blieb so abhängig von der Stimmung des Volkes und wurde durch die Stimmen der Bürger entschieden.

Nun ist es aber in einer Versammlung von 5000–6000 Menschen sehr schwer, komplexe Materien zu diskutieren und zu tragfähigen Lösungen zu kommen, wenn die Sachfragen nicht in einer verständlichen und auf die Kernprobleme reduzierten Form vorgestellt werden (auch moderne und kleinere Versammlungen benötigen Tagesordnungspunkte oder Agenden). Was heute Sachausschüsse leisten, war in Athen Aufgabe des von Kleisthenes geschaffenen Rates der 500. Er tagte anders als die Volksversammlung ständig in einem Rathaus (*bouleuterion*) und erloste für jeweils ein Zehntel des Jahres (36 bzw. 38 Tage) einen geschäftsführenden Ausschuss (Prytanie). Dieser bestand aus fünfzig Mitgliedern (Prytanen) und stand jedem Bürger jederzeit zur Verfügung. Der Ausschuss sichtete die wichtigen Themen, fasste einen vorläufigen Beschluss und legte ihn der Volksversammlung als Probuleuma vor. Man nennt diese, für alle griechischen Gemeinwesen typische Funktion **probuleutisch** („vorberatend"). Ohne ein Probuleuma konnte keine Volksversammlung stattfinden. Ferner empfing der Rat Gesandtschaften, beeidigte die vom Volk beschlossenen Verträge, beaufsichtigte das gesamte Finanz- und Marinewesen und prüfte Amtskandidaten und Beamte. Der Rat wurde so parallel mit dem Ausbau der athenischen Hegemonie über den Seebund (vergleichbar den spartanischen Ephoren, s. S. 59) zur zentralen Koordinierungs- und Verwaltungsbehörde staatlicher Geschäfte mit vielfältigen regierungsähnlichen Aufgaben.

Rat der 500

E

Probuleutisch
Als probuleutisch bezeichnet man die vorberatende Funktion des Rates. Der Vorbeschluss (Probuleuma) gelangte zur endgültigen Entscheidung an die Volksversammlung.

Dennoch blieben die Souveränität und Entscheidungsgewalt des Volkes weithin unbestritten: Die Volksversammlung konnte zwar den Ablauf einer Sitzung nicht selbst bestimmen und war insofern immer abhängig von der probuleutischen Initiative des Rates; sie konnte aber jeden Vorbeschluss abändern, einen neuen Antrag einbringen bzw. einzelne Punkte auf die Tagesordnung der nächsten Sitzung bringen. Ferner hatte jeder Bürger das Recht, vor der Einberufung der Volksversammlung Anträge an die Prytanen zu stellen, die dann vom Ausschuss diskutiert wurden und – falls sie sachlich gerechtfertigt schienen – als Probuleuma wieder vor die Volksversammlung gelangten. In der Praxis griff so die Initiative des einzelnen Bürgers (in oder außerhalb der Volksversammlung) eng in die laufende Arbeit des Rates ein und garantierte in jedem Fall, dass die Volksversammlung die letzte Entscheidungsinstanz blieb. Dies zeigt sich auch daran, dass – soweit wir wissen – vor der Volksversammlung, nicht vor dem Rat alle größeren politischen Reden gehalten wurden. Und schließlich wurden die Ratsmitglieder selbst aus den über dreißigjährigen Demenmitgliedern des Volkes erlost. Er war so ein Abbild der Bürgerschaft und eine nicht minder demokratische Institution als die Volksversammlung, als ständig tagende Behörde jedoch diejenige Instanz, an die alle Probleme und Fragen öffentlichen Interesses zunächst herangetragen wurden. Um der Gefahr eines unkontrollierbaren Eigengewichts entgegenzuwirken, wurde der Vorsitzende des Rates, der auch die Volksversammlung leitete, täglich ausgewechselt. Der Rat, sein Ausschuss und sein Vorsitzender standen im Zentrum staatlicher Geschäftigkeit, bildeten aber kein Zentrum der Macht.

Beamte

Die Beamten hatten seit den Perserkriegen stetig an Zahl gewonnen, aber an Macht verloren. Ihre Bestellung erfolgte zumeist durch Los – was das Ansehen der Beamten minderte –, sie amtierten nur ein Jahr und unterlagen permanenter Kontrolle und einer strengen Rechenschaftspflicht. Ferner konnte man sich nur einmal als Kandidat um das gleiche Amt bewerben. Die Chance, über ein Amt Macht auszuüben, war damit auf ein Minimum beschränkt.

Eine Ausnahme bildeten die hohen Finanzämter (*tamiai*) und das Feldherrnamt (Strategie), die beide Fachkenntnisse und spezielle Erfahrung erforderten. Ihre Besetzung erfolgte deshalb durch Wahl, denn kein Athener wollte sich von einem Kommandeur in die Schlacht führen lassen, der durch Los zum Feldherrn aufgestiegen war, ebenso sollte die Beaufsichtigung der staatlichen Gelder nicht dem Zufall überlassen werden. Gerade das Amt des Strategen bildete so ein Reservat des Adels, denn nur er hatte das Befehlen gelernt und wusste, welche Taktik in der Schlacht anzuwenden war. Damit ergab sich ein Problem, das die Demokratie nie ganz hat lösen können: Einerseits musste sie den Feldherrn genügend Freiräume verschaffen, um erfolgreich zu sein, andererseits galt es, diese Freiräume strenger Kontrolle zu unterwerfen.

Gerichtswesen

Deshalb haben die Athener Gerichtsverfahren eingerichtet, die wie ein Damoklesschwert über den Strategen hingen und sie beim geringsten Verdacht auf Ungehorsam mit Verbannung oder Tod bestrafen konnten. Denunzianten und Neidern waren damit Tür und Tor geöffnet. Nicht selten kam es zu fragwürdigen Prozessen. Das Gerichtswesen bildete so für Kritiker einen entscheidenden Schwachpunkt der Demokratie. Wie in allen griechischen Poleis gab es keine Berufsrichter oder ausgebildete Juristen. Stattdessen wurden jährlich 6000 Laienrichter als Geschworene über ein kompliziertes Lossystem aus der Mitte des Volkes bestellt. Jeder Bürger, der das dreißigste Lebensjahr erreicht hatte, konnte sich bewerben und vereidigen lassen (*Heliasteneid*). Die Richter (Heliasten) wurden dann durch tägliche Zulosung auf die einzelnen Gerichtshöfe (Dikasterien) verteilt. Je nach Delikt saßen einem Prozess zwischen 200 und 1500 Richter vor. Als Perikles die Besoldung des Richteramtes eingeführt hatte, bewarben sich vornehmlich Kleinbauern, kleine Handwerker, Arbeits- und Besitzlose und ältere Bürger, die keiner geregelten Arbeit mehr nachgingen. Sie beschränkten sich denn auch darauf, den Reden der streitenden Parteien schweigend zuzuhören und am Ende durch ihre Stimmabgabe zu entscheiden. Grundlage ihrer Entscheidung bildeten die von den Parteien vorgetragenen Argumente, die von ihnen zitierten Gesetze und vorgebrachten Zeugen; niemals griffen die Richter in den Prozess ein. Sie durften sich nicht einmal vor ihrem Urteilsschluss beraten oder fachliche Hilfen in Anspruch nehmen. Dies entsprach der Auffassung von Demokratie, wie sie in Athen vertreten wurde: Jeder Athener sollte über jeden Athener richten können, dazu bedurfte es keiner Ausbildung oder fachlichen Qualifikation. Insofern waren die erlosten Richter klassische Demokraten: Sie galten als genauso kompetent wie als Beamter oder Antragssteller in der Ekklesie. Denn es gab – mit den genannten Ausnahmen – keinen Bereich, der dem Bürger aufgrund mangelnder Bildung, niederer Herkunft oder Armut in seinem Dienst für die Polis verschlossen sein sollte.

Die praktischen Auswirkungen dieser Grundidee sind von den Athenern stolz hervorgehoben, von zeitgenössischen Beobachtern aber auch spöttisch karikiert worden. Keine andere Polis kannte eine so intensive Beteiligung seiner Bürger am Gerichtswesen und an der Politik: Von den rund 30 000 bis 50 000 wehrfähigen Bürgern besuchten im Durchschnitt etwa 4000–5000 die mehr als vierzigmal im Jahr tagenden Volksversammlungen. Ebenso viele wurden als Richter für die rund 200 Gerichtstage des Jahres erlost. Demnach nahm fast ein Fünftel der Bürgerschaft weit mehr als die Hälfte des Jahres am politischen Leben des Staates direkt teil – ein in der Geschichte nie mehr erreichtes Ausmaß politischer Aktivität! Nicht ohne Grund sahen die Zeitgenossen in den Athenern ein Volk von Richtern und „politischen Aktivisten" (*polypragmones*). Zählt man zu den Richtern und Beamten die 500 Ratsherren hinzu, dann besetzten ca. 4% aller Bürger jedes Jahr eine Beamtenstelle, von den über Dreißigjährigen sogar 8%. Jedes Jahr wurde die Beamtenschaft ausgewechselt, viele Athener konnte also damit rechnen, mehrere Male Beamter zu werden, zweimal in den Rat der 500 zu gelangen sowie mindestens einmal als Vorsitzender von Rat und Volksversammlung für einen Tag die technische Leitung des Staatswesens in den Händen zu halten. Dies war eines der Grundprinzipien der Demokratie: Der Demos regierte sich selbst, indem er sämtliche Posten reihum vergab.

Politische Aktivität

e) Adel und innere Opposition gegen die Demokratie

Nirgendwo wurde die Forderung nach der Identität von Herrschen und Beherrschtwerden auf der Basis politischer Gleichberechtigung mit einer solchen Konsequenz erhoben und umgesetzt wie in Athen. Naturgemäß haben nicht alle diese Prinzipien akzeptiert, besonders in der adligen Elite gab es Widerstände, wie wir einer anonymen Schrift (Pseudo-Xenophon) *Vom Staate der Athener* aus der Zeit des Peloponnesischen Krieges entnehmen können. Die Kritik der Adligen war zunächst ein Produkt ihrer exklusiven Lebensform und ihrer traditionellen Ansprüche. Sie trafen sich in speziellen Klubs (Hetairien), diskutierten in den Gymnasien und grenzten sich auch durch sportliches Training als *„hoi kaloi kagathoi"*, die Schönen und Guten, vom Demos ab. Im Zentrum ihres Strebens stand die persönliche Ehre (*time*). Um diese Ehre musste mit den Standesgenossen gerungen werden, indem man Tüchtigkeit (*arete*) im Krieg, in Wettkämpfen, bei der Entfaltung aristokratischer Kultur sowie durch Autorität in der Politik bewies; nur dann konnte man als *vortrefflich, tugendhaft* und *edel* gelten.

Kritik der Adligen

Herausragende Eigenschaften und individuelles Leistungsvermögen prädestinierten den Adel nach eigener Überzeugung für eine beständige politische Führung. Die Demokratie setzte diesem Streben enge Grenzen, und sie war damit – dies war einer der Hauptkritikpunkte – in hohem Maße ungerecht. Denn sie missachtete aus der Sicht der Adligen nicht nur aristokratische Ansprüche, sondern verschaffte im Gegenzug den Ungebildeten, die sich weder durch große Taten noch durch Sachverstand auszeichneten, die Macht und die Möglichkeit unkontrollierbarer Bereicherung. Nicht wenige Adlige dürften sich um die Früchte betrogen fühlen, die ihnen ihre soziale Stellung versprach. Umgekehrt wollten die nichtadligen Hopliten und Theten spätestens nach ihren Erfolgen gegen die Perser nicht einsehen, weshalb einem Adligen wegen seiner Herkunft und seines Reichtums langfristig besondere Führungsrollen zugewiesen werden sollten. Dieser Widerspruch zwischen adligen Ansprüchen und den in der Demokratie abgesicherten Rechten der niederen und mittleren Schichten barg ein erhebliches Spannungspotential, das durch die finanzielle Kluft, die den Adligen von der übrigen Bevölkerung trennte, nur noch verstärkt wurde. Dennoch ist es in Athen nie zu sozial begründeten Bürgerkriegen und nur zwei Mal – nach militärischen Misserfolgen am Ende des Peloponnesischen Krieges – zum kurzlebigen Versuch einer Verfassungsänderung gekommen. Wie gelang es den Athenern, das Spannungspotential zwischen aristokratischer Elite und der Masse des Volkes abzubauen und in das Gesamtinteresse der Polis einzubinden?

f) Der Ausgleich zwischen Elite und Masse

Rolle des adligen Redners

Bemüht man die Quellen des 4. Jahrhunderts und setzt voraus, dass sich die Demokratie dieser Zeit nicht wesentlich von der des 5. Jahrhunderts unterschied, dann dürften die öffentlichen Kommunikationsräume eine wichtige Vermittlungsfunktion gespielt haben. In der Volksversammlung und vor Gericht standen sich regelmäßig Vertreter der Elite als Redner und Politiker der Masse der Volkes gegenüber, das als politisches oder richterliches Entscheidungsgremium fungierte. Die Redner übernahmen je nach Situation bestimmte Rollen, die für den Augenblick der Rede die Fiktion eines von beiden Seiten akzeptierten „demokratischen" Kommunikationsmodells schufen: So präsentierte sich der reiche Redner als einfacher Mann, der sich für seine mangelnde Redefähigkeit entschuldigen muss, obwohl beide Seiten wussten, dass dies nicht ehrlich gemeint war. Ein anderes Mal attackiert ein Redner den Hochmut der Reichen, wohl wissend, dass er selbst aus ihrer Schicht stammt. Oder man versichert, den Reichtum durch harte Arbeit erworben zu haben, und stöhnt unter den Lasten der Leiturgien, die man aber gerne für das Volk zu leisten bereit ist. Umgekehrt konnte sich aber auch ein Redner als Aristokrat präsentieren und Richter oder Publikum wie seinesgleichen, wie reiche und gebildete Adlige, behandeln. Es bildete sich so ein durch Symbole und stereotype Zeichen geprägter Diskurs, der es dem Redner erlaubte, sich in einem halbfiktionalen Rahmen auf die gleiche Stufe wie der Durchschnittsbürger bzw. den Demos auf eine Stufe mit dem Adel zu stellen. Reden vor Gericht und in der Volksversammlung hatten also neben der sachlichen Bewältigung des

Falles die Funktion, gesellschaftliche und ideologische Barrieren zu überwinden und den sozialen Frieden zu sichern.

Welche Gegenleistung konnte der adlige Redner dafür erwarten, dass er sich dem Demos auf diese Weise näherte? Zunächst das Wohlwollen des Volkes, das seinen Rechtsfall positiv entschied oder seiner politischen Linie folgte. Dann auch Dankbarkeit (*charis*) für die geleisteten Dienste für den Staat und die Bereitschaft, die Interessen der Polis über die eigenen zu stellen, etwa indem man ihn bei der Wahl zum Strategen unterstützte. Schließlich erhielt der Adlige die Chance, als Redner vor dem Volk, als Feldherr des Bürgerheeres oder bei der Übernahme einer Leiturgie seine Bildung, seinen Reichtum und Mut, mithin seine aristokratischen Vorzüge offen zur Schau zu stellen. Nichts konnte der Ehrliebe (*philotimia*) eines Aristokraten mehr schmeicheln, als wenn er auf der Pnyx Augen und Ohren aller auf sich zog und den Argumenten seines Konkurrenten den Garaus machte, wenn er als Chorege mit dem tosendem Applaus der Zuschauer rechnen oder als Trierarch der staunenden Volksmenge am Hafen sein prächtig geschmücktes Kriegsschiff präsentieren konnte. Dies waren Augenblicke, in denen das Volk zum Publikum und die Demokratie zur Bühne für aristokratische Einmaligkeit wurde, und dies erklärt auch, weshalb so viele verurteilte Adlige immer wieder in ihre Heimat zurückkehrten: Nur hier, nicht im barbarischen Thrakien oder als Vasall des Perserkönigs konnten sie den Zauber freiwillig geschuldeter Ehrerbietung genießen, nur im Angesicht der Stadt und ihrer Bauten und der begeisterten Masse fanden sie die Bestätigung ihrer Ehre, auf die jeder Adlige angewiesen war.

Handlungsspielräume des Adels

Um die soziale Balance zu wahren, musste freilich der Adlige regelmäßig von der Höhe aristokratischer Sphären wieder in die Wirklichkeit staatlichen Miteinanders heruntergeholt werden. Deshalb hat die Demokratie alle Aktivitäten, die Raum für die Entfaltung aristokratischer Vorzüge eröffneten, in den Rahmen institutioneller und informeller Kontrollen eingepasst: Als Chorege musste man sich einer Bürgerjury stellen, die über die Qualität des Stückes urteilte und die Auswahl vornahm. Als Stratege hatte man Rechenschaft über seine Feldzüge abzulegen und mit Prozessen zu rechnen, als Redner wurde man an der Entscheidung der Richter oder des Volkes gemessen.

Einbindung des Adels in die Demokratie

Es pendelte sich so ein Gleichgewicht zwischen adliger Zurschaustellung und demokratischer Kontrolle ein, das die Eingliederung aristokratischer Ideale in die Ideologie der Demokratie ermöglichte: Der Redner scheute sich nicht, die Richter auf die Stufe der Adligen zu heben, er übertrug aristokratische Eigenschaften auf die Masse des Volkes und beschrieb Größe, Macht und Ansehen der Polis mit den gleichen Kriterien wie Größe, Macht und Ansehen des einzelnen Aristokraten. In den großen Reden wird jeder Gefallene gleich welcher sozialen Herkunft offiziell als tüchtig und tugendhaft und damit mit typisch adligen Eigenschaften geehrt. Schließlich erhob die gesamte Bürgerschaft selbst auch gegenüber Nichtbürgern einen elitären Führungsanspruch, sie pries ihre Stadt als die erste unter den Poleis Griechenlands und versuchte durch Bauten und Kulturentfaltung den gleichen Glanz zu verbreiten wie die einzelnen Häuser der Aristokraten: Die Korinther beschrieben die Athener (nach Thukydides; s. Quellen) mit den gleichen Idealen, die auch ein Aristokrat für sich beanspruchte: Sie sind tüchtig, weil sie die Herausforderung von Gefahren suchen, in die Ferne schweifen und dort Macht zu gewinnen hoffen, wie dies Miltiades oder andere fürstliche Herren der archaischen Zeit taten. Athen wird zu einem „Superaristokraten", der adlige und demokratische Ideale vereinigt. In einer solchen Stadt konnten sich die Adligen wiederfinden, aber auch das Volk konnte darauf stolz sein, selbst wenn es in bestimmten Situationen dem Adel Führungspositionen einräumen musste.

Q

Die Demokratie von außen und innen gesehen
Korinthische Gesandte in Sparta (334)
(Thukydides 1,70)

Die Athener sind die ewigen Neuerer, rasch im Planen und in der Ausführung dessen, was sie erkannt haben (...). Ferner sind sie wagemutig, wider alle Vernunft draufgängerisch, auch in Gefahren voller Zuversicht. (...) Sie sind tatkräftig, ihr seid Zauderer, sie schweifen in die Ferne, ihr hockt zu Hause. Sie glauben nämlich, in der Ferne etwas zu gewinnen, ihr, durch ein Unternehmen auch dass Bestehende zu gefährden. Ihr Leben ist Ihnen, wenn es um das Vaterland geht, gleichgültig und fremd, die Vernunft ist, wenn sie für das Vaterland arbeiten, ihre trauteste Freundin. Wenn sie einen Plan gefasst, aber nicht durchgeführt haben, meinen sie, etwas verloren zu haben, was schon ihr eigen war; haben sie aber erfolgreich gehandelt, glauben sie wenig getan zu haben im Vergleich zu dem, was die Zukunft noch bringen werde; misslingt ihnen etwas, so ersetzen sie den Schaden durch die Hoffnung auf anderes. Sie sind das einzige Volk, bei dem Haben und Erhoffen dessen, worauf ihr Sinn sich richtet, eins ist, so schnell führen sie aus, was sie beschlossen haben. Und um das alles mühen sie sich von der Wiege bis zum Grabe unter Sorgen und Gefahren und genießen fast gar nichts von dem, was sie haben, weil sie immer nur arbeiten und keine Festfreude kennen als ihre Pflicht zu tun; denn rastlose Ruhe ist in ihren Augen ein größeres Unglück als mühselige Tätigkeit. Daher wäre es nicht ganz unrichtig, wenn man die Athener zusammenfassend mit dem Satz kennzeichnete: Sie sind dazu da, keine Ruhe zu halten und den anderen Menschen keine Ruhe zu lassen.

Q

Aus der Rede des Perikles für die Gefallenen (431)
(Thukydides 2,37f.)

Die Verfassung, nach der wir leben, vergleicht sich mit keiner fremden; viel eher sind wir für andere ein Vorbild. Ihr Name ist Demokratie, weil der Staat nicht auf wenige, sondern auf eine größere Mehrheit gestellt ist. Es haben aber nach dem Gesetze in dem, was den Einzelnen angeht, alle gleichen Teil, und der Geltung nach hat im öffentlichen Wesen den Vorzug, wer sich irgendwie Ansehen erworben hat, nicht nach irgendeiner Zugehörigkeit, sondern nach seinem Verdienst; und ebenso wird keiner aus Armut, wenn er für die Stadt etwas leisten könnte, durch die Unscheinbarkeit seines Namens verhindert. Wir leben vielmehr frei miteinander im Staat und im gegenseitigen Geltenlassen des alltäglichen Treibens. (...) Bei so viel Nachsicht im Umgang von Mensch zu Mensch erlauben wir uns im Staat keine Rechtsverletzung, im Gehorsam gegen die Beamten und die Gesetze. Wir vereinigen in uns die Sorge um unser Haus und unsere Stadt, und doch ist in staatlichen Dingen keiner ohne Urteil. Denn allein bei uns heißt einer, der daran keinen Anteil nimmt, nicht ein stiller Bürger, sondern ein schlechter, und nur wir entscheiden in den Staatsgeschäften selber oder denken sie richtig durch. Denn wir sehen nicht im Wort eine Gefahr fürs Tun, wohl aber darin, sich nicht durch Reden zuerst zu belehren, ehe man zur Tat schreitet. So sage ich, dass unsere Stadt insgesamt die Schule von Hellas sei.

Dieser ideologische Kompromiss zwischen traditionellem adligen Führungsanspruch und der aktuellen politischen Gleichheitsforderung des Demos hat Spannungen nie gänzlich aufheben können, doch erheblich dazu beigetragen, dass sie sich nicht – wie in anderen Poleis – in Bürgerkriegen entluden. Sie war die Basis für die vielzitierte Harmonie (*homonoia*) in der Stadt. Siege der Flotte und die Hegemonie über den Seebund lenkten zusätzlich Spannungen nach außen und verschafften den Adligen Handlungsspielräume, die sie im Innern vermissten: Alle großen maritimen Expeditionen der spätarchaischen Zeit sind das Werk von Aristokraten, die an fernen Küsten ihre Tüchtigkeit (*arete*) zu beweisen suchten. Die Demokratie hat hieran wenig geändert: Perikles konnte sich auf seiner Expedition ins Schwarze Meer als Kämpfer gegen die Barbaren profilieren (s. S. 27), und wir werden sehen, dass andere Adlige im fernen Westen ihren Traum von Ruhm und aristokratischer (nicht demokratischer) Freiheit zu verwirklichen suchten. Das Volk glaubte hiervon zu profitieren und war stolz auf die Leistungen der Flotte und ihrer Admiräle. Deshalb entstand auch kein schichtenspezifischer Dissens über den Wert der Flotte und die Ziele maritimer Außenpolitik. Die innere Stabilität hing freilich von der äußeren Machtentfaltung ab, und diese basierte auf der Harmonie der Bürgerschaft und dem Ausgleich aristokratischer und demokratischer Ideale.

Ideologischer Kompromiss zwischen Adel und Demokratie

g) Politische Gruppenbildung und politische Führung

Es bleibt die Frage, wie unter diesen Umständen praktische Politik entwickelt und umgesetzt wurde. Lange Zeit hat die Forschung gemeint, der Gegensatz zwischen Aristokratie und Demos habe in der Mitte des Jahrhunderts zu einer Spaltung der Bürgerschaft in zwei politische Gruppierungen geführt: Anlass war nach Plutarch (Perikles 11–12) der Streit um die Verwendung von Phoroi für die Finanzierung der Bauten auf der Akopolis. Thukydides Melesiou vertrat die Gruppe der „Wenigen" (*oligoi*), die reichen Aristokraten, die sich von den Versammlungen des Volkes distanzierten, während sich Perikles als Führer des Demos etablieren konnte. Vorläufer der „Oligarchenpartei" seien laut Plutarch Miltiades und Kimon gewesen, die den Reichen und den Hopliten nahe standen und außerdem eine Kooperation mit Sparta anstrebten, während die „Volkspartei" und ihre Führer Kleisthenes, Themistokles, Ephialtes die Theten vertraten und auf einen Konfrontationskurs mit Sparta setzten.

Spaltung der Gesellschaft?

Dieses Modell ist inzwischen einer Revision unterzogen worden: Plutarch (Perikles 11,2) übertrug eine von Aristoteles erarbeitete Systematik zur Erklärung des Wandels von Verfassungsverhältnissen auf die praktische Politik. Diese Systematik entspricht schon den realen Verhältnissen ihrer Zeit nur sehr bedingt; angewendet auf das 5. Jahrhunderts ist sie ein Anachronismus, wie die Aussagen der zeitgenössischen Historiker beweisen. Für Thukydides sind es *wechselnde* Gruppen, die *in bestimmten Bürgerkriegssituationen* um die Macht ringen, dabei jedoch keine langfristigen verfassungspolitische Positionen vertraten. Auch Thukydides Melesiou und Perikles waren sich darin einig, dass Athens Hegemonialstellung sowie der

Ausbau der Macht oberste Priorität haben müssten (es waren schließlich Aristokraten wie Kimon, die diese Großmachtstellung gefördert hatten). Die Differenzen bezogen sich allein auf die Methoden, mit denen dieses Ziel zu erreichen war. Thukydides meinte, die Verwendung der Phoroi für das Bauprogramm hätte einen negativen Effekt auf die Bündner und könnte ein Eingreifen Spartas provozieren. Perikles vertrat demgegenüber die Auffassung, Athen habe, solange es als Hegemon seinen militärischen und außenpolitischen Pflichten nachkam, das Recht, mit den überschüssigen Geldern so zu verfahren, wie es wolle (Plutarch, Perikles 12). Die Gruppe um Thukydides kritisierte Perikles ferner dafür, dass er mit Hilfe der Seebundsgelder seine eigene Position in den Vordergrund zu stellen und seine Beliebtheit beim Volk zu steigern versuchte. Ob sie hiermit aber eine grundsätzliche Ablehnung des demokratischen Systems verbanden, scheint sehr zweifelhaft. Politische Gruppen bildeten sich zwar auch aufgrund bestimmter Sachthemen und grundsätzlicher politischer Einstellungen, wie eben der Einstellung zu den Bündnern, dem Verhältnis zu Sparta oder der Frage, ob man das isonome Prinzip zugunsten der Theten weiter ausbauen sollte. Diese Sachthemen hatten aber eine lange Tradition und waren somit berechenbar. In den 460er Jahren waren sie das letzte Mal aufeinander geprallt (s. S. 13 ff.). Seitdem trieb man die Konfrontation nie so weit, dass die Demokratie selbst zur Disposition gestellt wurde (erst die Endphase des Peloponnesischen Krieges hat dies geändert, s. S. 123 f.). Denn die Demokratie war offenbar bereits zu stark im Bewusstsein aller Athener als die ihnen angemessene Verfassung verankert und mit der Aura des maritimen Erfolges verbunden.

Geringe Chancen antidemokratischer Politik

Alternativen hatten aber auch verfahrenstechnisch nur geringe Chancen sich durchzusetzen. Jedes politische Ziel musste – wenn es nicht auf gewaltsamem Wege erreicht werden sollte – vor der Ekklesie gerechtfertigt und vom Volk abgesegnet werden. Diese stete Präsenz des Demos innerhalb des Entscheidungsprozesses schränkte von vornherein die Spielräume ein, innerhalb der eine gegen die Demokratie gerichtete Politik hätte formuliert und durchgesetzt werden können. Sie verringerte aber auch für jeden Politiker die Chance, um sich eine stabile Anhängerschaft zu bilden. Jeder Politiker war ein Einzelkämpfer, der sich als volksliebend (*philodemos*) profilieren musste, um seine Ziele zu erreichen. Stabile Gruppenbildungen mit programmatischen Zielen widersprachen den vom Demos tolerierten Spielregeln des politischen Miteinanders, die keine Gruppenidentität neben der kollektiven Identität des Gesamtdemos (oder der Polis) zuließen.

Erfolgsgrundlagen des Perikles

Der Erfolg des Perikles beruhte darauf, dass er diese Spielregeln wie keiner vor ihm verinnerlichte. Er war Demagoge, Führer des Volkes, im wörtlichen Sinne, er bezog seine Erfolge durch die Interaktion mit dem Volk als Redner und Antragssteller und dadurch, dass er als gewählter Stratege für das Volk militärische bzw. außenpolitische Erfolge verbuchen konnte. Er formte sich ein „politisches“ Image nach den Vorgaben der Demokratie, indem er politischen Freundschaften demonstrativ entsagte und nur für die Politik in der Öffentlichkeit lebte; so sagte man, dass er sich immer auf einem bestimmten Weg der Stadt zeigte, nämlich dem von seinem Haus zur Pnyx und zum Ratsgebäude (Plutarch Perikles 7,5; Moralia 800 C).

Diese innenpolitische Selbstinszenierung, eine ausgefeilte rhetorische Begabung und eine glückliche Hand bei der Ausübung öffentlicher Ämter haben ihm nach 443 eine herausragende Machtstellung gesichert. Als die Volksversammlung Thukydides durch ein Scherbengericht in die Verbannung schickte, hatte Perikles offenbar keinen ernsthaften Nebenbuhler mehr zu fürchten. Die Verfassung war nach Thukydides „nur dem Namen nach eine Demokratie, in Wirklichkeit aber die Herrschaft des ersten Mannes" (2,65).

Diese plakative Sentenz des Thukydides überzeichnet freilich die Realität. Auch Perikles musste sich regelmäßig vor dem Volk rechtfertigen, und wir werden sehen, dass er ohne Zögern entmachtet wurde, als sich Misserfolge einstellten. Die „Herrschaft des ersten Mannes" war ein riskanter, aber vom Demos gewollter Zustand, weil die Mehrheit meinte, dies sei für sie von Vorteil; blieb dieser Erfolg aus, änderte sich die Meinung des Volkes, und der Demagoge verlor seine Basis. Dennoch offenbart die Demagogie des Perikles ein Grundproblem der Demokratie, nämlich das der politischen Führung: Einerseits mussten die Entfaltungsmöglichkeiten politischer (oder militärischer) Führungspositionen begrenzt werden, um den Gleichheitsanspruch der Demokratie nicht zu gefährden, andererseits benötigte die Demokratie gerade in der Außenpolitik eine Führung mit weitreichender Entscheidungsbefugnis. Die Demagogie war kein Amt und bot Führungspersönlichkeiten die Möglichkeit, längerfristig auf die Politik einzuwirken, doch blieben die Demagogen stärker als die Beamten abhängig von der Zustimmung des Demos. Ein Demagoge musste stetig Erfolge aufweisen, doch gerade dies konnte zumal in Kriegszeiten – wie wir sehen werden – auch zu unüberlegten Entscheidungen führen.

Problem der politischen Führung

h) Die Sophistik und das geistige Klima der Zeit

Perikles und andere Athener aus der „besseren Gesellschaft" pflegten Kontakt zu den **Sophisten** (Weisheitslehrern). Es handelt sich um Wanderphilosophen aus verschiedenen Teilen der griechischen Welt, die gegen Honorar Schüler meist adliger Provenienz über alle Wissensgebiete, angefangen von den Naturwissenschaften über Geschichte bis zur praktischen Politik unterrichteten. Häufig vertraten sie als Gesandte die Anliegen ihrer Heimatstadt und hielten Festreden auf den panhellenischen Sportveranstaltungen. Die bekanntesten Sophisten waren Protagoras aus Abdera (Thrakien), Gorgias aus Leontinoi (Sizilien), Prodikos aus Keos, Thrasymachos aus Chalkedon und Hippias aus Elis.

E

Sophisten
Als Sophisten bezeichnet man heute Wanderphilosophen aus verschiedenen Teilen der griechischen Welt, die seit dem 5. Jahrhundert gegen Honorar über fast sämtliche Wissensgebiete unterrichteten. Ihr Interesse richtete sich im Gegensatz zu den Naturphilosophen in erster Linie auf die Analyse des Menschen und seiner Fähigkeiten und Schwächen. Diese Schwächen versprachen sie durch ihren Unterricht z.B. der Rhetorik und Dialektik auszugleichen.

Historische Voraussetzungen

Um die Lehren der Sophisten zu verstehen, muss man den Blick zurück auf die Perserkriege lenken. Der – aus griechischer Sicht – sensationelle

Sieg hatte den Griechen bewusst gemacht, zu welchen Leistungen der Mensch selbst angesichts eines schier unlösbaren Problems (wie der persischen Invasion) imstande ist, wenn seine Fähigkeiten auf richtige Weise geweckt, geschult und fachgerecht gebündelt werden. Die Auslegung des delphischen Orakels, der Aufbau einer Kriegsflotte, die Schulung der Ruderer, der fachgerechte Umgang mit den Meeresströmungen und Winden (vor Salamis) waren „Künste“ (*technai*) im besten sophistischen Sinne (Thukydides 1,142,9). Ihr Erfolg bewies die Überlegenheit der auf die Bewältigung praktischer Probleme gerichteten Kenntnisse gegenüber theoretischem Philosophieren. Am meisten profitierten hiervon die Athener. Der Seekrieg gegen die Perser, die Organisation des Seebundes und die Herrschaft über das Meer führten zu einem grenzenlosen Leistungsoptimismus (*K. Raaflaub*), der durch die Niederlagen im 1. Peloponnesischen Krieg kaum beeinträchtigt wurde.

„Könnens-Bewusstsein“

Chr. Meier hat diesen Optimismus als „Könnens-Bewusstsein“ bezeichnet, es handelt sich um eine der wichtigsten Veränderungen der griechischen Mentalität seit der Archaik, an der die Sophisten anknüpfen konnten. Gemeinsam war ihnen allen, dass sie den Menschen und seine Bedürfnisse in den Mittelpunkt ihres Interesses rückten und nach der praktischen Anwendbarkeit, der Technik und Nützlichkeit des von ihnen vermittelten Stoffes fragten. Der vielzitierte so genannte *homo-mensura*-Satz, dass der Mensch das Maß aller Dinge sei, stammte von Protagoras, könnte aber als Richtschnur über den Lehren fast aller Sophisten stehen: Das einzige sichere Kriterium sophistischer Erkenntnis war – so *J. de Romilly* – „konkrete menschliche Erfahrung“. Dabei stellten sie alte Normen in Frage und formulierten Antworten, die viele als Angriff auf jahrhundertealte Werte im Bereich der Religion oder der Ethik empfanden. Doch sie beließen es nicht dabei, sondern boten auch praktische Alternativen an.

Athen bot den Sophisten hervorragende Arbeits- und Diskussionsmöglichkeiten. Das pulsierende Leben der Großstadt, ihre ungewöhnliche Staatsform, der rasante Aufstieg zur Großmacht und deren Anforderungen warfen Fragen auf und verlangten Antworten praktischer Art. Man wollte mehr wissen über die Natur der Macht und prognostizieren können, wie sich das Machtgefüge in Griechenland weiterentwickeln würde. Im Innern waren Techniken gefragt, wie man die Institutionen der Demokratie am besten nutzen könne, um Erfolge zu erringen und den Demos auf die eigenen Ziele einzuschwören.

Dialektik und Rhetorik

Es wundert so nicht, dass Dialektik und Rhetorik zu den weitverbreitetsten sophistischen Lehrgegenständen in Athen gehörten. Mit ihrer Hilfe hoffte man in der Volksversammlung auf Gegenargumente schneller reagieren und der eigenen Sache mit größter Effizienz zum Erfolg zu verhelfen. Das Ziel rhetorischer Ausbildung bestand nach Gorgias, dem bedeutendsten Rhetoriklehrer, darin, „dass man imstande ist, mit Worten zu überreden, vor Gericht die Richter, im Rat die Ratsherren, in der Volksversammlung die versammelten Bürger und so bei jeder anderen Zusammenkunft, wo nur immer es eine politische Versammlung geben mag“. Die richtige Technik wird wichtiger als der Inhalt, wenn es darauf ankommt „die schwächere Rede zur stärkeren zu machen“ (Protagoras), also das eigentlich schwächere Argument stärker erscheinen zu lassen. Der Redner darf sich dabei nicht scheuen, alle Mittel einzusetzen, die ihm die Hörerschaft gefügig macht; er muss ihre Gefühle studieren und ihre Reaktionen kennen. Welche Erfolge hiermit zu erzielen waren, zeigte Perikles, der Umgang mit den Philosophen Anaxagoras und Protagoras pflegte und sich durch raffinierte Rhetorik und die Fähigkeit, den Demos an sich zu binden, seine innenpolitische Stellung sichern konnte. Als sein Gegner Thukydides Melesiou gefragt wurde, wer von ihnen der bessere Ringer sei, soll er geantwortet haben: „Wenn ich ihn im Ringkampf zu Boden werfe, bestreitet er es so geschickt, überhaupt gefallen zu sein, dass ihm schließlich sogar jene glauben, die ihn gerade erst mit eigenen Augen haben fallen sehen" (Plutarch, Perikles 8,5; Moralia 802C).

Q

Die Relativierung staatlicher Gesetze durch die Sophistik
(Xenophon, Memorabilia 1,2,44–46 über ein Gespräch zwischen Perikles und Alkibiades)

Alkibiades: Gewalt jedoch und Gesetzlosigkeit, was ist das, Perikles? Nicht wahr, wenn der Stärkere den Schwächeren nicht überzeugt hat, sondern ihn vielmehr mit Gewalt zwingt, das zu tun, was ihm gut erscheint? Das scheint mir so zu sein, habe Perikles geäußert. Soweit demnach ein Tyrann die Bürger nicht überzeugt hat und ihnen zwangsweise Vorschriften macht für sein Tun, ist das Gesetzlosigkeit? So scheint es mir zu sein, habe Perikles geantwortet; denn ich nehme es zurück, dass das Gesetz ist, was ein Tyrann vorschreibt, ohne überzeugt zu haben. Was aber die wenigen vorschreiben, ohne das Volk überzeugt zu haben, sondern weil sie eben die Herrschaft ausüben, sollen wir das Gesetz nennen oder nicht? Alles, so habe Perikles entgegnet, was jemand einen anderen zu tun zwingt, ohne ihn überzeugt zu haben (...), scheint mir mehr Gewalt als Gesetz zu sein. Und was das gesamte Volk, wenn es die Begüterten beherrscht, vorschreibt, ohne überzeugt zu haben, sollte das denn mehr Gewalt oder Gesetz sein? Sehr, Alkibiades, habe Perikles geantwortet.

Relativierung des positiven Rechts

Schwierig einzuschätzen ist dagegen die Wirkung der von einigen Sophisten vorgenommenen Relativierung des von Menschen gesetzten (positiven) Rechtes (*nomos*): Gorgias vertrat die Auffassung, in der realen Welt werde sich das Stärkere gegenüber dem Schwächeren durchsetzen, auch Gesetze spiegelten in jeder Staatsform das Recht des Stärkeren und dessen Gewalt. Wo Machtverhältnisse durch die Stärke (*physis*) der Handelnden bestimmt werde, spiele demnach das positive Recht keine Rolle. Dieser Lehre wohnt eine große politische Sprengkraft inne, und einige Forscher haben gemeint, dass gerade die These vom „Naturrecht des Stärkeren" und der Relativierung staatlicher Gesetze nicht wenige Athener Adlige in ihrem Drang bestärkt hat, ihren Superioritätsanspruch durchzusetzen und ihrem von der Demokratie nur mühsam gezähmten Tatendrang freien Lauf zu lassen. Es stellt sich jedoch die Frage, ob die sophistischen Lehren wirklich Ausgangspunkt politischen Handels waren oder ob sie nicht vielmehr vorhandene politische Entwicklungen analysierten und hieraus ihre Schlüsse zogen. Vieles spricht für die zweite These: Denn es ist sehr schwer, einen *direkten* Einfluss der Sophistik auf die praktische Gestaltung der Politik in Athen oder auf die Formierung antidemokratischer Kreise nachzuweisen. Die Sophisten favorisierten keine bestimmte Politik, sondern boten intel-

Einfluss der Sophisten auf die Politik?

lektuelle Hilfen zur Erreichung bestehender Ziele. Jeder Athener, ob er eine strikt demokratische Linie verfolgte oder aristokratische Traditionen betonte, konnte von ihrer Art der Problemfindung und Problemlösung profitieren. Nirgends hat jedoch die Lehre vom Primat der Gewalt gegenüber dem Gesetz eine breite öffentliche Reaktion erfahren oder Eingang in die Reden der Demagogen gefunden. Was die Sophisten mit ihrer Art, politische Phänomene und Probleme zu analysieren – mit anderen Faktoren – bewirkten, war eine Änderung des geistigen Klimas, die sich auch auf die Kultur der Stadt auswirkte.

i) Geschichtsschreibung und politisches Denken

Neues Orientierungsbedürfnis

Der Sieg über die Perser, der maritime Machtaufstieg und der einmalige Wandel der Verfassung verlangten nicht nur aktuelle Analysen und praktische Antworten; sie weckten auch ein neues Bedürfnis nach Orientierung und Sinngebung großer Politik und komplexer Geschehenszusammenhänge. Das Besondere an der Situation in der Mitte des Jahrhunderts war, dass dieses Bedürfnis durch eine neue Form der intellektuellen Rekonstruktion von Vergangenheit befriedigt wurde, die das Geschehen nicht auf religiöse Sinndeutungen, kurze Zeitabläufe oder die Taten von Königen, Dynastien oder Helden reduzierte, sondern über einen längeren Zeitraum in seinen verschiedenen Ereignissträngen und seiner politischen, ethnographischen und geographischen Totalität zu erfassen suchte. So entstand fast gleichzeitig mit der direkten Demokratie in der Mitte des Jahrhunderts die Historie.

Herodot und sein Werk

Ihr Vater war **Herodot** aus dem kleinasiatischen Halikarnassos. Er lebte seit den 440er Jahren in Athen und war auch mit Perikles und dem Sophisten Protagoras befreundet. In dieser Zeit hielt er öffentliche Vorlesungen aus seiner *Darlegung der Erkundung* (*histories apodexis*), die ca. 15 Jahre später vollständig veröffentlicht wurden. Dieses Werk bildet den Beginn der abendländischen Geschichtsschreibung. Es ist in vielerlei Hinsicht auch ein Kind des geistigen Klimas der Sophistik: Es geht nämlich Herodot ausschließlich um Menschheitsgeschichte, und zwar um die großen Taten der Griechen und Barbaren, die im Konflikt der Griechen mit den Persern kulminierten und dessen Ursachen es zu erforschen gilt. Um diese Ursachen zu erkennen, bedurfte es ausgedehnter Forschungsreisen, der Kenntnis der geographischen und ethnographischen Rahmenbedingungen, der Befragung von Zeitzeugen sowie der kritischen Bewertung von Quellen – methodische Prämissen, die in unterschiedlicher Akzentuierung zum Forderungskatalog auch der modernen Historiographie gehören. Herodot distanzierte sich ferner durch die Wahl der Prosa schon formal von den Epen und Dichtungen über die Vergangenheit. Und auch inhaltlich sollten alte Mythen und Geschichten keinen eigenständigen historischen Erkenntniswert mehr besitzen. Die Rekonstruktion konzentrierte sich vielmehr auf Personen und Völker in einer historisch fassbaren Zeit, d.h. die Meder bzw. Perser und ihren ersten König Kyros oder den Lyderkönig Kroisos und die Griechen. Regelmäßig hat Herodot die politisch-militärische Geschichte durch große Erzählungen (*logoi*) über fremde Völker und Regenten unterbrochen, um dann in Form einer Ringkomposition wieder den Faden der Handlung aufzunehmen. Dies war eine Frucht seiner Forschungsreisen, es kam aber auch dem Interesse des weltoffenen Athen entgegen.

E

Herodot (ca. 484–425)
Herodot stammte aus Halikarnassos (Kleinasien) und bereiste weite Teile der östlichen Welt, bevor er um 440 nach Athen übersiedelte; später nahm er an der Gründung der Kolonie Thurioi teil. In Athen hielt er Lesungen aus seinem Werk *Darlegung der Erkundung,* in dem er die Perserkriege als Teil einer großen Auseinandersetzung zwischen asiatischer Despotie und griechisch-europäischer Freiheit deutete. Diese Einordnung eines politisch-militärischen Ereignisses in einen historischen Kontext sowie die Auswahlkriterien mündlicher und schriftlicher Überlieferung haben Herodot (seit römischer Zeit) zum Vater der Geschichtsschreibung gemacht, ein Ehrentitel, der allerdings schon in der Antike umstritten war.

Verfassungsdebatte

Die Konzentration auf die Geschichte realer Menschen entsprach der Hinwendung der Sophisten zur Lösung menschlicher Probleme, und sie spiegelte auch das Diskussionsbedürfnis der Athener über die Vorzüge und Schwächen ihrer eigenen, so ungewöhnlichen Verfassung: In der berühmten Verfassungsdebatte des 3. Buches (80–83) lässt Herodot zeitversetzt die persischen Großen die Vor- und Nachteile der drei Staatsformen Demokratie, Oligarchie und Monarchie gegeneinander abwägen. Es ist der erste Versuch einer staatstheoretischen Verfassungstypologie und spiegelt zweifellos Diskussionen aus der perikleischen Zeit: Wir haben (s. S. 24) gesehen, dass Athen nach der Eingliederung rebellierender Bündner deren Verfassung in eine Demokratie umgewandelt hat. Dieses Verfahren förderte die Vorstellung von der Austauschbarkeit bzw. Verfügbarkeit politischer Ordnungen. Sparta hatte sich als einziges Gegengewicht gegen Athen behauptet und Krieg gegen die Athener geführt. Daraufhin konstruierte man parallel zum realen außenpolitisch-militärischen Antagonismus einen verfassungspolitischen Gegensatz zwischen der Demokratie Athens und einer Oligarchie Spartas, der freilich im Falle Spartas – wie wir sehen werden – recht unscharf und künstlich wirkt. Zur außenpolitischen Konfrontation traten der seit den 460er Jahren intensivierte innenpolitische Streit um die Berechtigung bzw. Vorzüge der Demokratie (s. S. 14f.) und das Bemühen ihrer Verfechter, sie gegenüber älteren Regierungsformen (Tyrannis, Aristokratie) abzusetzen. Binnen weniger Jahrzehnte lernte man so, über Verfassungen und Regierungsformen modellhaft nachzudenken und die Frucht der Überlegungen in der politischen Diskussion einzusetzen. Herodot gab dieser Leistung eine literarische Form und wies der Geschichtsschreibung damit den Weg zur politischen Geschichte, die Thukydides im Rahmen des Peloponnesischen Krieges ausbauen sollte.

j) Feste und Bauten Athens

Die Athener feierten – so die anonyme Schrift *Vom Staat der Athener* (2,9) – so viele Feste wie keine andere Polis. Bei diesen Festen handelte es sich um religiöse Feste der athenischen Kultgemeinschaft zu Ehren der

Götter, wobei sich profaner und religiöser Bereich in der Öffentlichkeit vermischten. Das größte Fest galt der Stadtgöttin Athena. Es wurde alle vier Jahre als „Große Panathenäen“ begangen. Im Zentrum stand eine große Prozession, über die uns der Fries des Parthenontempels ein hochstilisiertes Bild vermittelt. Sie führte vom Dipylon-Tor durch die Stadtmitte auf die Akropolis und endete vor dem Altar des alten Athena-Tempels. Hier opferte man vier Rinder und vier Schafe und übergab der Athena Polias ein neues Gewand (*peplos*), das junge Athenerinnen neun Monate lang gewoben hatten. Direkte Teilnehmer an der Prozession waren nach der Darstellung auf dem Fries neben den Priestern, Musikern und Beamten junge Reiter, also Vertreter der städtischen Elite. Diese bildeten das Ende des Zuges. Dessen Spitze wurde von adligen Frauen eingenommen, die mit den Sakralhandlungen beschäftigt waren und das Gewand gefertigt hatten. Beginn und Ende der Prozession repräsentierten so die für das Wohl die Stadt unumgänglichen weiblichen und männlichen Sphären: Fruchtbarkeit und Wehrhaftigkeit. Zwischen diesen Achsen marschierte die übrige Bürgerschaft, nach Aussage literarischer Quellen in Hoplitenrüstung und geordnet nach ihrer Demenzugehörigkeit. Sogar wohlhabende Metöken und ihre Frauen nahmen teil, es fehlt jedoch jeglicher Hinweis auf die Theten!

Panathenäen

Im Rahmen der Großen Panathenäen veranstalteten die Athener athletische Wettspiele, Pferde- und Wagenrennen. Perikles förderte musische Veranstaltungen, bei denen die Werke Homers rezitiert wurden sowie Sänger und Musiker in einer eigens errichteten monumentalen Musikhalle, dem Odeion, auftraten.

Dionysien

Das glanzvollste Fest neben den Panathenäen waren die städtischen Dionysien zu Ehren des Dionysos. Besondere Bedeutung erlangten sie durch die Aufführungen dramatischer Schauspiele. Seit der Mitte des Jahrhunderts konnten die Athener am zweiten Festtag fünf Komödien und am dritten bis fünften Tag je drei Tragödien sehen. Die Auswahl der Stücke erfolgte im Wettbewerb. Jeder Dichter musste beim obersten Beamten seine Texte einreichen. Dieser wählte aus den Vorschlägen drei Dichter mit je drei Tragödien-Stücken aus, die an je einem Tag gespielt wurden. Jeder ausgewählte Dichter erhielt einen Chor und einen Chorleiter (Chorege), der die Mitglieder des Chores anwarb, einkleidete und finanzierte. Kurz vor den Aufführungen erhielten Dichter und Chorführer Gelegenheit, ihre Stücke einer erlosten Bürgerjury vorzustellen. Danach wurden die siegreichen Werke im Dionysostheater am Südhang der Akropolis aufgeführt.

Die Dionysien und Panathenäen sind die herausragendsten Beispiele einer Festkultur, die typisch war für das demokratische Athen. Niemand kann jedoch heute genau erklären, weshalb gerade in der Zeit der direkten Demokratie die Zahl und Intensität der Feste eine solch auffällige Steigerung erfuhren, worin also der Zusammenhang zwischen demokratischer Verfassung und Festkultur bestand. Die antiken Quellen schweigen hierüber und überlassen es dem modernen Forscher, nach Erklärungen zu suchen. Wie immer dürften außenpolitische und innenpolitische Faktoren gleichermaßen eine Rolle gespielt haben. Der Ausbau der Feste begann nach dem Abbruch des Offensivkrieges gegen Persien (449) und dem Dreißigjährigen Frieden mit Sparta (446/5). Vielleicht wollte Perikles seine Mitbürger von den Enttäuschungen des Krieges ablenken und ihnen einen neuen integrierenden Mittelpunkt schaffen. Vielleicht benötigten die Athener aber auch eine besondere Form der Erholung von ihrer intensiven politischen Tätigkeit, so sagt es jedenfalls Perikles in der Gefallenenrede. Und vielleicht waren die Feste eine geeignete Form, um jenseits aktueller politischer Streitigkeiten bürgerliche Solidarität zu erleben und das Leben in der Demokratie an traditionelle (aristokratische) Normen anzubinden. Die Prozession der Panathenäen unterschied deutlich zwischen aristokratischer Elite und Demos, ließ aber die Theten unberücksichtigt. Sie schuf damit die Vision einer Gemeinschaft, in der politische Teilnahme kein Kriterium für die Mitgliedschaft war (*L. Maurizio*).

Die Prozession als Symbol unpolitischer Gemeinschaft

Das politische Leben erhielt so seine Verschränkung durch die Kultgemeinschaft. Gerade die Aristokratie benötigte einen solchen Gegenpol, um einen Ausgleich zwischen „revolutionärem" Neuen und bewährtem Alten zu schaffen. Indem sich die Adligen in herausragender Weise beteiligten, zeigten sie sich einerseits als treue Bürger. Auf der anderen Seite ließen der Zug und die Feste mit ihren typisch aristokratischen Wettbewerben dem Adel genügend Raum, ihre Bildung, ihren Reichtum und ihre Vornehmheit, ihre *philotimia* zu präsentieren, ohne dass sie sich vor dem Demos rechtfertigen mussten. Junge Frauen wetteiferten untereinander mit den schönsten Gewändern und zeigten damit ihren Wohlstand und ihre Heiratsfähigkeit, die Männer präsentierten ihre Rosse und Gespanne und selbst die Metöken gaben viel Geld für teure Kleidung aus. Konkurrenz und Integration bildeten so – wie oft in Griechenland – auch hier die beiden Pole, innerhalb derer sich ein glanzvolles Festerlebnis entfalten konnte, das auch den Gesamtdemos mit einbezog. Denn alle einte der Stolz auf die Stadt und die Verehrung ihrer Schutzgöttin, der man die bisherigen Erfolge zu verdanken hatte.

Konkurrenz und Integration

Eine ähnliche Verbindung außenpolitischer und innenpolitischer Motive bestimmte eine zweite Entwicklung, die mit der Demokratie aufs Engste verbunden war. In der Mitte des Jahrhunderts beschloss die Volksversammlung ein gewaltiges Bauprogramm. Man errichtete Tempel für Poseidon an der Südspitze der Halbinsel sowie in den Bezirken Acharnai und Rhamnous. In Athen entstanden auf dem Markt das Theseion, ein dem Hephaistos und der Athene geweihter Tempel, Bauten für die Gerichtshöfe und die Boule (das Bouleuterion) und im Südosten das Odeion (s. S. 52). Hinzu traten Säulenhallen, Palästren und Getreidespeicher sowie neue Schiffshäuser am Piräus.

Umfangreiches Bauprogramm

Mittelpunkt der Bautätigkeit bildete die Akropolis, der heilige Bezirk der Athena. Zunächst ließ man das Areal mit den Resten der von den Persern zerstörten Gebäude anfüllen, erweitern und durch Stützmauern stabilisieren. Im Zentrum entstand seit 447 unter Leitung der Baumeister Iktinos und Kallikrates ein riesiger Tempel zu Ehren der Athena Parthenos (jungfräuliche Athena); er wurde deshalb Parthenon (= „Jungfrauengemach") genannt. Das Innere bestand zunächst aus einer von Säulen gesäumten Vorhalle auf der Ostseite. An die Vorhalle schloss sich der Hauptraum (Cella) an. Hier erblickte der Besucher das von Phidias geschaffene, zwölf Meter große Kolossalbild der Athena. Ihr hölzerner Kern war mit Elfenbein sowie Goldplatten im Wert von 626 Silbertalenten belegt. Wegen der Größe der Statue musste der Tempel höher und breiter als alle üblichen Sakralbauten ausgeführt werden. Hinter der Cella befand sich ein Raum mit dem Tempelschatz. Das originellste bildhauerische Element war der Fries, der um den oberen äußeren Rand der Cella verlief. Er zeigte zum ersten Mal sterbliche Menschen, nämlich die Athener Bürger auf dem Festzug zu Ehren der Athena (s. S. 52).

Nach der Fertigstellung des Parthenon leitete Mnesikles den Bau der Propyläen, ein Festtor mit fünf Eingängen und weit ausladenden Flügeln. Etwas später fügte man rechts vor den Propyläen einen kleinen Tempel der „siegbringenden Athena" (Niketempel) hinzu. Um die gleiche Zeit wurde der alte Tempel der Athena abgerissen und während des Peloponnesischen Krieges (421–408) durch das Erechtheion ersetzt. Dieser Tempel, der das alte Kultbild der Athena sowie andere Götter und Heroen beherbergte, vereinte mehrere Baustile und unterschied sich damit markant von den anderen Bauten: Am eindrucksvollsten ist die von Frauenstatuen getragene Südhalle (Korenhalle), die in dieser Form einzig ist in der griechischen Welt.

Motive des Bauprogramms

„Die Athener wollten mit ihren Bauten protzen", so hat ein Kenner der Geschichte Athens (*J. Bleicken*) den Eindruck der Anlagen zusammengefasst; ihre weitergehende ideologische und politische Zielsetzung werden jedoch kontrovers diskutiert. Widerlegt ist auf jeden Fall die These, Perikles habe das Bauprogramm als staatliches Arbeitsbeschaffungsprogramm konzipiert. Von der Arbeit an den Bauten profitierten wohl in erster Linie Metöken. Zudem gibt es keine Hinweise auf größere Arbeitslosigkeit, und schließlich war die auf etwa 200–300 geschätzte Zahl der Arbeiter zu gering, als dass man größere Effekte hätte erwarten können.

Es ging vielmehr darum, den Erfolgen der Vergangenheit und den machtpolitischen Ansprüchen der Gegenwart ein architektonisches Gegenbild zu verschaffen. Athen hatte in den 440 Jahren seine Kontrollen über den Seebund nicht zuletzt deshalb verschärft, weil nach dem Ausgleich mit den Persern einige Bundesgenossen einen Kampf gegen den alten Feind als nicht mehr zeitgemäß erachteten. Das Bauprogramm sollte so dazu beitragen, dem Seebund eine neue, religiös fundierte und auf Athen zentrierte Legitimationsgrundlage zu verschaffen: Die Bauten demonstrierten einerseits das imperiale Selbstbewusstsein der Athener, das auch die Bundesgenossen von der Überlegenheit der Hegemonialmacht überzeugen sollte. Andererseits bildeten sie ein Mittel religiöser Integration, die sich in der Etablierung Athenas als Schutzgöttin der Stadt *und* des Bundes manifestierte. Nicht ohne Grund mussten die Bündner an den Festen teilnehmen und ihre Tribute zu den Dionysien schicken: Die Athener verbanden so den Empfang vertraglich festgesetzter Leistungen mit einer perfekt inszenierten Demonstration finanzieller, kultureller und technischer Suprematie sowie dem Bemühen, die Bündner an der Herrlichkeit der Hegemonialmacht teilhaben zu lassen.

k) Demokratie und Tragödie

Herausragender Bestandteil der Dionysien bildete die Aufführung von Tragödien. Der Aufstieg dieser für Athen so typischen Kunstform vollzog sich – wie so vieles – im Zuge der Perserkriege, ihre Blüte fällt in die Zeit der großen maritimen Erfolge und der Ausbildung der Demokratie. Für jedes Fest wurden jeweils neue Tragödien verfasst und im 5. Jahrhundert nur einmal aufgeführt. Auf diese Weise entstanden über 1000 Stücke. Fast ein Drittel davon schrieben die drei berühmtesten Dichter, nämlich Aischylos (ca. 525–455), Sophokles (497–405) und Euripides (ca. 485–406).

Formales Charakteristikum der Tragödie bildete die Zweiteilung von (anfangs wenigen) Schauspielern, die auf einer Bühne agierten, und dem Chor auf einem kreisförmigen Platz (Orchestra) davor. Während der Chor tanzte und in Vers- und Strophenformen sang, sprachen die Schauspieler Dialoge nach bestimmten Rhythmen. Als Stoffe wählten die Dichter mit wenigen Ausnahmen Themen des Mythos und Epos. Ihre Aufgabe war es, Handlungsablauf und Charaktere neu zu akzentuieren.

Der Mensch in Entscheidungs- und Konfliktsituationen

Das Grundthema bildet der Mensch in extremen Konflikten und vor schwierigen Entscheidungen. Für Aischylos ist dabei der Mensch und sein Handeln in eine höhere göttliche Ordnung und deren Normen eingebettet. So muss sich in den *Hiketiden* der König von Argos entscheiden, ob er flüchtigen Frauen Schutz gewähren sollte – damit aber seiner Polis einen verlustreichen Krieg heraufbeschwört – oder die Schutzflehenden zurückweist – damit aber göttliches Recht bricht. Bei Sophokles verlaufen die Konflikte in und zwischen den Menschen selbst. Ödipus tötete seinen Vater, heiratete seine Mutter und zeugte mit ihr Kinder, ohne die Blutsbande zu kennen, weil es das Schicksal so bestimmt hatte. Daraufhin befällt eine Seuche seine Stadt, und erst als Ödipus nach den Gründen forscht, erkennt er sich selbst als Schuldigen unvorstellbarer Verfehlungen, blendet sich und irrt als Bettler durch Griechenland. Hier wird er zum stillen Wanderer, der sein Leid zu ertragen lernt und eine Würde gewinnt, die allein dem Menschen erreichbar ist. Am Ende wird Ödipus von Theseus aufgenommen und erhält in Athen ein würdevolles Begräbnis.

Viele Tragödien haben so entgegen landläufiger Meinung einen versöhnlichen Ausgang. Was die Tragödie ausmachte, ist nicht eine in die Katastrophe führende Handlung, sondern die Darbietung intensiver Gefühle und Ängste, die Menschen vor, während und nach ihren Entscheidungen zu durchleben hatten. Allen Dichtern ist dabei die Überzeugung gemein, dass der Mensch von Schicksalswendungen getroffen wird, die sein Leben und das der Gemeinschaft radikal ändern bzw. bedrohen. Anders als im Epos ist der Mensch mitverantwortlich für sein Handeln, auch wenn es durch Orakel oder Götterbeschluss vorgezeichnet ist. Wie er innerhalb dieses Spannungsbogens individueller Entschlusskraft und göttlicher Weltordnung mit ihrem Normen agiert und welche Folgen sein Tun hat, dies sind die überzeitlichen Fragen, die die Tragödie zu beantworten versucht.

Gesellschaftliche Tragweite der Tragödie

Derartige Fragen hatten eine große gesellschaftliche Bedeutung. Denn das Schicksal des Einzelnen ist auch in der Tragödie eingebunden in einen sozialen und religiösen Kosmos, dessen Bestandteile (Rituale, Tempel, Städte) von den Zuschauern als Codes ihrer eigenen aktuellen Welt unschwer dechiffriert und verstanden wurden. Deshalb können Orte wie Argos (in den *Hiketiden*) oder Athen (in der *Orestie*) mit anachronistischen (politischen) Elementen – wie der Isonomie – angereichert werden, die nicht der Vorstellungswelt des Mythos, sondern der des Zuschauers stammten. Die Verschränkung von mythischer Vergangenheit und realer Aktualität erlaubte es, Konstellationen durchzuspielen, die den alltäglichen Normen widersprachen, aber in dramatischer Form durchdacht und erlebt werden konnten: In allen Tragödien werden die Weltordnung und deren Normen außer Kraft gesetzt: In den *Persern* des Aischylos wagt es der Perserkönig, sich über die den Menschen gesetzten Grenzen zu erheben und das Meer zu zähmen, im *Ödipus* des Sophokles erschlägt Ödipus seinen Vater und zeugt mit seiner Mutter Kinder. Diese fast irrealen Ausnahmesituationen lassen grundsätzliche (meist anthropologische) Gegensätze (Polaritäten) hervorbrechen, die unter normalen Umständen in die gefestigte Gesellschaftsordnung der Polis eingebunden, gleichsam gebändigt waren: Zu diesen Gegensätzen gehört die zwischen Tier und Mensch bzw. animalischer Wildheit und Rationalität, zwischen Mann und Frau bzw. männlichem und weiblichem Prinzip, zwischen Oikos und Polis, zwischen Freiheit (Demokratie) und Knechtschaft (Tyrannis), zwischen arroganter Intelligenz (Ödipus) sowie Machtgier (Perser) und bescheidenem Maßhalten.

Das Auseinanderfallen dieser Polaritäten und die damit verbundene Aufhebung der Weltordnung stellen die Ordnung der Polis geradezu auf den Kopf, doch am Ende kommt es nach einer längeren Leidenszeit – sei es durch göttliches Eingreifen oder durch menschliche Größe – zur Auflösung des Konfliktes und zur Wiederherstellung der Ordnung: Die anmaßenden Perser beschränken ihre Herrschaft auf Asien, der leidende Ödipus wird von Theseus in Athen aufgenommen und Orest wird durch Athenas Stimme entsühnt. Der Zuschauer wird wieder beruhigt, nachdem er den Blick in das Unfassbare wagen durfte. Er hat dabei selbst eine Entwicklung durchgemacht: Die Tragödie hat ihn vertraut gemacht mit der dunklen Seite des menschlichen Wesens und deren Gefahren, er ist reifer geworden, weil er diese Gefährdungen und ihre Folgen miterlebt hat, und er ist erfahrener geworden, weil er auf Lösungen hoffen kann. Aber er ist sich auch bewusst geworden, wie zerbrechlich seine Welt ist, wie vergänglich der Erfolg und wie abhängig sein Wohl von dem Wohlwollen der Götter und der Harmonie der Gemeinschaft ist. *Durch Leiden lernen* heißt deshalb eines der berühmtesten Aussprüche des Aischylos. Lernen soll aber nicht nur der einzelne Zuschauer, sondern die gesamte Polis; das Theater war in etwa für die gleiche Teilnehmerzahl konzipiert wie die Volksversammlung. Indem die Athener sich in der Tragödie der Instabilität menschlicher Ordnung und der zerstörerischen Kraft menschlichen Handelns bewusst werden, wappnen sie sich für kommende Krisen und werden sensibel für alle Gefahren, die ihrer Polis durch Hybris (Hochmut) oder die Unfähigkeit zum Kompromiss erwachsen können. Sie werden dabei regelmäßig durch das Lob des Dichters für die positiven Seiten des bisher Erreichten gestärkt: Die *Freiheit* der Athener hat sich gegenüber den Persern bewährt. Theseus' Verhalten gegenüber Ödipus repräsentiert die *Menschlichkeit* seiner Heimatstadt, und der Schiedsspruch des Areopag in der *Orestie* erweist Athen als Hort einer *gerechten Streitschlichtung* gegenüber dem archaischen Racheprinzip.

Politischer Bezug der Tragödie

Unverkennbar hatte die Tragödie damit einen politischen Bezug, der sowohl innen- wie außenpolitische Problembereiche reflektierte. Wenn eine Polis Gefahr lief, der Hybris zu verfallen und wie Xerxes das von den Göttern gesetzte Maß zu überschreiten, dann war es die Stadt der Athener angesichts ihrer unglaublichen Erfolge. Aischylos gab ihnen Erklärung und Warnung zugleich: Der Sieg über die Perser war das Ergebnis göttlichen Ratschlusses und athenischer Freiheitsliebe, doch er barg die Gefahr der Überheblichkeit, der nur durch gerechtes Maßhalten zu begegnen sei. Ähnliche Erklärungen verlangte der Wandel der inneren Verhältnisse. Welche Risiken barg der Machtanspruch des Demos, und wie konnte man ihn mit der alten Ordnung und den traditionellen Ansprüchen des Adels versöhnen? Diese Fragen müssen gerade in den 460er Jahre viele Athener bedrängt haben, sie brauchten – folgt man *Chr. Meier* – die Antworten der Tragödie, um ihr „mentales Gleichgewicht" wiederzufinden, aus dem sie der innen- und außenpolitische Wandel gerissen hatte. So schildert Aischylos in den *Hiketiden* den Entscheidungsprozess in Argos als ein isonomes Verfahren, dem sich der König unterordnen muss. Der Areopag erfährt in den *Eumeniden* durch Athena eine ehrwürdige Legitimation als Ausgleich für den aktuellen Verlust an realer politischer Macht. Nur durch Kompromissbereitschaft und den Verzicht auf die Absolutierung *eines* Prinzips – so die Botschaft – könne die Harmonie der Polis wiedergefunden und gesichert werden.

Dieses politische Aktualisierungspotential der Tragödie half den Athenern, die unvergleichbare Entwicklung ihrer Stadt in einem feierlichen Ambiente zu verarbeiten; Tragödien waren ein solidarisierendes Großereignis der Polisgemeinschaft, das schichtenspezifische Spannungen abbauen und auf einen erregenden Fixpunkt zentrieren konnte. Schließlich waren die Tragödien aber auch ein eindrucksvoller Beweis überragender Kunstfertigkeit und Zeugnis rationaler Selbstreflektion, die man voller Stolz der Welt präsentieren konnte. Nicht ohne Grund kamen Abgesandte der Bündner zu den Dionysien, und nicht ohne Grund hatte man vor der Aufführung deren Abgaben auf der Szene des Dionysostheaters zur Schau gestellt. Die Tragödie war auch in dieser Hinsicht Teil einer kulturellen Inszenierung, die die selbstbewusste Überzeugung einer Stadt bewies, zur „Lehrmeisterin von Hellas" geworden zu sein.

2. Verfassung und Kosmos der Spartaner

a) Einführung

Von ganz anderer Art erschien schon den Alten Sparta, in vieler Hinsicht als ein rückwärtsgewandtes Gegenbild des „modernen" Athen: Spartas Verfassung war zwar im Urteil der Spartaner eine *Herrschaft der Gleichen*; diese war jedoch in eine starre, der Tradition verhaftete Lebensordnung (*kosmos*) eingebunden, die in klassischer Zeit nur geringen Spielraum ließ für kreative Impulse zumal auf kulturellem Gebiet. Heute betont man gegenüber einer durch einmalige Akte (in archaischer Zeit) geschaffenen und danach (in klassischer Zeit) statischen Ordnung die prozesshafte Entwicklung der Verfassung, die zunächst auf innere Spannungen (Adelskonflikte), dann auch auf außenpolitische Veränderungen sowie militärische Herausforderungen reagierte und – vergleichbar der athenischen Entwick-

Entwicklung der Verfassung

lung – wohl erst im 5. Jahrhundert ihre „Vollendung" (*L. Thommen*) fand. Umstritten bleibt allerdings, ob die entscheidenden Reformen bereits sämtlich in archaischer (Frühdatierung) oder zumindest partiell in klassischer Zeit (Spätdatierung) erfolgten.

Ein besonderes Problem bildet die Frage, in welchem Verhältnis die formalrechtliche Entwicklung der Verfassung zur politischen Praxis stand, welche Macht die einzelnen Institutionen den Amtsinhabern einräumten und wie der (außenpolitische) Entscheidungsprozess verlief. All diese Fragen werden kontrovers diskutiert. Dies liegt – wie meistens im Bereich der Alten Geschichte – an der Quellenproblematik, die im Falle Spartas besondere Schwierigkeiten aufwirft. So berichten die Historiker Herodot, Thukydides und Xenophon zwar viel über die militärischen und diplomatischen Aktivitäten der Feldherrn, aber nur andeutungsweise vom Ablauf einer spartanischen Volksversammlung – in der Regel interessierten sie sich nur für die Reden, die hier gehalten wurden. Dem gegenüber steht der knappe Bericht des Aristoteles über die spartanische Verfassung in der *Politik* (1269 a–1271 b) aus dem 4. Jahrhundert, der die Dinge teilweise ganz anders wertet als die Historiker. Schließlich fehlt uns fast gänzlich inschriftliches Material, das genauere Hinweise auf Verfahrensabläufe und Kompetenzen geben könnte.

Quellenproblematik

Vieles bleibt so den Rekonstruktionsbemühungen des Historikers überlassen und ist mit erheblichen Unsicherheiten behaftet. Wir werden deshalb zunächst die formalrechtliche Entwicklung der Verfassungsinstitutionen darstellen, danach skizzieren, wie das Zusammenspiel dieser Institutionen in der Praxis verlief, um abschließend die Entwicklung des spartanischen Kosmos und der Außen- und Militärpolitik vorzustellen.

b) Die Verfassung und ihre politischen Institutionen

Die klassischen Verfassungsorgane Spartas bildeten die Könige, die Ephoren, der Ältestenrat und die Volksversammlung.

Könige

Die beiden Könige rekrutierten sich erblich aus den beiden Königsfamilien der *Agiaden* und *Eurypontiden.* Sie amtierten lebenslang, mussten sich aber bei Verfehlungen zumal im militärischen Bereich vor Gericht verantworten und konnten dann abgesetzt und ins Exil getrieben werden. Ihre wichtigste Aufgabe bestand in der Heeresführung; Aristoteles (Politik 1285 a4; b28) bezeichnete deshalb das spartanische Königtum als „lebenslanges Feldherrnamt". Daneben vertraten sie das Gemeinwesen nach außen und leiteten das Sakralwesen (Priesteramt).

Die Bedrohung der Perserkriege und die militärischen Operationen der Folgezeit verliehen dem Feldherrnamt der Könige einen erheblichen Bedeutungs- und Kompetenzzuwachs: Seit 505 zog nur noch ein König ins Feld. Er fungierte nicht nur als Feldherr der spartanischen Armee, sondern auch als Oberkommandierender des Peloponnesischen Bundes und des Hellenenbundes. Einige Regenten nutzten dies, um sich eine persönliche Machtstellung aufzubauen, die das Misstrauen der Verbündeten und der Daheimgebliebenen erregten: So haben wir oben gesehen (s. S. 4), wie das arrogante Auftreten des Pausanias in Byzantion viele Mitglieder des Hellenenbundes zum Überwechseln auf die athenische Seite veranlasste. Pausanias wurde daraufhin abberufen und musste sich in Sparta vor den heimischen Behörden verantworten.

Ein Großteil der Forschung vertritt die Ansicht, dass sich als Gegengewicht gegen die wachsende Macht der Könige und zur Kontrolle ihrer Machtbestrebungen im Zuge der Perserkriege immer stärker eine besondere Behörde etablieren konnte, das Kollegium der **Ephoren** („Aufseher"). Das Ephorat war wohl in der Mitte des 6. Jahrhunderts entstanden und bestand aus fünf Mitgliedern, die für ein Jahr gewählt wurden. Diese führten den Vorsitz in der Volksversammlung, im Rat und im Gericht, vor dem sich auch die Könige rechtfertigen mussten. Ferner schlugen sie als Vertreter des Demos der Volksversammlung vor, welcher König zum Heerführer eines Feldzuges gewählt werden sollte, und schließlich begleiteten zwei Ephoren regelmäßig ab 505 den König im Felde. Hier konnten sie belastendes Beweismaterial sammeln und nach der Rückkehr gerichtliche Untersuchungen einleiten.

E

Ephoren (Aufseher)
Als Ephoren bezeichnete man eine Gruppe von fünf spartanischen Beamten, die für ein Jahr vom Volk gewählt wurden. Sie hatten seit dem 6. Jahrhundert den Vorsitz in der Volksversammlung und im Rat inne, berieten und kontrollierten die Könige und koordinierten die Rekrutierungen des Heeres.

Das Verhältnis zwischen Ephoren und Königen spiegelt so ein für die klassische Zeit typisches Spannungsverhältnis zwischen militärischer Führung und dem Machtanspruch der Bürgergemeinschaft, die in den Ephoren wichtige Vertreter ihrer Interessen sah. Wie in Athen war man in Sparta bemüht, eine für den Staat gedeihliche Balance zwischen den Repräsentanten beider Kompetenzbereiche zu finden. Dieses Bemühen wurde durch den monatlichen Eid bekräftigt, wonach sich die Könige verpflichteten, den Gesetzen zu gehorchen, und die Ephoren als Vertreter des Volkes versprachen, die Herrschaft des Königs zu sichern, wenn er seiner beeideten Verpflichtung nachkam (Xenophon, Lakedaimonion politeia 15,7).

Das Verhältnis von Ephoren und Königen war also nicht nur auf einseitige Kontrolle, sondern auch auf Kooperation hin ausgerichtet. Denn ähnlich wie die Institutionen des Volkes in Athen im Zuge der maritimen Expansion immer umfangreichere Agenden zu entscheiden hatten, so wurden in Sparta die Ephoren als Vorsitzende von Gericht, Volksversammlung und Bundesversammlung mit weitreichenden militärischen und politischen Fragen konfrontiert, die sie nicht durch negative Kontrollen, sondern durch konstruktive Entscheidungen lösen mussten. Indem sie den Königen einen Teil der komplexer werdenden organisatorischen Aufgaben abnahmen, entlasteten sie die durch Krieg und Außenpolitik in hohem Maße beanspruchten Heerführer. Die Ausweitung der militärischen Operationen hatte ferner zur Herausbildung neuer Kommanden, wie dem des Polemarchen („Oberfeldherr") und des Nauarchen („Flottenkommandant") geführt, die mit nichtköniglichen Kandidaten besetzt werden mussten. Die Ephoren hatten mögliche Konkurrenz der Amtsinhaber untereinander zu entschärfen, Truppenkontingente zu verteilen und die auf verschiedenen Gebieten stattfindenden Operationen zu koordinieren. Kontrolle und Entlastung, Konkurrenz und Kooperation ergänzten sich so auf ideale Weise und trugen insgesamt zur Versachlichung der Politik bei.

In der Regel wurden an den Planungen der Ältestenrat (**Gerusie**) beteiligt. Er galt als die ehrwürdigste Versammlung Spartas und setzte sich aus 28 Geronten und den beiden Königen zusammen. Die Geronten wurden auf Lebenszeit aus den über sechzigjährigen Spartiaten gewählt, wobei wohl faktisch nur eine begrenzte Zahl von Familien Kandidaten stellte (s. S. 62). Wie in anderen Poleis entschied die Gerusie als Gericht in Kapitalsachen, während ihre Rolle in politischen Fragen nicht ganz klar ist. Allgemeine Quellenaussagen zur Bedeutung der Gerusie (Pindar Fr. 166; Herodot 1,65) lassen vermuten, dass in der Gerusie die wichtigen staatlichen Probleme durchgesprochen, vorberaten und zur letzten Entscheidung an die Volksversammlung weitergegeben wurden (Diodor 11,50, 1–7). Nun trat allerdings die Gerusie in den Quellen mit Ausnahme der oben (s. S. 5) angesprochenen Diskussion um einen Kriegszug gegen Athen 475/4 nie in Erscheinung; ferner hat die Gerusie in der klassischen Zeit oft auf ihre probuleutische Funktion verzichtet (Thukydides 1,67–87) und diese wohl nur noch im Bereich der Gesetzgebung wahrgenommen. In den übrigen Fällen übernahmen es die Ephoren, die Volksversammlungen zu informieren und ihr die anstehenden Sachfragen zur Entscheidung vorzulegen (Nepos, Themistokles 7,4). Offensichtlich hat also der Ältestenrat – hierin vergleichbar dem athenischen Areopag – wichtige Kompetenzen an effizientere Institutionen wie das Ephorat abgegeben, die den Gesamtdemos repräsentierten. Tatsächlich hatte die Gerusie als Versammlung von mindestens sechzigjährigen Greisen ja auch nur geringe Chancen, langfristig Einfluss auf die Außenpolitik zu nehmen oder diese gar zu bestimmen. „Wie der Körper", so kommentierte Aristoteles hämisch, „so altert auch der Geist" (Politik 2370b40). Die einzige Möglichkeit, die Politik zu beeinflussen, bestand in der Funktion als Gerichtshof, doch war dies eine nachträgliche Korrektur, die eine Politik im Nachhinein verhindern oder durch Androhung unterbinden, aber nicht positiv formulieren konnte. Wenn sich politische Initiativen aus der Gerusie entwickelten, dann über einzelne Mitglieder, die ihre Autorität in die Waagschale warfen und sich des Rückhaltes eines Königs sicher sein konnten.

E

Gerusie
Gerusie war die Bezeichnung für den Ältestenrat in Sparta. Er bestand aus 28 über sechzig Jahre alten Männern (Geronten) und den beiden Königen. Den Vorsitz führten die Ephoren.

Volksversammlung

Die wichtigste Funktion der Volksversammlung (Apella) bestand ursprünglich in der Abstimmung über die Königsnachfolge und der Wahl der Ratsmitglieder. Seit der Mitte des 6. Jh. und besonders nach den Perserkriegen wurde die Ekklesie als Reaktion auf die wachsenden Anforderungen des Krieges stärker in die außenpolitisch-militärischen Entscheidungen integriert. Sie trat nun regelmäßig (wahrscheinlich monatlich) zusammen und entschied in letzter Instanz über völkerrechtliche Verträge, Krieg und Frieden (Thukydides 1, 87) sowie über die Frage, wer von beiden Königen ins Feld ziehen sollte.

Formal war damit die Volksversammlung – wie in Athen – die oberste Entscheidungsinstanz in allen wichtigen Fragen; dennoch dürfte sie bei der *Gestaltung* der auswärtigen Politik nur eine untergeordnete Rolle gespielt haben. Denn erstens fungierte sie – anders als in Athen – nie als Gerichtshof. Zweitens konnte sie nur Vorlagen der Ephoren ratifizieren oder ablehnen, und drittens besaßen die Teilnehmer der Volksversammlung außer den Königen, den Geronten und den Ephoren kein freies Antrags-, Initiativ- und Rederecht (Isegorie), sondern durften nur dann das Wort ergreifen, wenn ihnen dies der vorsitzende Ephor erlaubte. In den zwischen 432 und 371 von den Quellen überlieferten Volksversammlungen kommt es mit zwei Ausnahmen (432 und 371) zu keiner Debatte, als Sprecher tauchen in den übrigen neun ausländische Gesandte auf. Von größeren Dissensen unter den Spartanern hören wir selten, und wenn es sie gab, dann sind es die Ephoren und die Könige, die die Diskussion bestimmen. Gegen eine lebhafte und konstruktive Debatte spricht auch der archaische Abstimmungsmodus, der sich durch Lautstärke, selten durch Hammelsprung (Thukydides 1,87,2) kundtat, während in anderen Poleis längst die „moderne" Stimmabgabe eingeführt worden war.

Die Bedeutung der Volksversammlung lag demnach weniger in einer direkten Einflussnahme oder Gestaltung der Politik, sondern darin, dass sie eine allgemeine Kontrolle und indirekte Korrektiven vorformulierter Politik ausübte. So konnten die Teilnehmer während der Reden der Könige und Ephoren durch kollektive Ablehnungsgesten wie eisiges Schweigen oder ärgerliches Murren ihren Missmut äußern. Die Ekklesie fungierte so als Stimmungsbarometer, auf das jeder Politiker Rücksicht nehmen musste. Sie garantierte die Öffentlichkeit politischer Entscheidungen und stärkte die Stellung aller waffenfähigen Spartiaten: Spartanische Politik fand dort ihre Grenzen, wo Entscheidungen abgesegnet, fremde Gesandte gehört wurden und Könige mit der Möglichkeit rechnen mussten, dass sie sich vor dem Rat und den Ephoren zu verantworten hatten. Dies erschwerte politische Alleingänge und hat zur viel gerühmten Stabilität der spartanischen Verfassung beigetragen.

c) Innenpolitische Machtverteilung und außenpolitischer Entscheidungsprozess

Wir sehen also, dass dem formalen Gewicht und gesellschaftlichen Ansehen einzelner Institutionen nicht unbedingt ein adäquater politischer Einfluss entsprach. Denn die Institutionen bildeten wie in jedem Staatswesen nur den Rahmen, innerhalb dessen Menschen wirkten und den Entscheidungsprozess beeinflussten.

Ein wesentlicher Faktor der spartanischen Ordnung war „der starke politische Einfluss, den bestimmte Einzelpersonen oder Kräftegruppen gewinnen konnten" (*K.-W. Welwei*). Besonders wichtig war ein enger Kreis von Familien, die durch ihren Reichtum und Bodenbesitz aus der Schicht der Spartiaten herausragten und – ohne formal privilegiert zu sein – aus ihrem materiellen Vorsprung entsprechende Macht und Autorität beanspruchten; auch die beiden Königshäuser gehörten zu ihnen. Die Quellen bezeichnen

Bedeutende Rolle wohlhabender Familien

sie als „diejenigen, die große Besitzungen hatten" (Thukydides 1,6,4), die „ersten Männer" (Thukydides 4,108,7), die „sehr reichen" (Xenophon, Hellenika 6,4,10–11) oder als diejenigen, „die von guter Familie stammten, und in Bezug auf den Reichtum zu den Ersten gehörten" (Herodot 6,61,3). Sie entsprachen in dieser Hinsicht den Athener Adligen, doch war ihre politische Verankerung im Staat von ganz anderer Art. Aus ihren Reihen rekrutierten sich die Geronten, und ihre Interessen hatten bei außenpolitischen Entscheidungen großes Gewicht: So bemühte sich die spartanische Führung während des Peloponnesischen Krieges verzweifelt, die von den Athenern auf Sphakteria eingeschlossenen Spartiaten frei zu bekommen. Diese gehörten – so Thukydides 5,15,1– „zu den Vornehmsten"; Plutarch (Nikias 10,8) ergänzt, dass sie „den ersten Häusern Spartas entstammten und die Mächtigsten zu Freunden und Verwandten hatten". Sie bekämpften Aufsteiger, die ihren Prestigevorsprung bedrohten, ferner jeden, der sich über den adligen Gleichheitsanspruch hinwegsetzte. So standen hinter der Abberufung des Pausanias im Jahre 478 einflussreiche Adelsfamilien, die das arrogante Auftreten des Regenten als Gefahr für den Zusammenhalt der Führungsschicht betrachteten. 424 wurde dem Feldherrn Brasidas die Unterstützung verweigert, weil „die ersten Männer" (Thukydides 4,108,7) neidisch auf ihn waren; doch nicht immer kam es zu geschlossenem Widerstand. Dafür waren wie in jeder elitären Führungsschicht die Konkurrenz unter den reichsten Familien um die Führungspositionen sowie die Konflikte um die außenpolitische Linie zu groß. Hinzu kamen (s. S. 5f.) Generationskonflikte zwischen den ehrgeizigen jüngeren und den älteren Adligen, die sich auf außenpolitische Beratungen übertrugen.

Einfluss der Könige und Ephoren

Schwer zu bestimmen ist nun in diesem Rahmen der praktische Einfluss der Könige und Ephoren. Ein Großteil der Forschung meint, dass selbst militärisch erfolgreiche Könige aufgrund der Androhung gerichtlicher Untersuchungen stets abhängig vom Gutdünken der Ephoren blieben und nur dann die Außen- und Kriegspolitik Spartas langfristig lenken konnten, wenn sie die Zustimmung der Mehrheit des Ephorenkollegiums und der übrigen Institutionen hatten. „Schwerlich" – so *St. Link* – „konnten die Könige gestützt auf das Volk, eine eigene, dem Willen der Ephoren wie dem der Geronten entgegengesetzte Politik betreiben." Dagegen vertreten Gelehrte wie *G. E. M. de Ste. Croix* und *M. Clauss* die Ansicht, dass die Könige trotz der formalen Einschränkungen, die sie durch das Ephorat erfuhren, mit wenigen Ausnahmen sehr wohl den Kurs der Außenpolitik bestimmen und auch gegen Andersdenkende durchsetzen konnten. Denn ihre exklusive Zuständigkeit im militärischen Bereich verschaffte ihnen – ähnlich wie den römischen Konsuln – in einer so stark von soldatischem Ethos geprägten Gesellschaft wie Sparta konkurrenzloses Ansehen und eine dominierende Autorität in Fragen der Außenpolitik, die sich fast ausschließlich um Krieg und Frieden drehte. Dagegen galten die Ephoren nach Aristoteles als arm und bestechlich (s. Quelle) und amtierten nur ein Jahr ohne die Möglichkeit einer Wiederwahl. Ihre Chance, kontinuierlich Kontrollen auszuüben und die Außenpolitik zu beeinflussen, war deshalb gering. Die meisten Ephoren begaben sich stattdessen in die Patronage eines Königs, um Anteil am militärischen Ruhm und an der Kriegsbeute zu bekommen. Eine gegenüber den Königen eigenständige politische Linie konnten sie nur dann verfolgen und durchsetzen, wenn sie die Rückendeckung der Mehrheit der reichen Familien genossen.

Q

Aristoteles über die Ephoren
(Politik 1270b 5–10)

Doch schlecht steht es auch mit dem Ephorat. Denn dieses Amt ist an sich schon Entscheidungsinstanz über die wichtigsten Angelegenheiten, doch aus dem gesamten Volk kommen seine Mitglieder, so dass oft bereits recht arme Leute in dieses Obrigkeitsamt geraten, Leute, die wegen ihres Geldmangels käuflich sind (...). Und wie ihre Amtsmacht sehr groß war und der eines Tyrannen gleich, wurden sogar die Könige gezwungen, sie durch Schmeicheleien zu gewinnen.

Entschieden ist diese Debatte bis heute nicht; eines scheint jedoch deutlich: Die Außen- und Kriegspolitik war abhängig von komplexen Machtlagerungen innerhalb der Führungsschicht, die durch ein Konkurrenzverhältnis von Königen und Ephoren allein nur unzureichend bestimmt sind. Jeder König hatte zumal in militärischen Krisen die Chance, durch seine Autorität als Heerführer großen Einfluss auf die Politik zu gewinnen, doch musste er sich Anhänger unter den führenden Familien und Ephoren verschaffen, um seine Position zu festigen. So konnte z.B. im Jahre 403 der König Pausanias erst dann gegen den übereifrigen spartanischen Feldherrn Lysander vorgehen, nachdem er drei der fünf Ephoren für sich gewonnen hatte, denn auch Lysander hatte seine Anhänger unter den Adligen und den Ephoren. Umgekehrt konnten die Ephoren ein wirkungsvolles Gegengewicht gegen die Politik des Königs bilden, wenn dieser nicht die Zustimmung des größten Teils der Spartiaten fand. In solchen Fällen bildete sich ein enger Konnex zwischen adligem Widerstand und der allgemeinen Aufsichtsfunktion des Ephorats, weil – entgegen der Auffassung des Aristoteles – das Ephorat auch von Mitgliedern reicher Adelsfamilien wie beispielsweise Chilon, Endios, Antialkidas besetzt werden konnte: Ephoren und Könige waren also keine isoliert agierenden Entscheidungsträger, sondern abhängig von der Zustimmung der führenden Familien und fest eingebunden in informelle Beratungsprozeduren und adlige Machtkämpfe.

Verlauf des Entscheidungsprozesses

Da diese Prozeduren jedoch hinter den Kulissen abliefen und von der spartanischen Führung stets geheim gehalten wurden (Thukydides 5,68,2), sind sie schwerer zu rekonstruieren als in der „offenen Gesellschaft" des demokratischen Athen. Dennoch können wir uns ein ungefähres Bild von dem idealen Ablauf des politischen Entscheidungsprozesses in Sparta machen. Die maßgeblichen außenpolitischen Fragen dürften demnach zunächst von den einflussreichen Familien beraten und durchgesprochen worden sein; ob sie dies in oder außerhalb der Gerusie taten, wird mehr eine Frage der Gelegenheit als des Prinzips gewesen sein. In der Regel werden bei diesen Beratungen – vielleicht in Form der von Xenophon (Hellenika 3,3,8) erwähnten kleinen Ekklesie – die Könige und Ephoren anwesend gewesen sein, und vermutlich gab es nicht selten Meinungsverschiedenheiten zwischen den Adelsfamilien oder Königen, aber auch zwischen den jüngeren und älteren Vertretern. Wie Diodor (s. Quelle) bezeugt, konnte in solchen Fällen der Streit bis in die Volksversammlung verlagert werden. Dort hatten dann technisch zunächst die Ephoren als Vorsitzende das größte Gewicht; ob sie aber aus eigener Machtvollkommenheit Entscheidungen auch inhaltlich bestimmen oder gar gegen den Willen der Könige lancieren konnten, ist fraglich. Nur ganz selten hat die Volksversammlung eine Entscheidung abgesegnet, die *nicht* in Übereinstimmung mit der von den Königen formulierten Politik stand. Wir kennen lediglich den berühmten Fall des Jahres 432, in dem ein Ephor die Ekklesie zu seinen Gunsten und gegen den Ratschlag des Königs beeinflussen und zu einer entsprechenden Entscheidung veranlassen konnte (s. Quelle). Nach allem, was wir über die sozialen Voraussetzungen der spartanischen Politik wissen, müssen wir jedoch annehmen, dass der Ephor sich in diesen Fällen der Zustimmung eines großen Teils der einflussreichen Familien sicher und sein Vorgehen mit ihnen abgesprochen war.

Q

Die Rolle der Volksversammlung in Sparta
Diskussion über einen Krieg gegen Athen im Jahr 475/4
(Diodor 11,50,1–6)

Als eine Zusammenkunft der Gerusie stattfand, überlegten sie, ob sie Krieg gegen die Athener führen sollten (...). Als die Volksversammlung zusammenkam, waren die jüngeren Leute und die Mehrheit der anderen ebenfalls bereit, die Führung zurückzuerobern, weil sie glaubten, dass sie, wenn sie sich diese sichern könnten, großen Wohlstand genießen und Sparta ganz allgemein größer und mächtiger machen würden und dass der Wohlstand der einzelnen Bürger sehr zunehmen würde (...). Dennoch unternahm es Hetoimarides, ein Mitglied des Ältestenrates, der ein Abkömmling des Herakles war und unter den Bürgern wegen seines Wesens in großem Ansehen stand, den Rat zu geben, dass sie den Athenern die Führung überlassen sollten, weil es, wie er erklärte, nicht im spartanischen Interesse läge, Anspruch auf die Seeherrschaft zu erheben.

Q

Diskussion über einen Krieg gegen Athen im Jahr 432
(Thukydides 1,87)

(Der König hatte sich gegen, der Ephor Sthenelaidas für einen Krieg ausgesprochen).
Nach diesen Worten ließ er (sc. Sthenelaidas) als Ephor die Volksversammlung der Lakedaimonier zur Abstimmung schreiten. Er erklärte aber – man stimmt in Sparta durch Zuruf, nicht durch Stimmsteine ab –, er könne beim Rufen nicht unterscheiden, welche Partei die zahlreichere sei, und da er die Versammelten durch eine möglichst deutliche Kundgebung ihrer Meinung noch mehr für den Krieg einnehmen wollte, sagte er: „Lakedaimonier! Wer von Euch der Meinung ist, dass der Vertrag gelöst sei und die Athener sich schuldig gemacht haben, trete hierhin an diesen Platz" – damit bezeichnete er ihnen eine Stelle –, „und wer nicht dieser Meinung ist, trete auf die andere Seite". Alles stand auf und trat auseinander, und die Zahl derer, die den Vertrag als gebrochen erachteten, ergab sich als weit größer.

d) Die Entwicklung des spartanischen Kosmos

Neue Anforderungen

Die beschriebenen Entscheidungsprozeduren und Institutionen waren Teil der spartanischen Welt, des spartanischen Kosmos, der seit dem Erdbeben und dem Helotenaufstand der Jahre 464–462 wichtige Wandlungen erfuhr.

Das Erdbeben soll nach Diodor (11,63) 20000 Opfer gefordert haben, wohl eine zu hohe Zahl, die aber die enormen Verluste andeutet. Der Aufstand der messenischen Heloten – der von Sparta unterworfenen und in die Hörigkeit versetzten Ureinwohner von Messenien – war die größte Herausforderung, denen sich die Spartaner seit den ersten beiden messenischen Kriegen gegenüber sahen: ein Angriff auf die Grundlagen ihres Staates – und dies in einer Zeit, als sich Athen anschickte, zu einer bedrohlichen Konkurrenz aufzusteigen.

Die Reaktionen der Spartaner

Um die Spartaner gegenüber diesen Gefahren zu wappnen, wurden in den Folgejahren einige bereits länger bestehende Einrichtungen festen Regeln unterworfen und institutionalisiert. Neben der jährlichen Kriegserklärung an die Heloten spielte die Krypteia (s. Quelle) eine wichtige Rolle. Ursprünglich mag es sich um einen elitären aristokratischen Geheimbund gehandelt haben, der Formen der Initiation (der Jugendliche wird in die Welt der Erwachsenen eingeführt) mit einem militärischen Härtetest verband. Im Zuge der Poliswerdung hat man die Krypteia in die Kontrolle der Gesamtgemeinde eingebunden und spätestens im 5. Jahrhundert zu einer reglementierten, vormilitärischen Ausbildung umgewandelt. Sie sollte einerseits ausgewählte Spartiaten auf den Dienst in der Hoplitenphalanx vorbereiten und auf einen Kampf gegen die Heloten einschwören, andererseits die Überwachung der Heloten verbessern und deren Aufstände im Keine ersticken.

Gleichermaßen hat man das für alle Spartiaten geltende staatliche Erziehungswesen (*agoge*) weiter reglementiert und die durch das Erdbeben zerstörten Gebäude betont schlicht und schmucklos mit einfachen Werkzeugen wieder aufgebaut (Plutarch, Lykurg 13). Auch diese Maßnahmen zielten auf eine Disziplinierung des spartanischen Lebens und auf eine Konzentrierung der Kräfte angesichts der wachsenden Bedrohungen von innen (Heloten) und außen (Persien, Athen).

Q

Die Krypteia

(Plutarch, Lykurg 28)
Mit dieser Krypteia verhält es sich so: Die Oberen schicken von Zeit zu Zeit die verständigsten und kühnsten unter den Jungen, die nichts als einen Dolch und die notwendigsten Lebensmittel bei sich hatten, ohne besondere Ursachen aus, das Land zu durchstreifen. Diese zerstreuten sich überall, hielten sich den Tag über in Schlupfwinkeln verborgen und ruhten sich aus. Des nachts aber gingen sie auf die Wege und töteten alle Heloten, die ihnen in die Hände fielen. Zuweilen durchstreiften sie sogar die Felder und machten die stärksten und ansehnlichsten unter den Heloten nieder.

(Platon, Gesetze 633b-c)
Ferner wird nun noch von einer gewissen Geheimjagd gesprochen, die hinsichtlich des Ertragens von Schmerzen sehr anstrengend ist, nämlich verbunden mit Barfußgehen und Schlafen auf nacktem Boden im Winter und Diensten, die sich, ohne Diener, jeder selbst leisten muss, indem er bei Tag und Nacht im ganzen Land herumschweift.

Um dem (durch das Erdbeben forcierten) Rückgang der Zahl der Spartiaten entgegenzuwirken, ächtete man das Junggesellendasein (Plutarch, Lykurg 15) und erlaubte mehreren Brüdern, sich eine Frau zu teilen (so genannte *polyandria*; Polybios 12,6,8).

Stellung der spartanischen Frauen

Auch die für griechische Verhältnisse ungewöhnliche Stellung der spartanischen Frau erklärt sich letztlich aus dem Bemühen, die Frauen in das Ziel der Erhaltung und Stärkung der Spartiatenschicht mit einzubeziehen. Die Frauen mussten – so die Überzeugung – stark und selbstbewusst sein, wenn sie kräftige und erfolgreiche Spartiaten gebären sollten. Deshalb verpflichtete man auch die Mädchen, sich sportlich in denselben Disziplinen zu üben wie die Jungen, und konsequenterweise hatten sie dies öffentlich und unbekleidet zu tun. Auf ausländische Besucher wirkte dies schockierend. Der Vorwurf zügelloser Lasterhaftigkeit war schnell zur Hand. Vielleicht wollten die Spartaner tatsächlich durch erotische Signale eheliche Verbindungen unter den jungen Spartanerinnen und Spartanern forcieren; im Vordergrund stand jedoch die Vorstellung, die spartanische Gesellschaft könne nur überleben, wenn die Frauen sich in der gleichen Weise körperlich ertüchtigen und disziplinieren würden wie die Männer.

e) Die Heeresreform

Veränderungen vollzogen sich auch im Bereich des Militärwesens. *L. Thommen* hat darauf hingewiesen, dass ab der Mitte des 5. Jahrhunderts spartanische Siege bei den panhellenischen Wettkämpfen kaum noch erwähnt werden, und dies damit erklärt, dass die Spartiaten anstelle des Einzeltrainings zu einem stärkeren Drill im Heeresverband verpflichtet wurden. In die gleiche Zeit fällt eine große Heeresreform. In der Zeit der Perserkriege wurde die Armee noch nach den alten lokalen und von adligen Familien dominierten Bezirken, den Oben und Phylen, zusammengestellt. Die Aufgebote der Periöken („Umwohner") folgten in separaten Abteilungen; die Abteilungen der Spartiaten und Periöken werden als Lochoi bezeichnet. Das gesamte Heer bestand aus zehn Lochoi. An deren Stelle traten nach dem Erdbeben sechs Morai. Diese bzw. ihre Unterabteilungen (die zwölf „neuen" Lochen) wurden nicht mehr nach den alten geographischen Bezirken rekrutiert und nach spartiatischer und periökischer Herkunft getrennt zusammengestellt, sondern – vergleichbar der kleisthenischen Reform in Athen – gemischt.

f) Die *Homoioi*-Ideologie und die Verklärung der Vergangenheit

Die Eingliederung der Periöken als gleichberechtigte Kämpfer sollte ebenfalls den Schwund der Spartiatenzahlen angesichts gestiegener militärischer Anforderungen ausgleichen, sie beinhaltete aber auch Risiken. Denn in dem Maße, wie die Periöken eine militärische Aufwertung erfuhren, verlor der Bürgerverband der Spartiaten an Exklusivität (immerhin besetzten die Spartaner noch die ersten Reihen der Phalanx). Als Ausgleich begannen die Bürgerhopliten – folgt man der Interpretation *L. Thommens* – eine Ideologie zu entwickeln, die sie stärker gegenüber den Periöken abgrenzte: Sie bezeichneten sich als *homoioi*, als „Gleiche". Gleichheit meint hier in erster Linie soziale, nicht wie in Athen politische Gleichheit sowie gleiche Lebensauffassung und Lebenseinstellung, die sich mit den beschriebenen Veränderungen des spartanischen Lebens und der spartanischen Erziehung deckte.

Selbst wenn man die Spätdatierung nicht teilt – die *Homoioi*-Ideologie dürfte in jedem Falle dazu beigetragen haben, den Spartiaten neue Identifikationsmöglichkeiten zu bieten und den Ehrgeiz der Einzelnen besser in das Gesamtinteresse des Staates einzubinden. Das gleiche Ziel verfolgten die seit den Perserkriegen verstärkten Bemühungen, Kriegshelden wie Leonidas zu verherrlichen und die großen Taten der spartanischen Vergangenheit zu verklären, nur richteten sich diese Tendenzen nicht auf Einzelne, sondern auf die Gesamtheit der Spartiaten: Die Idealisierung der Vergangenheit schuf mit der *Homoioi*-Ideologie eine Gemeinschaftideologie, die das Streben des Einzelnen auf das gesamtstaatliche Interesse zentrieren sowie die Gesellschaft für die wachsenden Aufgaben wappnen sollte – ein typisch aristokratisches Kalkül, das wir auch innerhalb der römischen Nobilität der späten Republik wiederfinden. Auch diese versuchte die Machtansprüche herausragender Feldherrn sowie inneraristokratische Erosionserscheinungen durch Rückbesinnung auf (angeblich) alte Werte in Form des *mos maiorum* (Sitte der Vorfahren) einzudämmen. Wir haben gesehen (s. S. 38), dass sich auch in Athen vergleichbare Tendenzen entwickelten: Perikles versuchte den Ehrgeiz der Adligen auf den Ruhm der Polis einzuschwören und propagierte die politische Gleichheit und Freiheit aller Bürger als Staatsideal; die Akropolisbauten waren steinernes Zeugnis der glorreichen Zeit der Perserkriege: Wie in Sparta sollten die Vergegenwärtigung der Vergangenheit, ein exklusives Gleichheitsideal und der aktuelle Ruhm der Stadt die Kräfte für kommende Aufgaben bündeln.

g) Sparta und der Peloponnesische Bund nach 464

Bisher haben wir uns dem inneren Aufbau des spartanischen Staates gewidmet. Abschließend gilt es noch einen Blick auf die äußeren Verhältnisse zu werfen: Denn wie im Falle Athens macht erst das Wechselverhältnis von äußeren Anforderungen und innerer Entwicklung die Besonderheit Spartas in dieser Zeit verständlich.

Der Ausbau von Bündnissystemen bildete die dritte Möglichkeit, den veränderten Bedingungen der Außenpolitik zu begegnen. Sparta hatte seit der Mitte des 6. Jahrhunderts die arkadischen Städte, Mantineia, Orchomenes, Sikyon und Korinth in ein Bündnis gezwungen, das wir als Peloponnesischen Bund bezeichnen. Dieser Bund beruhte – hierin dem Delisch-Attischen Bund vergleichbar – auf unbefristeten Einzelverträgen und sicherte Sparta eine unangefochtene Hegemonialstellung: Sparta war die stärkste Militärmacht, nur Sparta konnte die Verträge kündigen und nur Sparta hatte mit allen Poleis Verträge geschlossen, während die Städte untereinander vertraglich selten verbunden, mitunter sogar verfeindet waren.

Vertragsklauseln

Die ältesten Klauseln der Verträge sollten Spartas Stellung in Lakonien sichern und gleichzeitig die Möglichkeit eröffnen, die Bundesgenossen zu gemeinsamen Kriegszügen zu bewegen. Zu Beginn stand die (uns aus den Verträgen Athens mit seinen Bündnern) bekannte Formel (s. S. 7), dass die jeweiligen Bündner „denselben zum Freund und zum Feind haben sollten" wie die Lakedaimonier. Mit „Feinden" waren neben traditionell feindlich gesinnten Poleis wie Argos wohl in erster Linie die Heloten gemeint; die Bündnispartner waren also auch bei dem alljährlich von den Ephoren erklärten Krieg gegen die Heloten (s. S. 65) zur militärischen Unterstützung verpflichtet. Die „Hegemonie-Klausel" verpflichtete die Verbündeten außerdem „zu folgen, wohin immer auch die Lakedaimonier führen, sowohl zu Wasser wie zu Lande", d. h. die Verbände der Bündner hatten sich im Kriegsfall dem Oberbefehl und den Kriegszielen Spartas unterzuordnen. Erst in der Mitte des 5. Jahrhunderts kam das Verbot hinzu, ohne Zustimmung Spartas einen Separatfrieden mit einem Kriegsgegner – also auch den Heloten – zu schließen. Ferner war es untersagt, flüchtige Feinde aufzunehmen. Damit waren wohl die von Sparta unterworfenen Messenier gemeint. Schließlich verpflichteten sich Sparta und die Bündnispartner, gegenseitig militärisch Hilfe zu leisten, wenn ihr Gebiet von einer dritten Macht angegriffen würde (Schutzklausel).

Deutlich ist an diesen Klauseln der unterschiedliche Charakter des Peloponnesischen Bundes gegenüber dem Delisch-Attischen Seebund zu erkennen. Während der Seebund von Beginn an einen *offensiven* Vergeltungskrieg auf seine Fahnen schrieb und die Bündner vor einer *äußeren* Macht – den Persern – schützen sollte, fehlte dem Peloponnesischen Bund ein derart eindeutiges äußeres Feindbild; im 5. Jahrhundert hatte er aus spartanischer Sicht eine defensive Grundtendenz, er sollte nämlich den Spartanern auch Schutz vor einem *inneren* Feind – den Heloten – gewähren. Hiermit verbindet sich die Tendenz der spartanischen Außenpolitik, sich auf die Sicherung der Peloponnes zu konzentrieren und auswärtige Operationen nur im Notfall zu unternehmen: Bezeichnenderweise führte Sparta die ägäischen Kriegszüge gegen die Perser als Hegemon des Hellenenbundes, eines für diesen Krieg geschaffenen Vertragswerkes, und hat sich nach der Erfüllung des Auftrages wieder auf die Peloponnes zurückgezogen.

Defensive Grundtendenz im 5. Jahrhundert

Diesen eher defensiven Grundcharakter hat der Peloponnesische Bund auch in der **Pentekontaetie** im Prinzip bewahrt. Die militärische Hilfeleistung *aller Bündner gegen die Heloten* und die Sicherung der spartanischen Hegemonie innerhalb des Bundes blieben die wichtigsten Ziele des Vertragssystems, eine grundlegende Veränderung hätte auch gegen die „ewige" Dauer der Verträge verstoßen. Stattdessen begann man, bestimmte Institutionen des Bundes, die bis dahin ein Schattendasein geführt hatten, mit neuem Leben zu füllen. Dies gilt besonders für die Bundesversammlung. Sie konnte nur von Sparta einberufen werden, sollte gemeinsame Feldzüge planen und beschließen und musste zusammentreten, wenn über einen Frieden zur Beendigung eines Bundeskrieges beraten werden sollte. Es wundert angesichts dieser Kompetenzen nicht, dass die Bundesversammlung im Laufe der Perserkriege sowie im Zuge der Konfrontation mit Athen immer größere Bedeutung gewann. Dieser Bedeutungswandel bestätigt im Vergleich mit dem delisch-attischen Synhedrion die gegensätz-

Bundesversammlung

liche Entwicklung der beiden Bündnissysteme: Der Seebund verfolgte eine genuin außenpolitische Zielrichtung und räumte dem Synhedrion zunächst aus organisatorischen Gründen (Einzug der Phoroi) ein nicht geringes Mitspracherecht ein. Die Athener haben jedoch diese Rolle in dem Maße stetig minimiert, wie sie ihre Hegemonie über den Seebund ausbauten. In Sparta verlief die Entwicklung umgekehrt: Ursprünglich als Instrument zur Sicherung Spartas in Lakonien und auf der Peloponnes konzipiert, wandelte sich der Peloponnesische Bund erst unter großen Widerständen im 5. Jahrhundert zu einer Organisation, die auch offensive Ziele verfolgen konnte. Dementsprechend nahm hier die Bedeutung der Bundesversammlung zu, während sie dort abnahm.

E

Pentekontaetie
Pentekontaetie nennt Thukydides (1,118,2) den Zeitraum von knapp fünfzig Jahren von der Schlacht bei Plataiai 479 bis zum Ausbruch des Peloponnesischen Krieges 431. In dieser Zeit erlebte Athen den Aufstieg zur maritimen Großmacht.

Geringe Chancen der Herrschaftsbildung

Das Problem des in der Mitte des 6. Jahrhunderts gebildeten Peloponnesischen Bundes bestand nun aber darin, dass er viel älter war als der Seebund und ihm die Instrumentarien und rechtlichen Rahmenbedingungen fehlten, um in ein straffes, von Sparta dominiertes Herrschaftssystem umgewandelt zu werden: Die Verträge sahen keine regelmäßigen materiellen bzw. finanziellen Abgaben vor, mit dessen Hilfe eine Bundeskasse oder ein Bundesschatz hätte aufgebaut werden können. Einerseits waren so dem Herrschaftsstreben Spartas innerhalb des Bundes Grenzen gesetzt. Dies zeigte sich deutlich vor großen Kriegen: Wir werden sehen, dass der Peloponnesische Krieg in Sparta nur mit Zustimmung der spartanischen Bundesgenossen beschlossen werden konnte, während in Athen ein Volksbeschluss ausreichte, die Bündner zur Heeresfolge zu verpflichten. Andererseits überstiegen kostspielige Feldzüge zumal auf See langfristig die Möglichkeiten des Bundes. War man dazu gezwungen, dann musste man Hilfe bei reicheren Mächten (wie Syrakus oder Persien) suchen, die sich ihre Unterstützung mit politischen Zugeständnissen vergelten ließen.

3. Zusammenfassung: Athen und Sparta – Zwei Antworten auf die Herausforderungen der Zeit

Parallele Entwicklungen

Die Entwicklung Spartas und Athens nach den Perserkriegen weist wesentliche Gemeinsamkeiten auf. Diese wurden von den Quellen athenischer Herkunft durch das Bemühen überdeckt, die positiven Eigenschaften der eigenen Polis durch die – meist negative – Überzeichnung spartanischer Eigenschaften stärker herauszustellen. Die Forschung beginnt seit einiger Zeit, sich von dieser Sichtweise zu lösen. Immer deutlicher wird, dass Sparta *und* Athen vielfach strukturell ähnliche Antworten auf die außenpolitischen Anforderungen fanden: Die auffälligste Parallele besteht darin, dass in der Zeit zwischen den Perserkriegen und dem Ausbruch des Peloponnesischen Krieges die Verfassungen *beider* Poleis eine Entwicklungsstufe erreichten, die schon von den Zeitgenossen als für das jeweilige Gemeinwesen typisch angesehen wurde. Beide Verfassungen reagierten auf außenpolitische und militärische Veränderungen, die sich im Zuge der persischen Invasion sowie (im Falle Spartas) der außergewöhnlichen innenpolitischen Belastungen der Folgezeit eingestellt hatten, und beide versuchten dabei, die seit der Archaik bestehende „Spannung zwischen gemeinsamer Aufgabe und (vornehmlich adligen) Individualrechten" (*H. Schäfer*) aufzuheben: Der Krieg mit den Persern hatte sowohl Athen als auch Sparta zu einer enormen Anspannung ihrer militärischen Kräfte gezwungen, hiermit aber auch ihren Heerführern Entfaltungsspielräume eröffnet, die den Zusammenhalt der Gemeinde gefährdeten. Sparta reagierte mit der Versachlichung politischer Entscheidungsprozeduren, förderte die Kooperation zwischen Ephoren und Königen und unterwarf politische bzw. militärische Alleingänge der Kontrolle der Adelsfamilien. Während in Sparta der Kampf gegen die Aufstände der Heloten alle Kräfte einte, dienten in Athen eine erfolgreiche maritime Machtpolitik sowie demokratische Kommunikationsszenarien (Reden vor der Volksversammlung und dem Gericht) dazu, einen Ausgleich zwischen adligen Interessen und politischem Anspruch des Volkes herzustellen. Die politischen bzw. institutionellen Maßnahmen wurden in beiden Poleis von der Weiterentwicklung einer politischen Ideologie begleitet, die im Falle Spartas die Gleichheit des Lebensstils der Spartiaten (*homonoia*) betonte, in Athen die *politische* Gleichheit (*isegoria, isonomia*) festschrieb und in die Auffassung von der Identität von Herrschen und Beherrschtwerden mündete. In beiden Gemeinwesen war die gleichberechtigte Beteiligung an der politischen Macht ein exklusives Privileg, das im Vergleich zur Gesamtbevölkerung nur einer kleinen Bürgerelite zugestanden wurde und sich gegenüber Außenstehenden (durch das perikleische Bürgerrechtsgesetz bzw. eine spezifische Lebensführung) abgrenzte. Diese Elite konnte sich kontinuierlich der Politik (und dem Krieg) widmen, weil ihnen eine große Zahl höriger Menschen – in Sparta die Heloten, in Athen die Kaufsklaven – die Arbeit auf dem Felde oder in der Stadt abnahm und mit den Periöken in Sparta bzw. den Metöken in Athen eine große Gruppe von Freien ohne Bürgerstatus das wirtschaftliche bzw. industrielle Leben in Gang hielt und sogar zur Verteidigung der Polis mit eingesetzt werden konnte.

Unterschiede zwischen Athen und Sparta

Ein offenkundiger Unterschied bestand im wirtschaftlichen und kulturell-geistigen Bereich. Nie hat Sparta im 5. Jahrhundert und danach die Energien entfalten können, die in Athen zum Ausbau der großen Feste, der monumentalen Architektur sowie zur Entwicklung von Tragödie und Geschichtsschreibung geführt haben, und niemals hat sich Sparta auch nur annähernd zu einem so pulsierenden Handels- und Wirtschaftszentrum wie Athen entwickeln können. Die Gründe hierfür sind mannigfaltig und mit der unterschiedlichen innenpolitischen und verfassungsrechtlichen Entwicklung sowie den naturräumlichen Bedingungen in Lakonien und Attika verwoben. Ein entscheidender Faktor war die konsequente Ausrichtung Athens aufs Meer seit Themistokles, ein Weg, den sich Sparta seit dem Hegemoniewechsel versperrte. Die Fixierung auf die Peloponnes und den Landkrieg sowie die hiermit verbundene Entwicklung einer auf Gleichheit und Nüchternheit gerichteten Ideologie bändigten alle Energien und ließen anders als in Athen wenig Entfaltungsspielräume außerhalb des militärischen Bereiches.

Auf der andere Seite war Athen alles andere als eine friedliebende, nur den Schönheiten geistiger Dinge zugewandte Polis: Die stets einsatzbereite Kriegsflotte, eine professionelle Schicht erfahrener Ruderer und Marineoffiziere sowie eine auf maritimen Erfolg und Machterweiterung gerichtete Ideologie machten Athen bei aller kulturellen Prachtentfaltung zu einem Staatswesen, in dem Krieg und militärische Opferbereitschaft jedes einzelnen Bürgers eine mindestens so große Rolle spielten wie in Sparta. Das so lieb gewonnene Bild des spartanischen Kriegerstaates ist zuallererst ein Produkt athenischer Quellen, die ganz bewusst die bürgerliche Seite Spartas ausblenden und von der eigenen Rüstungsbereitschaft ablenken wollen. Unbestreitbar ist in jedem Falle, dass Sparta *und* Athen in der Mitte des 5. Jahrhunderts zwei Poleis waren, die militärischen Idealen eine enorme Bedeutung zumaßen und diese Ideale auch praktisch umsetzten, allerdings mit unterschiedlichen Zielrichtungen: In Sparta spielte in der Regel die Absicherung des eigenen Staates gegen innere und äußere Gefahren die entscheidende Rolle, Athen hatte sich dagegen mit der Flotte und dem Seebund Machtinstrumente geschaffen, die der steten Bewährung bedurften und somit eine offensive, wenn nicht aggressive Grundkomponente hatten.

Bedeutung militärischer Ideale

Das Misstrauen der Nachbarn musste umso größer werden, als mit der Ausbildung der Demokratie das gesamte Volk über diese Machtinstrumente disponieren konnte. Die Entwicklung der Demokratie und der Ausbau der maritimen Herrschaft haben so mehr zur Verunsicherung in Griechenland beigetragen als Vertrauen erweckt. Ein großer Krieg lag immer in der Luft, und niemand dürfte überrascht gewesen sein, als er in den 430er Jahren tatsächlich erneut ausbrach.

III. Der Peloponnesische Krieg

1. Der Weg in den Krieg

435	(Sommer) Korinth erklärt Kerkyra den Krieg
	(Ende August) Seeschlacht bei Leukymne
434/3	Kallias-Dekret
August 433	Gesandtschaft der Korinther und Korkyräer in Athen. Epimachie zwischen Athen und Kerkyra
433 (?)	Megarisches Psephisma
	Seeschlacht bei den Sybota-Inseln
433	Athens Konflikt mit Poteideia
432	Spartanische Apella und die Bundesversammlung stellen den Bruch des Dreißigjährigen Friedens durch Athen fest
432/1	Letzte Verhandlungen der Kriegsparteien
431	Überfall der Thebaner auf Plataiai

a) Einführung

Im Frühjahr 431 beendete der Überfall einer thebanischen Truppe auf die attische Grenzstadt Potideia den Dreißigjährigen Frieden zwischen Athen und Sparta. Es begann der so genannte Peloponnesische Krieg. Er dauerte mit Unterbrechungen rund dreißig Jahre und zog in seinem Verlauf die gesamte griechische Welt und sogar die Reiche der Perser im Osten sowie mittelbar der Karthager im Westen in seinen Bann. Zu Recht hat man ihn deshalb als antiken Weltkrieg bezeichnet. Er bildet einen Wendepunkt der griechischen Geschichte und gehört bis heute zu den wichtigsten Forschungsgebieten der Althistorie.

Wir sind über die Zeit des Peloponnesischen Krieges gut informiert, weil ihn Thukydides, der bedeutendste Historiker der Antike, miterlebt und zum Thema einer gleichnamigen Monographie gemacht hat. Diese reicht zwar nur bis zum Jahre 411, wird aber durch die *Griechische Geschichte* (*Hellenika*) Xenophons weitergeführt und durch weitere Quellen wie Reden, Komödien und Inschriften ergänzt.

Thukydides über die Ursachen des Krieges

Thukydides hat eine eigene These über die Ursachen und die Verantwortung für den Ausbruch des Krieges entwickelt und an dieser den Aufbau seines Geschichtswerkes ausgerichtet. Demnach sei die „tiefere Ursache" des Krieges der unaufhaltsame Machtaufstieg Athens gewesen, der Sparta zum Losschlagen zwang, solange die Aussicht auf einen Sieg bestand; wir würden dies heute als Präventivschlag bezeichnen. An diese „tiefere Ursache" reihen sich mehrere „Streitpunkte" bzw. „öffentlich vorgebrachte Beschuldigungen" prominenter Mitglieder des Peloponnesischen Bundes gegen Athen an, die den schwelenden Konflikt eskalieren ließen und den Krieg in Gang setzten, aber nicht als entscheidende Ursache angesehen werden können.

Schon in der Antike gab es Stimmen gegen die einseitige Gewichtung der „Ursache“ gegenüber den „Streitpunkten“. In der Moderne hat man vor allem die Vorstellung eines zwangsläufigen Zusammenstoßes der beiden Machtblöcke nicht mehr ohne weiteres gelten lassen wollen; eine bis heute andauernde Forschungsdiskussion zog ferner viele Bereiche – insbesondere die der Wirtschaft und der Finanzen – in ihre Überlegungen mit ein, die Thukydides vernachlässigt hatte, und sie hat praktisch alle politischen Konstellationen durchgespielt, die als Ursache für den Ausbruch des Krieges in Frage kommen könnten.

Angesichts der Mannigfaltigkeit moderner Erklärungen und Interpretationen erscheint es sinnvoll, im Folgenden zunächst den Ablauf der Ereignisse, die zum Krieg führten, auf dem Hintergrund der vorangegangenen Entwicklung möglichst präzise zu rekonstruieren und zu interpretieren, und sich erst danach mit der Frage nach den tieferen Ursachen und der Verantwortung für den Kriegsausbruch, der „Kriegsschuldfrage“, zu beschäftigen.

b) Die Konflikte um Kerkyra

Die außenpolitischen Verwicklungen seit Ende der 460er Jahre und der Dreißigjährige Frieden hatten eines deutlich gezeigt: Athen und Sparta begannen, das griechische Mutterland in Einflussgebiete aufzuteilen, die Poleis des Dritten Griechenland lavierten zwischen den Fronten und versuchten, ihre Bewegungsfreiheit gegenüber der maritimen Expansionspolitik Athens aufrechtzuerhalten. Eine Schlüsselrolle spielte Korinth. Traditionell bildeten die Gewässer nordwestlich Griechenlands am Golf von Ambrakia eines der letzten machtpolitischen Reservate, in dem die Korinther unabhängig von den großen Bündnissystemen ihre Hegemonie zu wahren und als Kompensation für den Machtverlust in Mittelgriechenland auszubauen suchten. Spätestens seit der Besetzung von Naupaktos durch die Athen-freundlichen Messenier und der Expedition des Phormion an die Westküste in den 440er Jahren (s. S. 31) reagierten die maßgeblichen korinthischen Politiker äußerst sensibel auf jedes Anzeichen einer drohenden Machtkonkurrenz in diesem Raum.

Situation Korinths

Ihre Sorge erhielt zusätzlich Nahrung, als sich selbst innerhalb der eigenen Kolonien Emanzipationsbestrebungen bemerkbar machten. Eine besondere Gefahr barg die einstige Kolonie Kerkyra, eine Insel an der Westküste Griechenlands, die zu den wenigen Poleis zählte, die nach dem Frieden von 446/5 weder dem peloponnesischen noch dem attischen Bund angehörten. Kerkyra hatte sich seit längerem von Korinth lösen und zur Schutzmacht des in die Adria laufenden Seehandels aufschwingen können. Zu diesem Zweck unterhielt sie auch in Friedenszeiten eine Kriegsflotte von 120 Trieren, die nach eigener Einschätzung den Seestreitkräften Korinths überlegen waren.

Konflikt zwischen Korinth und Kerkyra

Das gespannte Verhältnis zwischen Kerkyra und Korinth drohte sich zu einer ernsten Krise auszuweiten, als sich in Folge eines Bürgerkrieges in Epidamnos (Durazzo) eine Partei an Korinth, die andere an Kerkyra um

Unterstützung wandte. Epidamnos zählte sowohl Kerkyra als auch Korinth zu ihren Mutterstädten. Beide Poleis sahen in diesem Konflikt eine Nagelprobe um die Vorherrschaft im westlichen Meer. Wer hier versagte und seine Hilfe verweigerte, würde erheblich an Prestige und Einfluss verlieren. Wirtschaftliche Motive dürften dagegen eine eher untergeordnete Rolle gespielt haben. Die Annahme, Korinth habe sich die Einfahrt ins Adriatische Meer sichern wollen, um an die Silbervorkommen in Illyrien zu kommen, ist von der Archäologie als unwahrscheinlich erwiesen worden; ebenso wenig plausibel ist die These, dass sich Korinth in Epidamnos ein Sprungbrett für den Westhandel nach Italien verschaffen wollte. Denn die korinthischen Kaufleute konnten auch von anderen Kolonien (wie Leukas) die Überfahrt antreten.

Korinth rüstete zunächst einen bewaffneten Kolonistenzug, der jedoch von kerkyräischen Truppen vor Kerkyra zurückgeschlagen wurde. Daraufhin erklärten die Korinther Kerkyra den Krieg, stachen mit 75 Schiffen in See, mussten aber erneut bei *Leukymne* (im Golf von Ambrakia) eine Niederlage hinnehmen. Korinth begann daraufhin ein drittes Mal zu rüsten, nun allerdings in ganz neuen Dimensionen: Binnen weniger Monate wurde ein Flottenprogramm von mindestens 100 Trieren aufgelegt, nach einem Jahr verfügte Korinth inklusive verbündeter Schiffe über 150 Einheiten – eine gewaltige Flotte, wie Thukydides (1,31) sagt: Es war die größte Kriegsflotte, die jemals eine einzelne Polis Griechenlands – außer Athen – auf Kiel gelegt hat.

Korinthisches Flottenbauprogramm

Das korinthische Flottenbauprogramm veränderte mit einem Schlag nicht nur das Machtgleichgewicht in den ionischen Gewässern, es bedrohte auch die Dominanz der athenischen Seeherrschaft: Die Korinther hatten nämlich nach Diodor/Ephoros (12,32) umfangreiche Holzlieferungen organisiert, aus zahlreichen Städten Schiffsbaumeister engagiert sowie nach Aussage der Kerkyräer begonnen, Ruderer nicht nur von ihren Verbündeten, sondern aus ganz Griechenland und sogar aus den Poleis des delisch-attischen Seebundes anzuwerben. Die Rüstungen der Korinther griffen damit in einen der sensibelsten Bereiche der athenischen Herrschaft über, nämlich in das maritime Potential des Seebundes. Tatsächlich haben die Korinther später die Peloponnesier von den Erfolgschancen eines Krieges mit dem Argument zu überzeugen versucht, dass man durch höhere Soldzahlungen die Matrosen der attischen Bundesstädte abwerben, Bündner zum Abfall bewegen und Athen damit handlungsunfähig machen könne (Thukydides 1,121–122).

Gesandte Kerkyras in Athen

So lag es aus der Sicht der Kerkyräer nahe, sich wegen des drohenden Angriffs der Korinther an Athen um Beistand zu wenden. Die kerkyräischen Gesandten wiesen vor der Athener Volksversammlung ausdrücklich auf die Ruderanwerbungen Korinths in der Ägäis hin. Ihre übrigen Argumente bezogen sie aus der Rechtslage des Dreißigjährigen Friedens. Demnach wären die Korinther die Aggressoren und hätten nicht einmal einem neutralen Schiedsspruch zugestimmt. Ein Bündnis Athens mit Kerkyra ließe sich dagegen mit den Vertragsbestimmungen vereinbaren, eröffneten diese doch Neutralen wie Kerkyra ausdrücklich die Möglichkeit, sich jeder Allianz ihrer Wahl anzuschließen. Ferner versuchten die Kerkyräer die Athener davon zu überzeugen, dass ein Krieg mit Sparta bzw. dem peloponnesischen Bund nicht mehr zu vermeiden sei und Athen deshalb im eigenen Interesse das Bündnis mit der zweitstärksten Flotte Griechenlands suchen müsse. „Es gibt" – so fassten die Kerkyräer ihre Argumente zusammen (Thukydides 1,36,3) – „drei bedeutende Flotten in Hellas, die eure, die unsere und die korinthische. Wenn ihr es geschehen lasst, dass zwei von ihnen sich vereinigen und die Korinther uns unterwerfen, so habt ihr einen Seekrieg gegen Kerkyra und die Peloponnes zugleich zu führen. Nehmt ihr uns aber in euren Bund auf, so könnt ihr mit einer um unsere Schiffe vermehrten Seemacht den Feinden gegenübertreten." Schließlich böte ein Bündnis mit Kerkyra den Athenern die Möglichkeit, militärische Hilfe für die Peloponnesier aus Unteritalien oder Sizilien zu unterbinden und stattdessen selbst Kriegsschiffe gen Westen zu führen.

Wir wissen zwar nicht, inwieweit Thukydides hier Argumente aus der späteren Diskussion um die große Sizilienexpedition den Gesandten in den Mund gelegt hat, doch ganz abwegig waren die Hinweise der Kerkyräer nicht: Athen hatte seit 462 sein Interesse an den Vorgängen im fernen Westen verstärkt (s. S. 30f.). Wenige Jahre vor den Konflikten um Kerkyra hatte Syrakus – ähnlich wie Korinth – ein Flottenbauprogramm von 100 Trieren aufgelegt (Diodor 12,30). Es diente zwar in erster Linie der Expansion auf der Insel, konnte aber aufgrund der traditionellen Verbindungen der Syrakusaner zu den Peloponnesiern von den Athenern auch als Verstärkung des Peloponnesischen Bundes interpretiert werden. Insofern war Vorsicht geboten und ein Verbündeter wie Kerkyra an der Überfahrt nach Griechenland hochwillkommen.

Gegenargumente der Korinther

Die Korinther bestritten energisch die von den Kerkyräern vertretene Auffassung, dass ein Krieg unvermeidlich sei; dieser würde erst durch ein Einschreiten Athens zu Gunsten Kerkyras heraufbeschworen. Ferner sei die von den Kerkyräern bemühte Klausel des Vertrages von 446, die Neutralen das Überwechseln in eines der Bündnissysteme erlaube, nicht auf die gegenwärtige Situation anwendbar, denn Kerkyra sei nicht mehr neutral, sondern befände sich in einem akuten Kriegszustand mit einem Mitglied eines Bündnissystems. Eine Allianz mit Athen verstoße damit zumindest gegen den Geist des Friedens.

Mit dieser Auffassung hatten die Korinther zweifellos Recht, und sie konnten umso mehr auf athenische Zustimmung hoffen, weil sie selbst den Athenern bei der Niederschlagung der Revolte auf Samos den Rücken freigehalten hatten. Tatsächlich lehnte die Athener Bürgerschaft das Bündnisangebot der Kerkyräer zunächst ab. Offensichtlich hatte sich die Auffassung durchgesetzt, dass ein Militärbündnis mit Kerkyra gegen den Dreißigjährigen Frieden verstoße, und die Athener auch bei einem Angriff Kerkyras zu militärischer Hilfe verpflichtet seien und sich somit von dem Gutdünken der Inselpolis abhängig gemacht hätten.

In einer zweiten Versammlung trat ein überraschender Stimmungsumschwung ein. Thukydides berichtet lakonisch, die Athener seien nun von der Notwendigkeit eines Krieges mit den Peloponnesiern überzeugt gewesen und hätten deshalb verhindern wollen, dass die Flotte Kerkyras in die Hände der Kriegsgegner fallen würde (s. Quelle). Ein militärisches Treffen zwischen Korinth und Kerkyra sei in jedem Fall zu begrüßen, weil sich so die Seestreitkräfte der Kontrahenten gegenseitig aufrieben: Auch das geostrategische Argument der Kerkyräer schien nun zu fruchten. „Schließlich“ – so Thukydides 1,44 – „lag Kerkyra, wie die Athener einsahen, sehr bequem an der Fahrtstraße nach Italien und Sizilien.“ Offensichtlich ging es den Athenern darum, sich mit Kerkyra einen Brückenkopf zu verschaffen, von dem aus sie Übergriffe der syrakusanischen Flotte sowie Holzlieferungen für den Bau der korinthischen Kriegsschiffe stören und bei günstiger Gelegenheit selbst im Westen aktiv werden konnten.

Q

Die Athener entscheiden sich für ein Defensivbündnis mit Kerkyra
(Thukydides 1,44)

Die Athener hörten beide Reden (der Korinther und der Kerkyräer) an, und es wurden zwei Volksversammlungen abgehalten. In der ersten erklärte man sich mehr für die Rede der Korinther, in der zweiten aber änderte man den Beschluss. Zwar wurde mit Kerkyra nicht ein Bündnis in dem Sinne geschlossen, dass Freunde und Feinde beiden gemeinsam seien, aber ein Schutzvertrag abgeschlossen, nach dem einer den anderen beistehen sollte, wenn Kerkyra oder Athen oder ihre Bundesgenossen angegriffen würden. Man sagte sich nämlich, dass der Krieg mit den Peloponnesiern in jedem Fall kommen werde, und wollte daher nicht, dass Kerkyra mit seiner starken Flotte den Korinthern in die Hände falle. Vielmehr wollte Athen die Peloponnesier möglichst untereinander aufhetzen, damit, wenn der Krieg unvermeidlich werde, Korinth und die anderen Seemächte geschwächt seien. Außerdem lag Kerkyra, wie die Athener einsahen, sehr bequem an der Fahrtstraße nach Italien und Sizilien gegenüber.

Epimachie zwischen Athen und Korinth

Um jedoch einen direkten militärischen Konflikt zu vermeiden, beschloss die Volksversammlung anstelle der **Symmachie** – zum ersten Mal in der griechischen Geschichte! – ein Defensivbündnis (**Epimachie**). Diese verpflichtete die Vertragspartner nur dann einzugreifen, wenn sie von einer dritten Macht angegriffen würden. Rechtlich waren es nun die Korinther, die bei ihrem geplanten Angriff auf die kerkyräische Flotte die Athener zum Eingreifen zwangen und letztlich die Schuld an der militärischen Eskalation tragen würden.

E

Symmachie und Epimachie
Als Symmachie (Kampfgemeinschaft) bezeichnete man die am häufigsten abgeschlossene Bündnisform zwischen zwei Poleis. Im Mittelpunkt der Verpflichtungen stand der Kampf gegen einen gemeinsamen Feind. Auch die großen Bündnissysteme basierten auf solchen Verpflichtungen. Die Epimachie (Defensivbündnis) war eine Sonderform der Symmachie, die erst dann in Kraft trat, wenn ein Vertragspartner von einem Dritten angegriffen wurde.

Leider gibt Thukydides keine Hinweise darauf, wer hinter diesen Überlegungen stand und für den Stimmungsumschwung verantwortlich war. Deutlicher ist Plutarch. Nach seiner Version habe Perikles die Athener zum Bündnis mit Kerkyra überredet, weil ein offener Krieg mit den Spartanern unmittelbar bevorstehe (Perikles 29,1). Diese Überlegungen sowie die Kontrolle der wichtigen Seehandelsrouten lagen ganz auf der Linie athenischer Außenpolitik, wie sie seit den 440er Jahren befolgt worden war. Perikles dürfte ferner als Reaktion auf das korinthische Flottenbauprogramm die athenischen Marinerüstungen forciert haben: Wenige Monate vor der Gesandtschaft der Kerkyräer beschloss die Volksversammlung auf Antrag eines gewissen Kallias, sämtliche Gelder, die noch nicht von den Hellenotamiai an die Athena überwiesen waren, sowie alle anderen Einkünfte, die man der Gottheit schuldete, unverzüglich zurückzuzahlen und die überschüssigen Gelder für den Bau von Werften und Mauern zu verwenden (HGIÜ Nr. 92, S. 64 ff.). Damit wurde die seit den 440er Jahren eingeleitete Konzentration der finanziellen Ressourcen noch einmal verstärkt. Dies und die Epimachie mit Kerkyra waren eine deutliche Warnung an Korinth, dass die Athener keinerlei Einmischungen in ihren Machtbereich dulden würden und jederzeit im Westen zum Gegenschlag ausholen könnten.

c) Das megarische Psephisma

Genau in diesen Rahmen passt eine weitere Maßnahme, die sich kurz nach dem Abschluss der Epimachie (im Sommer 433) gegen ein anderes Mitglied des Peloponnesischen Bundes richtete, nämlich Megara. Die Megarer pflegten seit dem Wiedereintritt in den Peloponnesischen Bund gute Beziehungen zu Korinth und hatten die Stadt bei der ersten Expedition gegen Kerkyra mit acht Kriegsschiffen unterstützt; später sollten weitere zwölf hinzukommen. Schon allein dies musste den Argwohn Athens erregen. Megara besaß ferner zahlreiche Kolonien (Selymbria, Astakos, Chalkedon, Byzantium, Mesambria, Heraklea Pontica) im Gebiet des Attischen Seebundes, vor allem im Bereich der nördlichen Ägäis und des Schwarzmeergebietes, also genau dort, wohin Perikles in den 440er Jahren die athenische Macht zur Sicherung der Getreidehandelswege ausgeweitet hatte.

Rolle der megarischen Kolonien

Die wichtigste, an den Meerengen gelegene Kolonie Byzantium war erst vor rund zehn Jahren (möglicherweise mit Unterstützung Megaras) vom Seebund abgefallen und von den Athenern mit Gewalt wieder eingegliedert worden. Wenn demnach Megara die Korinther – vielleicht aus einer solidarischen Furcht kolonialer Mutterstädte gegenüber dem aggressiven Auftreten Athens – mit Schiffen unterstützte, dann darf man auch vermuten, dass sie den Korinthern half, Matrosen innerhalb des Seebundes anzuwerben. Als geeignete Objekte boten sich ihre seekriegserfahrenen Kolonien in der nördlichen Ägäis wie von selbst an. Ist diese Vermutung richtig, dann hätten damit zum ersten Mal die beiden einzigen Mitglieder des Peloponnesischen Bundes, die über eine nennenswerte Flotte verfügten, direkt in das Gebiet des Seebundes einzugreifen versucht, um Matrosen und andere maritime Ressourcen für ihre Zwecke abzuzweigen.

Die Reaktion der Athener ließ nicht lange auf sich warten. Die Volksversammlung erließ auf Antrag des Perikles ein Dekret mit weitreichenden Konsequenzen. Da ein athenischer Volksbeschluss „**Psephisma**" genannt wurde und sich auf Megara bezog, nennt man diesen Beschluss „megarisches Psephisma". Sein Wortlaut ist aus mehreren Quellen zu rekonstruieren: Die Megarer beklagten sich 432 nach Thukydides (1,67,4) gegenüber den Spartanern: „(...) vor allem würden sie von den Häfen des athenischen Reiches und von der attischen Agora ausgeschlossen gegen den Vertrag." Thukydides (1,139,1–2) lässt eine spartanische Gesandtschaft 432/1 in

Athen erklären: „Der Krieg sei vermeidbar, wenn der Beschluss über die Megarer aufgehoben würde, der lautete: sie seien ausgeschlossen von allen Häfen des Attischen Reiches und vom Handel in Attika", und Perikles antwortete: (Thukydides 1,144,2): „Wir würden die Megarer zu unseren Märkten und Häfen zulassen, wenn auch die Lakedaimonier keine Fremden mehr (...) auswiesen."

E

Psephisma
Als Psephisma wird ein Dekret bezeichnet, das von der Athener Volksversammlung – seltener vom Rat – beschlossen wurde.

Inhalt und Auslegung des Psephismas

Die Interpretation dieser Passagen und des Psephismas gehört zu den umstrittensten Problemen der griechischen Geschichte. Die meisten verstehen unter *agora* nicht die Agora Athens im engeren Sinne, sondern Handelsplatz und im übertragenen Sinne den Handel der Stadt. Die Megarer wären demnach von allen Häfen und Handelsplätzen der Bündner einschließlich Athens und damit vom gesamten Handel in der Ägäis ausgeschlossen worden.

Welche Ziele verfolgten die Athener mit diesen Maßnahmen? Einige Forscher weisen daraufhin, dass Athen ähnliche Waren exportierte und importierte wie Megara und somit durch den Handelsboykott möglicherweise megarische Handelspartner auf seine Seite zu ziehen sowie die Stadt in Versorgungsnöte zu bringen versuchte. Eine solche Argumentation lässt jedoch wichtige Aspekte außer Acht. Handelspolitische Erwägungen waren nur dann Gegenstand des außenpolitischen Entscheidungsprozesses, wenn sie sich auf Getreide oder Holz bezogen. Athen exportierte aber Naturprodukte wie Wein und Öl; außerdem Fertigwaren wie Waffen, Keramik, Möbel (s. S. 35). An diesem Export waren in der Mehrzahl nicht Athener Bürger, sondern Metöken beteiligt. Selbst wenn diese eine gezielte Schwächung megarischer Konkurrenten angestrebt hätten, dann wäre ihr Einfluss viel zu gering gewesen, um ihrem Ziel in der Volksversammlung politisches Gewicht zu verschaffen. Ferner hätte Megara bei einer Sperre der Ägäis die Handelswege gen Westen über Korinth benutzen und sich fremder Händler bedienen können, um Versorgung und Handel zu sichern; denn nachweislich waren in Megara (wie in Athen) Metöken im Überseehandel engagiert. All dies spricht eher dagegen, dass Perikles und seine Berater gezielt den Handel der Megarer zerstören oder die Stadt in kurzer Zeit aushungern wollten. Die von den Quellen erwähnten wirtschaftlichen Schäden und Nöte der Megarer lassen sich auch ohne die Annahme eines Handelsboykotts hinreichend durch die Einfälle der Athener in die Megaris zu Beginn des Peloponnesischen Krieges erklären.

Berücksichtigt man die außenpolitische Gesamtlage und die Politik Athens der vergangenen Jahre, so dürfte vielmehr Perikles in erster Linie beabsichtigt haben, allen Bemühungen Megaras einen Riegel vorzuschieben, die darauf abzielten, den Korinthern die Ressourcen der Ägäis über die Vermittlung der Tochterstädte zugänglich und die im Seebund gelegenen Kolonien den Athenern abspenstig zu machen; dies entsprach auch dem seit den 450er Jahren entwickeltem Konzept des „mare clausum" (s. S. 29f.). Im Gegenzug nahm er die Option (Ps.-Xenophon, Athenaion politeia 2,11; Thukydides 1,12) wahr, Korinth und Megara Zug um Zug von der Getreide- und Holzzufuhr abzuschneiden und damit die beiden einzigen Seemächte des Peloponnesischen Bundes an dem Ausbau ihrer Kriegsflotten zu hindern. Genau dies war auch der gemeinsame Nenner des megarischen Psephisma und der Epimachie mit Kerkyra: Dieses konnte die Holz- und Getreidezufuhren aus dem sizilischen und illyrischen Raum, jenes aus dem pontischen, thrakischen und makedonischen Gebiet unterbinden.

Im Vordergrund standen also machtpolitische und militärische Ziele, die man durch wirtschafts- bzw. handelspolitische Maßnahmen zu erreichen suchte, aber nicht umgekehrt wirtschaftliche Ziele, die man mit politischen und/oder militärischen Mitteln erstrebte. Deutlich werden ferner die neuen Dimensionen griechischer Außenpolitik, die sich seit der Entdeckung des Meeres als Herrschaftsraum durch Athen ergeben hatten: Hinter der offiziellen und lokalen Politik tobte ein „kalter Krieg" um materielle Ressourcen, der bereits jetzt weit über das griechische Mutterland hinausgriff.

d) Die Ereignisse um Potideia

Der dritte Konflikt entwickelte sich – nach dem vorangegangenen Ereignissen fast folgerichtig – in der nördlichen Ägäis, also dort, wo die Handelsströme aus dem Schwarzen Meer entlangliefen und mit den thrakischen und makedonischen Wäldern die zentralen Holzreserven der griechischen Welt lagen. Dieser Raum drohte, in die bestehenden Spannungen mit einbezogen zu werden, als die Situation im Westen eskalierte: Ende August 433 hatten die Korinther erwartungsgemäß die korkyräische Flotte bei den Sybotainseln zurückdrängen können, waren aber in der letzten Phase der Schlacht durch das Eingreifen zehn athenischer Schiffe am vollständigen Sieg gehindert worden. Als ein zusätzliches Athener Geschwader von 20 Schiffen in Sicht kam, zogen sich die Korinther zurück. Kerkyras Position war gerettet und Korinth erneut gedemütigt.

Situation im Norden des Seebundes

Es war abzusehen, dass die Korinther nun direkter auch Athen ins Visier nahmen. Zu Gute kamen ihnen dabei die angespannte Lage im nördlichen Bereich des Seebundes sowie unerhoffte Bundesgenossen: Perdikkas, der König von Makedonien und Herrscher über die wichtigsten Holzressourcen der Ägäiswelt, hatte im Spätsommer 433 gehofft, aus dem sich anbahnenden Konflikt zwischen Korinth und Athen Kapital schlagen zu können, und den Korinthern Unterstützung versprochen, falls sich ihre Kolonie Potideia auf der Chalkidike gegen Athen erheben würde. Diese war – wie die nordägäischen Kolonien Megaras – auch Mitglied des Delisch-Attischen Seebundes in einem strategisch sensiblen Gebiet: Potideia bildete – so Thukydides 1,68,4 – für die Athener einen „überaus günstigen Standort für Unternehmungen in Thrakien", also Ausgangspunkt für ein Ausgreifen in die thrakischen Wald- und Mineralreichtümer, beides wichtige Ressourcen für den Flottenbau. Und die Kolonie barg – wie Kerkyra – ein nicht zu unterschätzendes maritimes Potential: Die Korinther eröffneten später den Spartanern, dass Potideia „den Peloponnesiern eine gewaltige Flotte hätte liefern können".

Es wundert so angesichts dieser strategischen und militärischen Bedeutung der Stadt nicht, dass die Korinther traditionell ihre Beziehungen zu Potideia durch die jährliche Aussendung von Beamten (Epidemiurgen) besonders eng zu gestalten versuchten. Athen verlangte nach der Schlacht bei den Sybotainseln im Herbst 433 von den Potideiern, diese Beamten auszuweisen, die Mauern auf der Seeseite zu schleifen und Geiseln zu stellen. Denn die Athener – so Thukydides – rechneten nach den Ereignissen bei den Sybotainseln fest mit der Feindschaft der Korinther und fürchteten, ein Abfall Potideias könne auch die übrigen Bundesgenossen in Thrakien wankelmütig machen. Das Kalkül, das hinter den Maßnahmen Athens stand, ist so im Prinzip mit dem des megarischen Psephisma vergleichbar. Man wollte der Gefahr begegnen, dass Korinth an der Nordflanke des Seebundes zusammen mit Megara und dem Makedonenkönig zunächst Potideia und danach andere Städte dieses Raumes zum Austritt aus dem Seebund bewegen würde. Die Niederreißung der Mauern zur Seeseite verschaffte Athen jederzeit die Möglichkeit, dieser Entwicklung zuvorzukommen und die Stadt zu besetzen.

Maßnahmen Athens gegen Potideia

Eskalation des Konfliktes

Die Potideier weigerten sich, die Forderungen Athens zu erfüllen und baten stattdessen Korinth und nun auch Sparta um militärische Unterstützung. Korinth schickte eine Expeditionstruppe von 1600 Hopliten, 400 Leichtbewaffneten und Söldnern; Sparta versprach – wie seinerzeit in den sechziger Jahren gegenüber dem rebellierenden Thasos (Thukydides 1,101; s. S. 12 f.) – bei einem Angriff Athens in Attika einzumarschieren. Daraufhin erklärten die Potidaier ihren Austritt aus dem Seebund. Athen reagierte mit der Entsendung von 40 Schiffen mit 2000 Hopliten und konnte die Stadt und das korinthische Hilfskorps nach einer erfolgreichen Schlacht Ende September vollständig einschließen.

e) Die Diskussionen in Sparta und der Kriegsbeschluss

„Jedoch"– so resümiert Thukydides (1,66) – „war der eigentliche Krieg noch immer nicht ausgebrochen; noch herrschte Waffenstillstand"; denn die Korinther hatten bisher auf eigene Faust gehandelt. Sparta hielt sich an seine Linie der 440er Jahre und griff trotz seiner Versprechungen nicht in den Konflikt ein. Völkerrechtlich herrschte nach wie vor Frieden.

Um dies zu ändern, führten die Korinther mit den Megarern und anderen unzufriedenen Bundesgenossen (Aigina) im Sommer 432 vor einer Volksversammlung der Spartaner heftige Klagen gegen die Athener und forderten die Spartaner auf, endlich militärisch aktiv zu werden. Eine ebenfalls in Lakonien weilende athenische Gesandtschaft erklärte die Vorwürfe der Korinther und Megarer für haltlos – die Vorkommnisse in Potideia seien übliche Begleiterscheinungen von Herrschaft – und verlangten gemäß des Vertrages von 446/5 die Einberufung eines Schiedsgerichtes.

In der sich anschließenden Beratung der spartanischen Apella waren die Meinungen geteilt. Eine Gruppe der Älteren unter König Archidamos erklärte, Sparta sei angesichts mangelnder Rüstungen sowie fehlender finanzieller und materieller Ressourcen erst in zwei bis drei Jahren für einen Krieg mit Athen gewappnet. Am Ende setzte sich die Gruppe der Kriegswilligen durch, viele von ihnen offenbar jüngere Spartiaten, die an den Kämpfen gegen Athen in den 450er Jahren nicht teilgenommen hatten (Archidamos nennt sie die „Unerfahrenen“). Ihr Wortführer, der Ephor Sthenelaidas, hielt eine Zurückweisung der spartanischen Bundesgenossen für politisch gefährlicher als ein weiteres Zögern wegen unzureichender militärischer Vorbereitungen. Er konnte schließlich einen Beschluss der Apella durchsetzen, wonach Athen im Unrecht sei, den Dreißigjährigen Frieden gebrochen habe und deshalb der Bund über den Krieg entscheiden solle. Dieser Beschluss wurde auf einer Versammlung des Peloponnesischen Bundes durch die Voten der einzelnen Mitglieder in eine förmliche Kriegserklärung umgesetzt.

Noch einmal verging allerdings ein Jahr, eine Zeit, die man der Gruppe um Archidamos zugebilligt hatte, um ihr Konzept – Rüstung im Stillen und offizielle Verhandlungen – zu erproben. Die Athener Volksversammlung wies jedoch unter dem Einfluss des Perikles alle spartanischen Minimalforderungen zurück: Weder die Beendigung der Belagerung von Potideia noch die Zurücknahme des megarischen Psephismas noch die Zusicherung der Autonomie der Seebundpoleis schienen es wert, den Frieden zu retten. Im Frühjahr 431 überfielen 100 Thebaner die Stadt Plataiai und eröffneten den Peloponnesischen Krieg.

2. Die Ursachen des Krieges

a) Die These des Thukydides: Der Machtaufstieg der Athener und der (erzwungene) Präventivschlag der Spartaner

Der folgende Krieg war „bei weitem die gewaltigste Erschütterung für die Hellenen und einen Teil der Barbaren, ja sozusagen unter den Menschen überhaupt“ (Thukydides 1,1,2). Thukydides begnügte sich deshalb nicht damit, die Ereignisse, die zum Krieg führten, zu schildern, sondern fragte nach den tieferen Ursachen und eröffnete damit eine Problemstellung, die bis heute richtungsweisend geblieben ist.

Q

Thukydides über die Anlässe und Ursachen des Krieges
(Thukydides 1, 23)

Den Anfang machte die Lösung des dreißigjährigen Vertrages, den die Athener und die Peloponnesier nach der Eroberung von Euböa geschlossen hatten. Warum sie ihn lösten, welches die Ursachen und welches die Streitpunkte waren, will ich jetzt zuerst erzählen, damit niemand mehr fragt, wie denn ein solcher Krieg in Hellas entstehen konnte. Der eigentliche, wenn auch nie offen ausgesprochene Grund war meines Erachtens das Hochkommen Athens, das den Spartanern Angst einflößte und sie in den Krieg trieb. Die offen anerkannten Gründe jedoch, die die Lösung des Vertrages und den Ausbruch des Krieges veranlassten, waren auf dieser und auf jener Seite folgende. (Es folgen die Ereignisse um Kerkyra und Potideia.)

Die Ursachen des Krieges bestanden seiner Ansicht nach in dem Machtzuwachs Athens, der die Spartaner zum Krieg zwang (s. Quelle). Diese Auffassung wird noch heute von den meisten Forschern geteilt. Die Entwicklung lässt sich mindestens bis zum Hegemoniewechsel des Jahres 478/7 zurückverfolgen, als Athen den Kampf gegen Persien weiterführte und den Seebund gründete. Dementsprechend hat Thukydides die Pentekontaetie unter dem Aspekt des Machtzuwachses Athens und der zunehmenden Spannungen mit Sparta gestaltet. Dennoch müssen wir uns fragen, ob diese These zutrifft und ob Sparta wirklich im Jahre 332 nur im Krieg die Chance sah, sich der erdrückenden Macht Athens zu erwehren. War der Machtaufstieg Athens tatsächlich so bedrohlich, dass er Sparta in den Krieg zwang?

Tatsächliche Ziele der athenischen Außenpolitik

Die Ereignisse nach dem Kerkyrakonflikt sprechen zunächst gegen diese These und auch eine Rekapitulation der Zeit nach 462/1 lässt Zweifel aufkommen: Das Hauptinteresse der athenischen Außenpolitik richtete sich nicht auf territoriale Gewinne, sondern auf die Ausweitung und Absicherung der maritimen Einflusssphäre. Spätestens seit dem Aufstieg des Perikles bestand das wichtigste Ziel darin, konkurrierende Seemächte wie Korinth und Megara zu schwächen, auszuschalten oder in den attischen Seebund hinüberzuziehen. Im Westen versuchte man günstig gelegene Stützpunkte wie Naupaktos zu gewinnen, um von hier aus im Kriegsfall mit der Flotte aktiv zu werden und die Getreide- und Holzzufuhr nach Korinth bzw. auf die Peloponnes zu unterbinden. Allerdings hat Athen keineswegs alle möglichen Objekte angegriffen oder in den Bund einzugliedern versucht; Kerkyra mit seiner über 120 Einheiten starken Flotte wurde erst 434 auf dessen Initiative als Bundesgenosse akzeptiert! Die übrigen Aktivitäten Athens zielten auf die innere Konsolidierung des Seebundes in der Ägäis sowie die Erschließung der Pontosregion. Die meisten dieser von Athen anvisierten Räume, Einflusssphären und Küstenzonen lagen weitgehend außerhalb der spartanischen Sicherheitsinteressen; auch die Verwicklungen in Kerkyra und Potideia in den 430er Jahren gefährdeten kaum die Stellung Spartas auf der Peloponnes.

Zu Lande dürfte Sparta nach dem Verlauf des 1. Peloponnesischen Krieges noch weniger Anlass zur Sorge gehabt haben. Sämtliche Versuche Athens, in Mittelgriechenland Fuß zu fassen, waren gescheitert. Sparta und seine Verbündeten hatten die athenische Landarmee zweimal – bei Tanagra im Jahr 457 und zehn Jahre später bei Koroneia – überzeugend besiegen und zum Rückzug zwingen können. Der Zenit der athenischen Machtentfaltung schien damit überschritten. Das spartanische Heer konnte fast widerstandslos nach Attika eindringen und hätte Athen in höchste Bedrängnis gebracht, wenn nicht Perikles durch sein Verhandlungsgeschick einen Frieden erreicht hätte. 446 verzichteten die Athener auf Megara und unternahmen seitdem nichts zur Verbesserung ihrer Position auf der Landenge. Ein starkes Gegengewicht gegen alle athenischen Ambitionen bildeten schließlich die Thebaner. Wenige Spartaner dürften so daran gezweifelt haben, dass man im Krisenfall einen Einmarsch nach Attika problemlos wiederholen und Athen erneut zum Frieden zwingen könne. Schon *Ed. Meyer* kritisiert deshalb Thukydides mit den Worten: „Aber er übersieht dabei, dass Athens Macht seit 455 nicht mehr gewachsen, sondern im Frieden von 446 beträchtlich zurückgegangen ist und dass Athen sich seither aller Übergriffe enthalten hat."

b) Sparta als Aggressor?

Wenn demnach nach 446 von einer objektiven (realen) Bedrohung Spartas durch Athen kaum die Rede sein kann, dann bleibt die Möglichkeit, dass die Spartaner einen solchen Machtaufstieg subjektiv als real empfanden oder ihn als Vorwand benutzten, um ihrerseits eine aggressive, gegen Athen gerichtete Außenpolitik zu betreiben, die schließlich in den Krieg mündete. Diese These von Sparta als dem Aggressor und dem Hauptschuldigen am Ausbruch des Krieges ist bereits von *Ed. Meyer* geäußert, in jüngerer Zeit von *G. E. M. de Ste. Croix* auf breiter Basis ausgebaut und von *J. B. Salmon* in seinem Standardwerk über Korinth akzeptiert worden.

Rolle der kriegswilligen Spartaner

Man nimmt an, dass es in der Gerusie eine einflussreiche Gruppe kriegsbereiter – vornehmlich jüngerer – Spartiaten gab. Wir finden sie bereits im Jahre 475 bei der Diskussion um die Frage, ob man den Symmachiewechsel mit einem Feldzug gegen Athen beantworten sollte (s. S. 5f.). 462 konnten sie durchsetzen, dass das athenische Hilfskorps unter Kimon zurückgeschickt wurde, und in der Folgezeit waren sie es, die den rebellierenden Mitgliedern des Seebundes Hilfe versprachen und jede Gelegenheit nutzten, um den Einfluss ihrer Heimatstadt auch mit militärischen Mitteln zu vergrößern. Doch erst mit massiver Rückendeckung der Korinther gelang es ihnen 332, sich gegen die retardierenden Traditionalisten unter König Archidamos durchzusetzen und Sparta in den Krieg zu drängen.

Den Athenern waren die Ziele dieser Gruppe zweifellos bekannt. Alle Maßnahmen Athens – angefangen von dem Bau der Langen Mauern über die Bündnisse mit Argos, Thessalien und Megara sowie der Befestigungen der megarischen Häfen – wären demnach Abwehrmaßnahmen gegen eine drohende Invasion der Truppen des Peloponnesischen Bundes gewesen. Nur diese Maßnahmen hätten verhindert, dass die Spartaner während des 1. Peloponnesischen Krieges zunächst nicht nach Attika eingefallen wären. Erst als Megara 446 aus dem athenischen Bündnissystem ausschied und als zentraler Pfeiler der Abwehr ausgefallen war, marschierten die Spartaner in Richtung Athen und konnten von Perikles nur mit Bestechungen zum Abschluss eines Friedensvertrages überredet werden. Bezeichnenderweise wurden Pleistonax und Kleandridas nach ihrer Rückkehr zu hohen Geldstrafen verklagt: Offensichtlich war eine Mehrheit der Spartaner der Meinung, sie hätten eine große Chance vertan, Athen nachhaltig zu schaden.

Probleme der These

Das entscheidende Problem dieser These besteht darin, Ursache und Wirkung sowie die zeitliche Abfolge außenpolitischer bzw. militärischer Reaktionen zu bestimmen. Musste sich Athen verteidigen, weil Sparta anzugreifen drohte, oder griffen die Spartaner an, weil sie sich von den Athenern eingekreist fühlten? Sind die athenischen Befestigungen auf dem Isthmos reine Verteidigungsmaßnahmen gegen einen spartanischen Angriff oder sollten sie das athenische Vordringen gegen eine mögliche Revanche absichern? In der politischen Praxis werden sich diese Abgrenzungen in Defensive und Offensive häufig vermischt haben, doch insgesamt hat es den Anschein, dass die spartanische Außenpolitik eher reagierte, als selbst die Konflikte zu suchen. Tatsächlich hatte Sparta nach dem Helotenaufstand ganz andere Sorgen, als sich offensiv gegen Athen zu wenden, während sich in Athen mit dem Sturz Kimons ein eindeutiger außenpolitischer Kurswechsel gegen Sparta vollzog. Zumindest das Bündnis mit Argos – dem Erzfeind Spartas auf der Peloponnes – kann kaum anders als eine einseitige Provokation verstanden werden. Unter diesen Umständen ist es umso bemerkenswerter, dass sich die Spartaner auch in der Folgezeit mit militärischen Reaktionen zurückhielten: Weder ein persischer Bestechungsversuch im Jahre 456 noch die Schwäche Athens nach der ägyptischen Katastrophe 454 und in Folge der Abfallsbestrebungen der kleinasiatischen Bundesgenossen haben Sparta zu einer Intervention bewegen können, und dies obwohl Perikles Sikyon angegriffen und Achaia auf die Seite Athens gebracht hatte. Erst als die thebanischen Exulanten Athen auf dem Schlachtfeld besiegt hatten, marschierte die spartanische Armee nach Attika, sah jedoch von einer Belagerung der Stadt ab. Nach dem Frieden von 446 kennen wir bis zum Peloponnesischen Krieg keine einzige gegen Athen gerichtete spartanische Militäraktion!

Auch die von den Quellen erwähnten Bitten rebellierender athenischer Bündner an die Spartaner, sie bei ihren Aufstandsversuchen zu unterstützen, lassen sich kaum als eine gegen Athen gerichtete aggressive Außenpolitik Spartas interpretieren. Einzelne spartanische Politiker mögen – wie im Falle von Thasos (s. S. 12 f.) – Zusagen gegeben haben, und man wird unter den führenden spartanischen Familien nicht selten über die Möglichkeit eines Eingreifens diskutiert haben; so versprachen die Spartaner ja auch den Potideiern, sie bei einem Angriff der Athener durch einen Einmarsch in Attika zu entlasten. All diese Initiativen gingen jedoch – soweit wir wissen – nicht von den Spartanern aus und sie haben in keinem Fall zu einem konkreten militärischen Einsatz spartanischer Truppen geführt. Selbst aus dem Konflikt um Kerkyra haben sich die Spartaner herausgehalten und sogar mäßigend gewirkt.

Sorge um den Abfall peloponnesischer Bündner

Offensichtlich konnte sich also die kriegswillige Gruppe innerhalb der spartanischen Führungsschicht – mutmaßlich die jüngere Generation – dreißig Jahre lang nicht durchsetzen. Erst als mit den Korinthern und Megarern die bedeutendsten Seemächte des Peloponnesischen Bundes nachdrücklich auf den Krieg drängten und sogar mit dem Austritt drohten (Thukydides 1,71), gewannen sie die Oberhand, bezeichnenderweise mit dem Argument, dass man die Bundesgenossen nicht den Athenern preisgeben dürfe. Aus all dem spricht keine aggressive Politik – immerhin hat man mit den Athenern noch ein Jahr verhandelt! –, aber auch nicht die Furcht, dass Athen übermächtig würde, sondern nichts anderes als die Sorge um die Stellung Spartas auf der Peloponnes und innerhalb des Peloponnesischen Bundes. Auch die kriegswillige Gruppe gab im Übrigen ganz offen zu, dass Sparta militärisch keineswegs auf einen Krieg vorbereitet sei. Wenn also tatsächlich Sparta seit 462 auf den Krieg mit Athen gedrängt und diese Aggression die spartanische Außenpolitik der Pentekontaetie bestimmt hätte, dann hätte Sparta viel konsequenter rüsten und die sich immer wieder bietenden Chancen zur Schwächung Athens früher nützen müssen, anstatt so lange zu warten, bis die Athener ihre Position wieder stabilisiert hatten und schwer zu besiegen waren.

c) Athen als Aggressor – Die Rolle des Perikles

Die Mehrheit der Forschung tendiert deshalb zu der Ansicht, dass Athen auf Initiative des Perikles zum Krieg gedrängt habe. Angefangen von den Bündnissen mit Argos, Thessalien und Megara in den 460er Jahren bis zu den Ereignissen unmittelbar vor Ausbruch des Krieges, dem Verteidigungsbündnis mit Kerkyra, dem Ultimatum an Potideia und dem megarischen Psephisma – immer waren es athenische Initiativen, die den Frieden gefährdeten und zur eigenen Machterweiterung auch einen Krieg in Kauf nahmen. Seit den 430er Jahren habe Perikles auf seine alten Tage die Entscheidung um die Vorherrschaft in Griechenland gesucht und früh die Überzeugung gewonnen, dass ein Krieg mit Sparta unvermeidlich sei. „Ganz bewusst" – so *P. Funke* – „steuerte Perikles am Ende der 430er Jahre die athenische Politik in einen offenen Konflikt mit Sparta."

Die Quellen geben dieser Auffassung Recht. Philochoros, Aristophanes, Ephoros sowie Plutarch sahen in Perikles den Mann, der kompromisslos zum Krieg drängte, das megarische Psephisma durchsetzte und durch seine Weigerung, es zurückzunehmen, den Krieg verschuldete. Selbst Thukydides, der die Verantwortung des Perikles herunterzuspielen suchte und deshalb die schicksalhafte Unausweichlichkeit des Krieges betonte, konnte sich dem Eindruck der Zeitgenossen nicht entziehen und musste gestehen, dass Perikles durch seine kompromisslose Haltung den Krieg provoziert habe (s. Quellen).

Q

Perikles als Kriegstreiber

(Thukydides 1,127)
Er war nämlich einer der mächtigsten Männer seiner Zeit und Führer der Bürgerschaft. Den Lakedaimoniern trat er überall entgegen, wich ihnen keinen Fußbreit und drängte die Athener zum Krieg.

(Plutarch, Perikles, 29ff.)
(29) Nicht viel später, als der Peloponnesische Krieg schon drohend heraufzog, überredete er das Volk, die Kerkyräer in ihrem Kampf gegen Korinth zu unterstützen und die Insel mit ihrer bedeutenden Seemacht auf die Seite Athens zu ziehen, da es ja ohnehin nicht mehr lange dauern werde, bis die Spartaner zum offenen Krieg übergingen. (...) So hat man den Eindruck, dass alle anderen Ursachen nicht ausgereicht hätten, den Krieg mit den Athenern auszulösen, wenn diese sich hätten bewegen lassen, den Volksbeschluss gegen die Megarer aufzuheben und sich mit ihnen zu versöhnen. Allein Perikles leistete einem Entscheid dieser Art hartnäckigsten Widerstand und verleitete das Volk, auf seiner hartnäckigen Haltung gegen die Megarer zu beharren. Die Folge war, dass ihm allein die Schuld am Krieg zugeschrieben wurde. (31) Was den Krieg nun wirklich ausgelöst hat, ist schwer zu erkennen, doch wird die Verantwortung dafür, dass der Volksbeschluss gegen Megara nicht aufgehoben wurde, einstimmig dem Perikles zugeschoben.

Was waren aber die Gründe, die Perikles veranlassten, so hartnäckig auf den Krieg zu drängen? Die Quellen geben auch hierauf eine Antwort: Perikles habe den Krieg gesucht, um sich der wachsenden *innenpolitischen*

Krieg als innenpolitischer Befreiungsschlag?

Opposition zu erwehren (s. Quellen). Diese suchte seine Stellung durch gerichtliche Anklagen gegen seinen engsten Vertrautenkreis zu unterminieren. So wurde der Philosoph Anaxagoras wegen Landesverrat (*medismos*) und Gottlosigkeit (*asebeia*) angeklagt, der Baumeister Phidias mußte sich wegen Unterschleifs, d.h. der Unterschlagung öffentlicher Gelder, verantworten und Aspasia, die zweite Frau des Perikles, wurde wegen Gottlosigkeit vor Gericht gezogen. Nur ein Krieg habe Perikles die Möglichkeit eröffnet, sich als Retter Athens zu profilieren und sich so vom innenpolitischen Druck zu befreien.

Q

Der Peloponnesische Krieg als „innenpolitischer Befreiungsschlag"

(Aristophanes, Friede, Verse 605ff.)
Am Anfang war der Skandal um Phidias,/Daraufhin steckte Perikles selbst, weil er sich vor der Freunde Missgeschick fürchtete,/weil er euer Treiben kannte, euren bissigen Charakter,/nur um sich abzusichern, unsere Stadt in Brand,/warf hinein den kleinen Funken, das megarische Psephisma,/blies sie an, des Krieges Flammen, dass in Hellas allem Volk/nah und fern die Augen überliefen (...).

(Plutarch, Perikles 32)
Weil er aber das Volk durch sein nahes Verhältnis zu Phidias gegen sich aufgebracht hatte, fürchtete er den drohenden Prozess und blies darum den erwarteten, unter der Asche glimmenden Krieg zu heller Flamme an. Er hoffte nämlich, auf diese Weise die Anschuldigungen zu zerstreuen und den Neid niederschlagen zu können, da sich ja die Stadt wegen seines Ansehens und seiner Macht ihm allein anvertrauen müsste, wenn sie sich einer so großen Aufgabe und Gefahr gegenübersehe.

Diese These vom Krieg als „innenpolitischem Befreiungsschlag" hat jedoch unter den modernen Gelehrten, die eher nach umfassenden strukturellen Erklärungen suchen, nur wenige Anhänger gefunden. So ist es umstritten, ob sich die besagten Prozesse wirklich unmittelbar vor Ausbruch des Krieges abgespielt haben; es gibt gute Gründe, zumindest einen von ihnen (den Phidias-Prozess) in das Jahr 338 vorzudatieren. Je weiter man aber den zeitlichen Abstand zwischen Prozessen und Kriegsausbruch ausdehnt, desto schwächer wird der von den Quellen postulierte Zusammenhang von innenpolitischer Schwächung und „Flucht in den Krieg". Ferner ist es schwierig, die hinter den Prozessen stehende Opposition genau zu identifizieren. Die meisten vermuten, dass kurz vor dem Ausbruch des Krieges Thukydides Melesiou (s. S. 47) aus dem Exil zurückgekehrt war und erneut aristokratische Kreise gegen Perikles sammeln konnte. Andere plädieren für radikaldemokratische Neureiche um den jungen Kleon, die durch den Seebund wohlhabend geworden waren und eine noch aggressivere Außenpolitik als Perikles vertraten. In dieser Deutung wird Perikles vom Kriegstreiber zum Kriegsverhinderer, der durch den Vorschlag der Epimachie (anstelle einer Symmachie) und der Aussendung von nur 10 Schiffen nach Kerkyra alles tat, um eine Eskalation zu verhindern, sich aber schließlich bei seiner Gratwanderung zwischen Machtsicherung Athens und Kriegsverhütung den radikalen Kreisen beugen musste. Wieder andere nehmen eine gemeinsame Aktion von Perikles-Gegnern aus beiden Lagern, den oligarchisch gesinnten Adligen und den aufstrebenden Neureichen an.

Der Spekulation sind somit Tür und Tor geöffnet, und je mehr man ihr nachgibt, um so mehr verflüchtigt sich der Zusammenhang zwischen dem Kampf des Perikles gegen die Opposition und seinem Drang zum Krieg. Überdies scheint es fraglich, ob die Opposition bzw. die von ihr lancierten Prozesse wirklich so gefährlich waren, dass Perikles einen Krieg heraufbeschwören musste, um ihr Herr zu werden; immerhin wurde z. B. Aspasia freigesprochen. Außerdem bleibt die Frage, weshalb die oppositionellen Kreise Perikles nicht direkt angriffen, wenn sie ihn schwächen oder stürzen wollten.

Ein letztes Argument gegen die Vorstellung vom Krieg als innenpolitischem Befreiungsschlag ergibt sich aus den Kriegszielen und der (späteren) Kriegsstrategie des Perikles. Diese waren nämlich – wie wir (s. S. 97) sehen werden – defensiv ausgerichtet und basierten auf der Grundidee, die Bevölkerung Attikas hinter die Stadtmauern zurückzuziehen, zu Lande jeder Schlacht auszuweichen und mit der Flotte die Küsten der Peloponnes zu bedrohen. Hinzu kam, dass Perikles den Athenern kein attraktives Kriegsziel versprechen konnte, es ging um die Anerkennung des megarischen Psephismas sowie der Maßnahmen gegen Potideia und der Existenzberechtigung des Seebundes durch die Spartaner. Wenn Perikles sich durch einen solchen Krieg, der wenig Ruhm, aber große Risiken versprach, profilieren wollte, dann muss man ihm schon eine hasardeurhafte Kaltblütigkeit unterstellen. Viel wahrscheinlicher als die Chance, sich als Retter in der Not zu präsentieren, erscheint es, dass die Opposition in der Stadt umso stärker wurde, je öfter die Athener mit ansehen mussten, wie die Spartaner ihre Felder verwüsteten.

Tatsächlich sagt nun aber Plutarch (Perikles 15), dass eines der Erfolgsgeheimnisse der innenpolitischen Macht des Perikles darin bestanden hätte, „dass für ihn Furcht und Hoffnung gleichsam das Steuerruder waren, wenn es galt, den trotzigen Übermut des Volkes zu dämpfen oder es in seiner Niedergeschlagenheit aufzurichten und zu trösten." Mit anderen Worten: eine durch die besondere Kriegsstrategie herbeigeführte Verschlechterung der Lage wäre für Perikles geradezu die Voraussetzung gewesen, um das Volk aus der „Niedergeschlagenheit" wieder „aufrichten" und sich selbst zum Retter aufschwingen zu können. Wenn dies tatsächlich das Kalkül des Perikles war, dann hat er allerdings mit hohem Einsatz gespielt: Nach Thukydides wurde Perikles in der Anfangsphase des Peloponnesischen Krieges (im Sommer 430) angeklagt, verurteilt und seines Amtes enthoben; die Quellen berichten von einem Stimmungsumschwung im Volk, der infolge der Kriegsumstände und des perikleischen Kriegsplanes eintrat (Thukydides 2,65,2). „Doch" – so Thukydides weiter – „nicht lange danach freilich – so pflegt es die Menge zu tun – wählten sie ihn wieder zum Feldherrn und legten ihm die ganze Staatsleitung von neuem in die Hände!" Das Kalkül des Perikles war aufgegangen!

Fasst man die Argumente für und gegen die These vom innenpolitischen Befreiungsschlag auf dem Hintergrund dieser Entwicklung zusammen, wird man demnach Folgendes festhalten können: Es erscheint uns einerseits unwahrscheinlich, den Kriegsausbruch mit dem persönlichen Kalkül des Perikles zu erklären, sich auf diese Weise seiner innenpolitischen Opposition zu erwehren. Auf der anderen Seite steht das eindeutige Zeugnis der Quellen, das man durch Datierungsprobleme nicht einfach wegdiskutieren kann. Denn selbst wenn sich die überlieferten Prozesse nicht alle unmittelbar vor dem Ausbruch des Krieges abspielten, spricht dies nicht gegen einen Zusammenhang zwischen innenpolitischer Schwächung und Drang zum Krieg; es spricht vielmehr dafür, dass sich diese Opposition bereits längere Zeit gebildet hatte und – dies beweist der Prozess gegen Perikles kurz nach Ausbruch des Krieges – sich bis in den Krieg hinein erstreckte. Auch wenn diese Opposition nicht genau zu identifizieren ist, so lässt sich kaum bezweifeln, dass die Stellung des Perikles in den 430er Jahren nicht mehr so gefestigt war wie ein Jahrzehnt zuvor. Möglicherweise hatte sich die Politik des Perikles abgenutzt und benötigte neue Perspektiven, um den Demos wieder in seinen Bann zu ziehen. Eine gemeinsame Bedrohung und der Kampf gegen diese Bedrohung konnten eine solche Perspektive bieten, auch wenn sie unkalkulierbare Risiken barg. Doch bisher war Perikles mit allen Risiken fertig geworden, warum also nicht auch diesmal?

Perikles als Vertreter sophistischer Machtlehren

Auf ein weiteres mögliches Motiv hat *F. Kiechle* hingewiesen. Demnach sei Perikles seit längerem und unabhängig von innenpolitischen Erwägungen davon überzeugt gewesen, dass ein Krieg mit Sparta nicht zu vermeiden sei und deshalb bei günstiger Gelegenheit gesucht werden müsse. Perikles dachte ihm zufolge in machtpolitischen, nicht in innenpolitischen (oder gar wirtschaftlichen) Dimensionen. Er konnte sich hierbei auf sophistische Lehren (s. S. 49) stützen, die schon vor dem Krieg in den Denkhorizont adliger Kreise Athens eingedrungen waren. Zu den prominentesten Vertretern dieser Kreise zählten neben Thukydides der Historiker Herodot und eben Perikles. Sie teilten die Auffassung des Thukydides, dass zwei Machtblöcke notwendigerweise zum Entscheidungskampf um die alleinige Macht antreten müssten. Perikles zog hieraus die logische Konsequenz und wählte den aus seiner Sicht günstigsten Augenblick, nämlich das Angebot der Kerkyräer und die Weigerung der Potideier, sich den Befehlen Athens zu beugen.

Bei der Beurteilung dieser These hängt vieles davon ab, ob man tatsächlich den sophistischen Lehren einen so nachhaltigen Einfluss auf die Außenpolitik einräumen will, oder ob nicht umgekehrt die Sophistik bestehende außenpolitische Entwicklungen und bereits getroffene Entscheidungen im Nachhinein analysiert hat. Wie wir am Beispiel der Behandlung der Melier durch Athen und ihrer literarische Verarbeitung sehen werden (s. S. 105 f.), besteht hier wahrscheinlich ein im Einzelnen schwer zu entwirrendes Wechselverhältnis. Doch selbst wenn man annimmt, dass sophistische Machttheorien Perikles zum Krieg trieben und dass diese Lehren zumindest in adligen Kreisen weit verbreitet waren, dann ist unverständlich, weshalb Thukydides schreibt, die „wahrste Ursache hätte am wenigsten Erwähnung gefunden". Sie war doch in Adelskreisen bekannt! Sogar in der Volksversammlung wurden ähnliche Argumente offen diskutiert: So begründeten die Athener ihren Entschluss, mit Kerkyra eine Epimachie zu schließen, mit der Überzeugung, „dass der Krieg mit den Peloponnesiern in jedem Falle kommen werde" (Thukydides 1,44). Andererseits bleibt unklar, weshalb Perikles nicht ausdrücklich auf diese Theorie verwiesen hat, als er sich nach dem Ausbruch der Pest vor der Volksversammlung rechtfertigen und auch Stellung zur Frage der Kriegsschuld nehmen musste. Eine sophistische Lehre von der Unabwendbarkeit des Krieges dürfte somit eine Rolle gespielt und sich mit den innenpolitischen Überlegungen verbunden haben. Man kann sie aber kaum als entscheidenden Beweggrund der perikleischen Kriegspolitik verstehen.

Ergiebiger scheint es zu sein, nach einer breiteren Interessenlagerung innerhalb des athenischen Volkes zu suchen, die Perikles bei seinem Drängen zum Krieg unterstützt hat. Sämtliche Maßnahmen vor Beginn des Krieges, die Thukydides als äußere Anlässe bezeichnet und von Perikles maßgeblich initiiert wurden – sein Vorschlag bezüglich des Verteidigungsbündnisses mit Kerkyra, das Ultimatum gegenüber Potideia oder das megarische Psephisma – mussten von der Volksversammlung gebilligt werden. Wir haben gesehen, dass die Volksversammlung seit 462 in das Zentrum des politischen Entscheidungsprozesses gerückt war. In der Volksversammlung hatten 445–431 die Theten ein Übergewicht, und die Theten waren diejenigen, die von einer aktiven Seekriegspolitik am meisten profitierten. Denn erfolgreiche Unternehmungen der Flotte waren der beste Garant für die Wahrung ihrer politischen Rechte, und insofern werden die Theten einen Mann wie Perikles unterstützt haben, der eine selbstbewusste maritime Kriegspolitik vertrat. Auf der anderen Seite war Perikles selbst auf die Unterstützung der Theten angewiesen. Denn auf deren Stimmen basierte sein Einfluss in der Volksversammlung.

Perikles als Vertreter des kriegslüsternen Demos

Dennoch wird man die Interessenskoalition zwischen Perikles und den unteren Schichten nicht überbewerten dürfen. Denn viele Theten waren auf der Flotte beschäftigt oder in die Kleruchien abgewandert und selten abkömmlich. Doch auch wenn die Theten – deren Zahl nicht so bedeutend war, wie man häufig angenommen hat – in der Volksversammlung die Mehrheit bildeten, dann ist damit zunächst keineswegs sicher, dass sie auch kontinuierlich ihren Willen durchsetzen konnten. Immerhin gab es die starke Gruppe der Bauern aus der Umgebung sowie der in der Stadt weilenden Handwerker, Kaufleute und Händler, die ihre politischen Rechte nicht direkt mit dem Dienst in der Flotte und einer erfolgreichen Seekriegspolitik verbanden. Schließlich richtete sich das Interesse der Theten nach Aussage der Quellen explizit auf den Seebund und die Gelder, die sie durch die Phoroi erhielten. Der anonyme Autor der *Athenaion politeia* (24,3) sagt ausdrücklich, das gemeine Volk und die ärmeren Schichten seien der treibende Faktor des *Seebundes* gewesen. Von *Krieg* nach außen und zumal gegen Sparta oder den Peloponnesischen Bund ist nirgendwo die Rede. Es war ja auch keineswegs sicher, ob solche Unternehmungen erfolgreich und lukrativ sein würden (im Kriegsfall konnte der Rudersold halbiert werden!), von den Gefahren des Seekrieges ganz zu schweigen.

Die Vorstellung eines „imperialistischen Demos", der Perikles in den Krieg getrieben habe, ist also nur dann plausibel, wenn man voraussetzt, dass der Demos unmittelbar vor dem Krieg den Bestand des Seebundes und der Flotte gefährdet sah und diese Gefahr durch einen Krieg abzuwenden suchte. Hierin liegt ein entscheidender Schlüssel für die Suche nach den Kriegsursachen, die nicht nur die Theten, sondern die gesamte Athener Bevölkerung in die Überlegungen mit einbezieht. Die Forschung tendiert heute zu der Auffassung, dass im Prinzip alle Bevölkerungsgruppen an

Krieg zur Sicherung des Seebundes

einer Stärkung und einem Ausbau des Seebundes interessiert waren und von diesem materiell sowie politisch profitierten. Sicherlich wird es unter den agrarisch orientierten Adligen Widerstände gegen eine allzu harsche und – in ihren Augen – ungeschickte Behandlung der Bundesgenossen gegeben haben, und man wird aufgrund aristokratischer Verbindungen stärkere Vorbehalte gegen einen Krieg mit Sparta geäußert haben; eine grundsätzliche Ablehnung einer Politik, die auf den Ausbau der athenischen Hegemonialstellung innerhalb des Seebundes, der Mehrung der Macht, des Reichtums und des Ansehens der Stadt gerichtet war, ist jedoch weder bei ihnen noch bei irgendeiner anderen Schicht zu erkennen.

Gerade dies machte die erstaunliche Geschlossenheit der Stadt aus, die selbst nach der katastrophalen Niederlage im Nildelta sich den einmaligen Luxus einer stehenden Flotte, gewaltiger Bauten und Befestigungen leisten konnte. Die außenpolitischen Erfolge der Demokratie einten alle Schichten im Stolz auf ihre Stadt und ließen Rückschläge verschmerzen.

Eine Beeinträchtigung maritimer Handlungsspielräume bedeutete so für alle Athener eine ernste Bedrohung und einen enormen Prestigeverlust, war es doch die Flotte und der Seebund, die ihnen einen Bereich menschlicher Aktivitäten eröffneten, in dem sie allen Griechen überlegen waren. Aus diesem (agonalen) Verständnis heraus dürfte sich bei den Athenern – ähnlich wie in bescheideneren Dimensionen bei den Korinthern im Westen – die Überzeugung verfestigt haben, dass auch nur die geringste Beeinträchtigung ihrer maritimen Herrschaft alle Erfolge der Vergangenheit aufs Spiel setzen würde: deshalb die stete Warnung des Perikles, die eigenen Kräfte nicht in ausgreifenden Expeditionen zu vergeuden, sondern in der Ägäis zu konzentrieren, deshalb die häufig übertriebene Furcht vor konkurrierenden Seemächten – angeblich waren die Samier nahe daran, den Athenern die Seeherrschaft zu entreißen (Thukydides 8,76,4; Plutarch, Perikles, 28; s. S. 29) – und deshalb auch die alle Athener einigende Parole, man kämpfe immer und überall um die Herrschaft über das Meer – Phormion feuerte vor einem Seegefecht seine Ruderer mit der Aussicht an, dass bei einer Niederlage „die Furcht Athens um seine Meeresherrschaft in bedrohliche Nähe rücke" (Thukydides 2,89). Aus all dem spricht eine ans Paranoide grenzende Furcht, dass jede noch so vage Änderung der maritimen Machtverhältnisse einen desaströsen Einfluss auf das Schicksal der Stadt haben könnte. Wir müssen diesen Eindruck ernst nehmen. Denn jeder Athener wusste: Es war die Eroberung des Meeres, die ihre Stadt und sie selbst groß gemacht und ihre unvergleichliche Stellung in der Welt begründet hatte. Jede Konkurrenz musste somit im Keim erstickt werden.

Wahrung der Seemacht und des Prestiges

Eine solche Konkurrenz entwickelte sich im Jahre 434, als Korinth eine Flotte von 150 Trieren bauen ließ und durch Abwerbungen von Ruderern und die Abzweigung materieller Ressourcen die maritimen Machtgrundlagen Athens zu erschüttern drohte. Deshalb hatten sich Perikles und mit ihm viele andere so standhaft geweigert, den Forderungen der spartanischen Gesandten, insbesondere der Aufhebung des megarischen Psephismas und der Autonomiegewährung der Seebundpoleis, zuzustimmen. Diese Forderungen richteten sich nach Auffassung der meisten Athener gegen den Bestand des Seebundes und die Hegemonialstellung Athens, und sie zwangen sie, Schwäche gegenüber den Bündnern zu zeigen und im Kampf um Macht und Ehre klein beizugeben. „Wenn ihr hierin nachgebt" – so Perikles in der Volksversammlung –, „dann wird man euch bald Größeres zumuten in dem Glauben, ihr werdet aus Furcht auch darin gehorchen. Durch feste Zurückweisung aber werdet ihr sie belehren, euch künftig mehr wie ihresgleichen zu behandeln." Es ging also darum, sich Sparta ebenbürtig zu zeigen und den Bündnern Stärke zu demonstrieren.

Legitimation des Seebundes

Doch es ging nicht allein um Prestige, sondern auch um politische Glaubwürdigkeit: Spätestens seit dem so genannten Kalliasfrieden hatte die offizielle Legitimation des Seebundes – der Krieg gegen Persien – an Überzeugungskraft verloren. Alle Versuche des Perikles, Ersatz zu schaffen und dem Bund eine neue, allgemein akzeptierte Zielsetzung zu geben, waren gescheitert. Sicherlich werden sich viele der kleineren Bundesgenossen auch ohne ein übergreifendes Ziel an die Hegemonie Athens gewöhnt haben, verschaffte ihnen doch die Sicherheit der Ägäis handfeste Vorteile. Doch nicht wenige Poleis, die umfangreichere Gelder zu überweisen hatten, dürften spätestens nach der Überführung der Bundeskasse nach Athen daran gezweifelt haben, ob diese materielle und politische Abhängigkeit noch zeitgemäß war. Dies erklärt auch den Ausbau der athenischen Kontrollmechanismen seit der Mitte des Jahrhunderts.

Die einzige Möglichkeit der Athener, unzufriedene Bündner angesichts korinthischer Verlockungen bei der Stange zu halten, bestand – wenn man nicht permanente Gewalt anwenden wollte – in der Präsentation eines glaubwürdigen Feindbildes und der Notwendigkeit eines von außen aufgezwungenen Krieges. Als neuer Gegner boten sich die Korinther und die Peloponnesier von selbst an, als diese daran gingen, den Athenern ihre Flottenüberlegenheit streitig zu machen, und als nahe liegendes Operationsziel hatte sich der griechische Westen seit den 450er Jahren gegenüber dem persischen Osten hinreichend profiliert.

Perikles und die Mehrheit des Volkes trafen sich somit in der Auffassung, dass zur Sicherung der attischen Macht und zur Wahrung des eigenen Prestiges ein Krieg mit Sparta bzw. dem Peloponnesischen Bund in Kauf genommen werden musste. Diese Vorstellung dürfte sich seit der Mitte der 430er Jahre noch verfestigt haben, weil das aus den Seebundseinkünften angehäufte Kapital rapide zusammengeschrumpft war. Dies war in erster Linie eine Folge des Akropolisbauprogramms; militärische Unternehmungen der Flotte gegen rebellierende Bündner wie Samos waren dagegen vergleichsweise billig. Da sich Perikles wegen der Finanzierung der Bauten heftiger innenpolitischer Opposition erwehren musste, könnte ihn dies zu der Überzeugung geführt haben, dass jetzt Ende der dreißiger Jahre ein Krieg für die Stadt profitabler sei als ein Frieden. In diesen Rahmen passt auch das erwähnte Kallias-Dekret (s. S. 70), das überschüssige Gelder des Seebundes für Schiffswerften und Mauerbauten zu verwenden sowie Ausgaben für die Bautätigkeit auf der Akropolis zu begrenzen vorschrieb. Athen litt offensichtlich unter Finanzproblemen und versuchte die aus dem Seebund einlaufenden Gelder für militärische Zwecke zu reservieren.

Krieg als Ausweg aus finanziellen Nöten

d) Die Rolle Korinths und der Bundesgenossen

Die Bundesgenossen beider Seiten spielten – wie wir (s. S. 74 ff.) gesehen haben – direkt oder indirekt eine entscheidende Rolle bei der Entstehung und dem Ausbruch des Krieges. Viele Mitglieder des Seebundes im Bereich der nördlichen Ägäis entwickelten, vertrauend auf ihre kolonialen Verbindungen zu ihren Mutterstädten des Peloponnesischen Bundes, ein politisches Eigengewicht, das die Loyalität zu Athen schwer belastete. Die Bündner Spartas versuchten dagegen, mit Rückendeckung des Peloponnesischen Bundes ihre im Vertrag von 446 nicht berücksichtigten Ansprüche auch auf die Gefahr militärischer Konflikte zu verwirklichen. Nicht von ungefähr haben die Thebaner und nicht etwa spartanische oder athenische Truppen den Krieg eröffnet, und es waren die Korinther, deren Politik im Ägäisraum wesentlich zur Eskalation der Krise beigetragen hat.

Konfliktpotential der Bündnissysteme

Damit erreichte eine Entwicklung ihren Höhepunkt, die sich seit den Perserkriegen angebahnt hatte: Mit der Etablierung bzw. Bildung der beiden großen Bündnissysteme zogen „lokale" Konflikte einzelner Poleis, die in früheren Zeiten als Nachbarschaftsfehden ausgetragen wurden, nun viel weitere Kreise. Vertrauend auf den Rückhalt des jeweiligen Bundes und seiner Hegemonialmacht konnte eine einzelne Polis Risiken in Kauf nehmen, die früher ein allzu selbstbewusstes Ausgreifen verhindert hatten. Das latente Konkurrenzverhältnis der Bünde untereinander bot zudem die Chance, die eigenen Interessen rücksichtsloser zu verfolgen, weil man mit der Unterstützung der gegnerischen Seite drohen konnte. Der Dreißigjährige Friede hat dies zu verhindern versucht, doch faktisch lagen derartige Überlegungen – dies zeigen die Bitten rebellierender Seebundsmitglieder um spartanische Hilfe – immer in der Luft. Die Bündnissysteme stabilisierten nicht den Frieden, sondern wirkten wie Katalysatoren angestauter Konflikte, die sich in Form von Kettenreaktion über weite Teile Griechenlands ausbreiteten und unter bestimmten Voraussetzungen in einen großen Krieg münden konnten.

Derartige Voraussetzungen waren Mitte der 430er Jahre gegeben. Die Korinther begannen ein Flottenbauprogramm aufzulegen, das den Athenern wichtige maritime Ressourcen und Bundesgenossen zu entziehen drohte. Die mit Korinth (und Megara) sympathisierenden Mitglieder des Seebundes weigerten sich, den Gegenmaßnahmen der Hegemonialmacht nachzukommen. Athen musste nun militärisch und politisch reagieren. Der Konflikt wurde von den Korinthern durch die Entsendung militärischer Kräfte in den Raum des attischen Seebundes auf die Spitze getrieben. Am Ende konnten sich weder Sparta noch Athen den politischen Zwängen entziehen, die sich aus ihrer Position als Hegemonialmacht ergaben, und entschieden sich im Interesses des Bestandes ihrer Bünde für den Krieg.

e) Zusammenfassung

Wir haben demnach eine Gesamtsituation vor uns, in der alle späteren Kriegsteilnehmer eine mehr oder weniger starke Bereitschaft zum Krieg zeigten und diesen aus (teils theoretisch fundierten) Machtstreben, Prestigegründen und materiellen Motiven suchten. Insofern bildet der Peloponnesische Krieg ein Paradebeispiel für das Phänomen Krieg überhaupt. Die Analyse seiner Ursachen und Gründe lassen Schlussfolgerungen zu, die einen zeitlosen Erkenntniswert besitzen und nicht ohne Grund von Außenpolitikern und Militärstrategen immer wieder auch zur Erklärung moderner Kriege herangezogen werden.

Der Peloponnesische Krieg entwickelte sich in einer Atmosphäre politischer Verunsicherung, aggressiver Machtpolitik und übersteigerten Prestigedenkens – ein historisch nicht ungewöhnliches Phänomen. Der maritime Machtaufstieg Athens und der kompromisslose Wille der Stadt, jegliche Einflussnahmen auf den Seebund sowie konkurrierende Machtentwicklungen auf dem Meer zu unterbinden, bildeten dabei die notwendigen Voraussetzungen, ohne die die politischen Spannungen und militärischen Konflikte niemals eskaliert wären. Aber sie waren nicht die einzigen Ursachen des Krieges. Die Verfestigung einer machtpolitisch (und kulturell) bipolaren Welt seit 446 hatte zu einer weiteren Verfremdung der beiden Hegemonialmächte beigetragen und auf beiden Seiten den Einfluss derer verstärkt, die jede Möglichkeit zur Schwächung des Gegners auch auf das Risiko einer größeren militärischen Auseinandersetzung hin zu ergreifen suchten. Innenpolitisches Profilierungsstreben zumal der jüngeren Generation dürfte hierbei sowohl in Athen als auch in Sparta eine wichtige Rolle gespielt haben – nicht ohne Grund war sie es auf beiden Seiten, die nach Thukydides 2,48 „mit Begeisterung in den Krieg zog"! Auch das Kalkül des Perikles, oppositionelle Kräfte innerhalb der Stadt durch einen großen Krieg zu schwächen und seine eigene Führungsposition zu stärken, wird nicht unwesentlich zur Verschärfung der Krise beigetragen haben. Die Initiativen des Perikles entfalteten aber nur deshalb eine so große Wirkung, weil große Teile der Athener Bevölkerung zu der Überzeugung gelangt waren, dass ihre so glorreich errungene Herrschaft über das Meer und den Seebund gefährdet sei und nur durch ein kompromissloses Auftreten wieder gefestigt werden könne. Gleichzeitig bot der Krieg gegen die Peloponnesier der Flotte und dem Seebund neue Bewährungsmöglichkeiten und die Chance, sich endgültig als machtpolitische Tatsache zu etablieren (*A. Heuß*).

Ähnliche Sorgen um die Stabilität des eigenen Bündnissystems haben auch die Spartaner in den Krieg gedrängt. Die eigentliche Bedrohung entwickelte sich jedoch weniger – wie Thukydides meinte – von außen, d.h. von Athen und seiner aggressiven Politik, sondern innerhalb des Peloponnesischen Bundes selbst, als mit Korinth und Megara die maritim stärksten Bündner zur Erreichung ihrer eigenen politischen Ziele jegliche Kompromissbereitschaft aufgaben und sogar mit dem Austritt und dem Wechsel in den gegnerischen Bund drohten. Der Streit um Einfluss- und Interessensphären, angefacht von einem Bundesmitglied selbst an der Peripherie, hatte so eine Eigendynamik gewonnen, dass sie der Kontrolle der Großmächte entglitt und in den großen Krieg mündete.

3. Der Archidamische Krieg

431 (Frühjahr)	Einfall der Spartaner in Attika. Athen gewinnt Kephallenia als Bundesgenossen
430	Ausbruch der Pest in Athen
429 (Herbst)	Flottenexpedition des Phormion Rehabilitation und Tod des Perikles
427	Kapitulation von Mytilene und Plataiai
425	Athener Flotte unter Laches nach Sizilien Erfolg der Athener auf Sphakteria
425/4	Kleonschatzung
424–423	Feldzug des Brasidas. Niederlage der Athener bei Delion
423/2	Tod Kleons und des Brasidas
421	Friede des Nikias

a) Kriegsziele, Strategien und Rüstungen

Kriegsziele Athens

Thukydides sagt (1,144,1; 2,65,7), Perikles habe gefordert, während des Krieges auf eine Erweiterung der athenischen Herrschaft sowie auf riskante Unternehmungen zu verzichten. Es handelt sich hierbei zwar in erste Linie um strategische Erwägungen, doch kann man von ihnen auf außenpolitische Ziele rückschließen. Eine so betont defensive Strategie kann keine größeren territorialen Gewinne zum Ziel gehabt haben. Vielmehr dürfte Perikles seiner Politik der 440er Jahre treu geblieben sein und im Krieg die einzige Chance gesehen haben, Athens Stellung im Seebund zu festigen und ihn gegenüber Sparta zu behaupten. Der Seebund sollte endgültig – so *A. Heuß* – als Realität begriffen werden, die nicht schlechter war als die Hegemonie Spartas über die Peloponnes.

Kriegsziele Spartas

Die offiziellen Kriegsziele Spartas lassen sich den Forderungen der Gesandtschaften entnehmen, die nach dem Kriegsbeschluss im Winter 432/1 in Athen weilten. Die zweite Gesandtschaft verlangte, dass „die Belagerung von Potideia aufgehoben und den Aigineten die Autonomie zurückgegeben werden sollte" (1,139). „Am lautesten" – so Thukydides weiter – „und offensten erklärten sie: Nur dadurch, dass der Beschluss gegen Megara zurückgezogen würde, nach welchem die Megarer die im Gebiet der Athener gelegenen Häfen und die Attischen Märkte nicht besuchen dürften, könnte der Krieg vermieden werden." Erst als diese Minimalforderung von den Athenern abgelehnt wurde, fassten die Spartaner die Vorwürfe der Einzelstädte zu der Bedingung (1,139) zusammen: „Die Lakedaimonier wollen den Frieden; er ist möglich, wenn ihr den Hellenen die Autonomie zurückgebt". Mit dieser Formulierung war wohl kaum gemeint, dass die

Athener sämtliche Verträge mit ihren Bündnern lösen sollten – dies hätte die Selbstauflösung des Bundes bedeutet und wäre ein reiner Affront gewesen; es ging den Spartanern vielmehr darum, die in den letzten zwanzig Jahren verstärkten Kontrollen Athens über die Bundesmitglieder zurückzunehmen sowie die Bindungen der kolonialen Tochterstädte innerhalb des Bundes zu ihren Mutterstädten außerhalb des Bundes nicht mehr zu beschneiden. Da diese Mutterstädte wie Korinth und Megara Mitglieder des Peloponnesischen Bundes waren, hätte sich damit jedoch eine langfristige Eingriffsmöglichkeit des Peloponnesischen Bundes in den Athener Machtbereich eröffnet – genau das, was Perikles zu verhindern suchte. So sagt Thukydides zusammenfassend zur Zeit der Pentekontaetie: „Sie (sc. die Spartaner) sahen ein, dass sie mit aller Kraft und Hingabe ans Werk gehen müssten, um, wenn möglich, Athens Macht durch den nunmehr folgenden Krieg zu brechen." Dies war das oberste Kriegsziel der Spartaner: Der Krieg sollte Athens Stellung innerhalb des Seebundes soweit schwächen, dass sie für Sparta keine Bedrohung und für die maritime Machtentfaltung der peloponnesischen Bündner kein Hindernis mehr darstellte.

Kriegsziele Korinths

Die Spartaner waren somit den Interessen der Korinther weit entgegengekommen, auch wenn sie nicht all ihren Klagen entsprachen. Immer wieder hatten die Korinther betont, dass ihr Stolz verletzt sei und sie Rache nehmen müssten für die Untaten der Athener – gemeint sind die Eingriffe Athens in den Kerkyrakonflikt und Poitideia. Worin diese Rache bestehen und welchen Umfang sie haben sollte, wird indes nicht gesagt. Es ist auch methodisch fragwürdig, aus den späteren Forderungen der Korinther und anderer Bündner nach der Niederlage Athens auf ein bereits 434 formuliertes Kriegsziel zu schließen: Im Jahr 404 verlangten die Korinther, Athen sollte dem Erdboden gleich gemacht werden: Darf man annehmen, dass dieses Ziel bereits 434 anvisiert war und für realistisch gehalten wurde? Vieles spricht dagegen, vor allem der den Korinthern bekannte Ausbau der athenischen Festungsanlagen. Andererseits zeigt die Betonung des Rachegedankens – der von den Spartanern an keiner Stelle erwähnt wird –, dass die Ziele der Korinther eine andere Qualität besaßen als die der Spartaner. Dies verwundert auch nicht, waren doch die Korinther in viel größerem Maße von den Verwicklungen in Kerkyra und Potideia betroffen als Sparta. Diese unterschiedliche politische Ausgangslage und die sich hieraus ergebende Uneinheitlichkeit der Kriegsziele auf Seiten des Peloponnesischen Bundes bildeten einen Unruhefaktor und haben die Kriegführung der Peloponnesier nicht unwesentlich behindert.

Die Unausgewogenheit der Kriegsziele ergaben sich wohl auch daraus, dass man die Stärke des Gegners unterschiedlich einschätzte. *Athen* beherrschte die Ägäis und besaß mit Zakynthos, Kerkyra und Naupaktos Bundesgenossen bzw. Stützpunkte an der westlichen Flanke des Peloponnesischen Bundes. Außerdem verfügte man mit Rhegion, Leontinoi und Segesta in Unteritalien und Sizilien über Bündner, die den Überseehandel mit Korn und Holz zu kontrollieren bzw. zu unterbinden halfen. Wichtiger Bestandteil dieses Konzeptes bildeten in Griechenland die Thessaler, die Getreideüberschüsse exportierten.

Militärische Ausgangslage

Spartas Bundesgenossen konzentrierten sich dagegen auf der Peloponnes und Mittelgriechenland; unsichere Hilfe von außen versprach lediglich die Freundschaft mit Syrakus. Phokis bildete neben Böotien ein Gegengewicht gegen die mit Athen sympathisierenden ozolischen Lokrer und die Thessaler. Ein Vorteil Spartas bestand darin, dass seine stärksten Bündner, Korinth und das den Athenern feindliche Böotien (mit der Hauptstadt Theben) in unmittelbarer Nähe zu Attika bzw. Athen lagen. Dagegen hatte Sparta auf der Peloponnes um sich herum ein breiteres Sicherheitsglacis geschaffen. Lediglich Argos und Achaia scherten aus der anti-athenischen Koalition aus, waren aber im Gegensatz zu Korinth oder Theben neutral.

Beide Kriegsparteien begannen nach der Eröffnung des Krieges, ihre Ausgangssituation durch Rüstungen und intensive Diplomatie zu verbessern. Thukydides schildert, wie auf diese Weise der Krieg schon jetzt – obwohl er noch gar nicht richtig begonnen hatte – weit über das griechische Mutterland hinausgriff, nach antiken Maßstäben weltpolitische Dimensionen annahm (s. Quelle):

Q

Rüstungen und Diplomatie der Kriegsgegner
(Thukydides 2,7)

Nach diesem Kampf in Plataiai (...) rüsteten sich die Athener zum Krieg. Es rüsteten ebenfalls die Lakedaimonier und deren Bundesgenossen. Beide hatten die Absicht, Gesandtschaften an den Perserkönig und an andere Barbarenvölker zu schicken, von denen sie Unterstützung erhoffen konnten, und schlossen Bündnisse mit den Städten, die noch außerhalb ihres Machtbereiches waren. Die Lakedaimonier beauftragten ihre Parteifreunde, die Zahl der aus Italien und Sizilien gekommenen Schiffe durch weitere Lieferungen zu vermehren; jede Stadt sollte nach ihrer Größe beisteuern, so dass es im ganzen eine Flotte von 500 Schiffen würde, außerdem sollte jede einen bestimmten Geldbetrag aufbringen, im Übrigen aber Frieden halten und die Athener, falls ein einzelnes Schiff käme, hereinlassen, bis die Rüstungen vollendet seien. Die Athener forschten nach, wie die Dinge in ihren Bundesstädten lagen, und schickten Gesandte an die Orte, die mehr in Richtung der Peloponnes lagen: nach Kerkyra, Kephallenia, Akarnanien und Zakynthos, denn sie sahen, dass, wenn sie sich auf deren Freundschaft verlassen könnten, der Kampf gegen die Peloponnes von allen Seiten zugleich geführt werden könne.

Kriegsmittel und Finanzen

Am Ende dieser Bemühungen waren die Kriegsmittel klar verteilt. Athen verfügte über mehr als 300 Trieren. Hinzu kamen die Schiffe größerer Bundesgenossen wie Lesbos und Kerkyra. Zu Lande brachten es die Athener auf rund 13 000 Hopliten, 1200 Reiter und 1600 Bogenschützen. Als Reservisten kamen zur Verteidigung der Stadtmauern und Hafenbefestigungen 16 000 Mann aus den älteren und sehr jungen Jahrgängen hinzu. Der Peloponnesische Bund konnte ca. 40–45 000 Mann stellen, zur See dagegen nur 150 Einheiten mobilisieren, die den athenischen Trieren in Hinsicht auf Erfahrung, Übung und Ausrüstung unterlegen waren.

Ein weiterer wichtiger Bereich bildeten die Finanzen. Perikles versicherte seinen Mitbürgern, man verfüge über einen Kriegsschatz von 6000 Talenten (Thukydides 2,13,3). Die jährlichen Überweisungen aus den Phoroi betrugen 600 Talente, und weitere 400 Talente erbrächten Einnahmen aus dem Polisterritorium Athens bzw. Attikas; im Notfall könne man weitere Reserven mobilisieren. Die Finanzlage Spartas und seines Bundes war demgegenüber schlecht und wenig organisiert. „Wir haben an Geld" – so hatte Archidamos seine Mitbürger gewarnt – „aber noch viel mehr Mangel und besitzen es weder im Staatsschatz, noch können wir es leicht von den Bürgern erheben" (Thukydides 1,80,4). Die Beitragszahlungen der Bündner erfolgten freiwillig und erreichten nie den Umfang der Phoroi des Seebundes.

Kriegsstrategien

Aus den zur Verfügung stehenden Mitteln, der geopolitischen Gesamtlage und den Kriegszielen ergaben sich die beiderseitigen Strategien. Die athenische Strategie entsprach dem obersten politischen Ziel, den Bestand des Seebundes und Athens Hegemonie zu sichern. Um dies zu erreichen, sollte jede Feldschlacht mit den spartanischen Hopliten vermieden werden. Die Athener Bauern mussten bei den Einfällen der Spartaner in Attika ihr Land preisgeben und sich wie die übrige Bevölkerung hinter die Mauern des Festungsdreiecks von Athen, Phaleron und Piräus zurückziehen. Die überlegene Flotte konnte einerseits die Stadt über See versorgen, andererseits sollte sie die Küsten der Peloponnes „ringsum mit Krieg überziehen" (Thukydides 2,7,3) sowie die Spartaner und ihre Verbündeten von Getreidezufuhren aus dem Westen abschneiden. Außerdem plante man zu Lande Invasionen nach Megara, wie aus den ersten Aktionen der Athener nach Kriegsbeginn hervorgeht (Plutarch, Perikles 34,4). Diese Kriegsstrategie war – wie *K.-W. Welwei* betont hat – nicht so revolutionär, wie sie häufig dargestellt wird. Schon immer hatten Griechen in den Kolonien gegenüber einem mächtigen Feind anstelle einer offenen Feldschlacht Kriegslisten angewandt, ihre Familien hinter die Mauern ihrer Stadt zurückgezogen und ihr Heil in der Flotte gesucht. Den Athenern war ein solches Vorgehen seit Themistokles vertraut, der vor dem Angriff der Perser die Bevölkerung evakuiert und alles auf den Kampf der Trieren gegen die gegnerische Flotte gesetzt hatte.

„Groß waren also die Pläne der beiden Parteien" – so fasst Thukydides 2,8 zusammen – „und es herrschte eine begeisterte Kriegsstimmung; denn stets sind die Menschen am Anfang eines Unternehmens am eifrigsten, und außerdem war damals in der Peloponnes wie in Athen die junge Kriegsmannschaft sehr zahlreich. Diese aber zog mit Freuden in den Krieg, weil sie ihn noch nicht kennen gelernt hatte. Das ganze übrige Hellas aber sah mit Spannung dem Zusammenprall der beiden mächtigsten Städte entgegen."

b) Die Seuche in Athen und der Aufstieg Kleons und Nikias'

Der Krieg verlief zunächst so, wie er von beiden Seiten geplant war. Zwei Monate nach dem Überfall der Thebaner auf Plataiai drang das Heer des Peloponnesischen Bundes unter König Archidamos in Attika ein. Athen antwortete mit dem Rückzug der Bevölkerung hinter die Langen Mauern und der Entsendung eines Flottengeschwaders gegen die Peloponnes. Im Ionischen Meer gelang die Eingliederung der Insel Kephallenia und von Sollion an der Küste Akarnaniens, Kleruchen besetzten außerdem Aigina. Zu einem klassischen Landkrieg zwischen den beiden Hauptgegnern kam es auch in der Folgezeit nicht; größere Schlachten wurden gegen Verbündete oder dritte Parteien an der Peripherie geschlagen.

Eine unvorhergesehene Belastung traf die Athener im Sommer 430. Binnen weniger Wochen konnte sich eine aus Vorderasien oder Ägypten eingeschleppte Seuche unter den dicht gedrängten Menschenmassen ausbreiten. Sie soll bis 426 nicht weniger als einem Drittel der Athener Bevölkerung das Leben gekostet haben. Die optimistische Stimmung des ersten Kriegsjahres schlug um und fand in Perikles den Schuldigen. Er wurde im Herbst 430 seines Strategenamtes enthoben. Ein Jahr später hatte sich jedoch die Seuche beruhigt, Perikles wurde rehabilitiert und für 429/8 zum Strategen gewählt, starb aber noch im Frühjahr 429 an den Folgen der Seuche.

Tod des Perikles

Der Tod des Perikles und das Ende der Seuche brachten neuen Schwung in die Athener Kriegspolitik. Begünstigt wurde diese Entwicklung wiederum durch einen Generationswechsel unter den führenden Politikern. Der bekannteste von ihnen war **Kleon**. Mit ihm kam ein neuer Politikertyp an die Macht: Kleon stammte aus der Schicht der neureichen Gewerbetreibenden. Er besaß eine Lederwarenhandlung und profitierte von dem gesteigerten Rüstungsbedarf des Krieges. In der Volksversammlung fiel er durch seine Ungehobeltheit auf, die sich so ganz von der Distinguiertheit eines aristokratischen Redners unterschied. Aus den wenig günstigen Beschreibungen der antiken Gewährsmänner spricht aber nicht nur der Neid des Adligen gegenüber dem Aufsteiger, sondern auch die Sorge um den Verlust von Führungsprivilegien, an denen auch die Demokratie nicht gerüttelt hatte. Kleon hatte nämlich auch deshalb Erfolg, weil seine adligen Konkurrenten als Strategen im Felde standen, mit Rechenschaftsprozessen rechnen mussten und insofern kein wirksames innenpolitisches Gegengewicht bilden konnten. Der Politiker Kleon ist so ein echtes Produkt des Krieges, nicht obwohl, sondern weil er als Nichtadliger das Strategenamt mied und in der Innenpolitik Felder besetzen konnte, die seine adligen Konkurrenten offen ließen. Er vertrat eine unversöhnliche Kriegspolitik gegenüber Sparta und renitenten Bundesgenossen: 427 wurde auf seine Initiative das zur Kapitulation gezwungene Mytilene mit der Hinrichtung aller erwachsenen Männer sowie der Versklavung der Frauen und Kinder bestraft – eine ungewöhnlich brutale Maßnahme, die erst in letzter Minute von der wieder zur Besinnung gekommenen Volksversammlung abgemildert wurde.

E

Kleon (ca. 480–422)
Kleon war einer der führenden Politiker Athens während der ersten Phase des Peloponnesischen Krieges, der nicht aus dem Adel stammte. Er war Besitzer einer Gerberei und konnte sich nach dem Tod des Perikles als Demagoge durch einen betont volksnahen Politikstil die Gunst des Demos in der Ekklesie sichern. Sein größter Triumph war der erfolgreiche Abschluss der athenischen Operation auf der Insel Sphakteria bei Pylos. Hier konnte er als Stratege die Spartaner zur Kapitulation zwingen und als Gefangene nach Athen führen. Er fiel 422 in der Schlacht bei Amphipolis gegen den spartanischen Feldherrn Brasidas. Sein Bild ist durch die antiken Autoren weithin verzeichnet.

Auch sein Gegenspieler **Nikias** gehörte zu den *nouveaux riches*. Er bezog seinen Reichtum jedoch aus dem Silberbergbau, der einen höheren sozialen Stellenwert genoss als der Beruf Kleons. Anders als Kleon hat er sich nie auf Kosten der Adligen zu profilieren gesucht. Als Politiker und Militär vorsichtig bis zaudernd setzte er sich für eine Begrenzung des Krieges ein.

E

Nikias (ca. 469–413)
Nikias war ein Feldherr und führender Politiker Athens aus einer angesehenen Familie, die aber nicht zu den großen aristokratischen Häusern zählte. Er vertrat die spartafreundliche Adelsschicht und wurde so Gegenspieler Kleons und des Alkibiades. Nach dem Tod Kleons mündete seine Politik in den Frieden mit Sparta (Nikiasfriede). Nikias widersetzte sich der großen Sizilienexpedition, wurde aber gegen seinen Willen (mit Alkibiades und Laches) zum Strategen gewählt. Er war mitverantwortlich für die athenische Niederlage und wurde von den Syrakusanern hingerichtet. Über sein Leben berichtet neben Thukydides auch Plutarch.

c) Athens Erfolge im Westen

Schon Thukydides (2,65) vertrat die Meinung, dass sich die Athener nach dem Tod des Perikles von dessen defensiver Strategie verabschiedet hätten und sich auf militärische Unternehmungen einließen, die vor allem der persönlichen Gewinnsucht des neuen Typs der Demagogen entsprang. Tatsächlich gewann die Kriegspolitik Athens an Dynamik. So gelang es dem Strategen Phormion im Herbst 429 die Einfahrt in den Golf zu blockieren und eine weit überlegene peloponnesische Flotte zu besiegen. Damit kontrollierte er den Ausgang des Golfes und konnte die Kornzufuhr von Sizilien nach Korinth und auf die Peloponnes so weit unterbinden, dass die Getreidepreise im Gebiet des Peloponnesischen Bundes stiegen. Zwei Jahre später schlugen die Athener einen Aufstand in Kerkyra nieder. Damit hatten sie die Schlüsselposition in den westgriechischen Küstengewässern zurückgewonnen, die bereits 432 als unentbehrlich für einen Versorgungskrieg gegen Sparta erachtet worden war. Folgerichtig stach im Herbst eine Expeditionsflotte unter Führung des Laches nach Sizilien in See, um die ionisch-chalkidischen Kolonien Rhegion und Leontinoi sowie das sizilische Halikyai gegen ein von Syrakus gebildetes Bündnis zu unterstützen (1. Sizilische Expedition). Nach Thukydides (3,86) sei Laches in Wirklichkeit ausgesandt worden, „um die Getreidezufuhr von Sizilien nach der Peloponnes zu unterbinden und um einen vorläufigen Versuch zu machen, ob sie in Sizilien nicht das Heft in die Hand bekommen könnten“. Zumindest das erste Ziel passt in die Strategie, die Phormion verfolgte, und entspricht den Plänen, die seit der Kerkyrakrise in Athen diskutiert wurden (s. S. 76).

Phormion im Korinthischen Golf

1. Sizilische Expedition

Im April 425 folgte ein zweites Geschwader unter Demosthenes. Dieser entschloss sich jedoch während der Fahrt um die Peloponnes, das unbewohnte Pylos an der Westküste zu besetzen, um gegebenenfalls von hier aus einen Helotenaufstand zu entfachen. Ohne Widerstand zu finden errichtete er bei Pylos ein Kastell. Die spartanische Kriegführung beorderte daraufhin das Landheer mit 420 Hopliten – darunter 150 Spartiaten – sowie 43 Schiffe nach Pylos. Als Heer und Flotte ankamen, nahte ein athenisches Entsatzgeschwader. Um dessen Kontaktaufnahme mit Demosthe-

Demosthenes in Pylos

nes zu verhindern, besetzten die Spartaner die vorgelagerte Insel Sphakteria und sperrten die Hafeneingänge südlich und nördlich der Insel. Dennoch gelang es den Athenern, durchzubrechen und die spartanischen Schiffe zu versenken. Damit war die spartanische Truppe auf Sphakteria von jeglicher Fluchtmöglichkeit und Nahrungsmittelzufuhr abgeschnitten.

Verhandlungen in Athen

Eine eilends aus Sparta abgesandte Untersuchungskommission erkannte sofort die prekäre Lage, bat um Waffenstillstand und schickte eine Gesandtschaft nach Athen, um die Auslieferung der eingeschlossenen Truppen zu erwirken. Die Verzweiflung der Spartaner war so groß, das sie einen Frieden auf der Basis des Vertrages von 446/5 sowie zusätzlich eine Symmachie anboten. In Athen führte nun Kleon, „der damals ein Anführer des Volkes war und bei der Menge in höchstem Vertrauen stand" (Thukydides 4,21), das große Wort. Auf seine Initiative erhielt die spartanische Gesandtschaft die ernüchternde Antwort, dass die auf Sphakteria eingeschlossenen Spartaner zunächst als Gefangene nach Athen gebracht werden sollten und die Spartaner alle Plätze zurückgeben müssten, auf die Athen 446 verzichtet hätte, also die Häfen von Megara, Troizen und die Landschaft Achaia im Westen der Peloponnes, bevor man zur Rückgabe der Gefangenen und zu einem Vertrag bereit sei.

Die Antwort der Athener war offenbar ohne die Kenntnis der aktuellen Situation in Pylos gegeben worden. Denn in der Zwischenzeit begannen auch die athenischen Truppen unter Wasser- und Getreidemangel zu leiden und am Erfolg zu zweifeln. Als man in Athen hiervon erfuhr, drängte der Demos Kleon, selbst nach Pylos zu fahren, um die Lage zu erkunden. Kleon machte daraufhin den Vorschlag, gleich ein neues Expeditionsheer auszusenden und Sphakteria zu stürmen. Als Strategen schlug er Nikias vor, den er so von der innenpolitischen Bühne zu entfernen suchte. Die Aufgabe sei nicht schwer, auch er selbst traue sich die Führung zu. Geistesgegenwärtig nahm ihn Nikias beim Wort und entgegnete, wenn Kleon so sicher sei, trete er ihm gerne das Kommando ab. Damit hatte Kleon nicht gerechnet. Um sein Gesicht zu wahren, musste er annehmen. Großspurig verkündete er dem johlenden Volk, „er werde in zwanzig Tagen mit den Lakedaimoniern fertig werden und sie entweder lebendig herbringen oder dort am Platz niedermachen" (Thukydides 4,28).

Erfolg der Athener auf Sphakteria

Noch überraschender als die Wendung der Dinge in der Volksversammlung war, dass der militärisch unerfahrene Kleon in Sphakteria Erfolg hatte. Großen Anteil daran hatte der vor Pylos lagernde Demosthenes: Dieser zog aus den topographischen Bedingungen der Insel, die für einen Hoplitenkampf denkbar ungeeignet waren, den richtigen Schluss: Erstmals in der griechischen Militärgeschichte überließ er den für den Inselkampf bestens geeigneten Schleuderern und Leichtbewaffneten (Peltasten) die Initiative. Diese zermürbten die Spartaner durch einen Hagel von Geschossen und ihr flexibles Angreifen und Zurückweichen. Als die Spartaner von den Peltasten umgangen und im Rücken bedrängt wurden, senkten sie nach einer kurzen Kampfpause gegen alles Herkommen die Schilde und ergaben sich. 292 Hopliten, darunter 120 Spartiaten, gingen in die Gefangenschaft. Kleon hatte Wort gehalten, innerhalb von zwanzig Tagen waren die Spartaner besiegt und nach Athen geschafft.

„Den Hellenen" – so resümiert Thukydides 4,39 – „kam dieser Ausgang der Sache so überraschend wie nichts anderes in jenem Kriege." Niemals zuvor hatte eine spartanische Hoplitenarmee von dieser Größe kapituliert. Kleon stand im Zenit seines Ansehens, Athen auf dem Höhepunkt seiner Macht. Die spartanischen Hopliten hatten den Nimbus der Unbesiegbarkeit verloren und die Gefangenschaft einem ehrenvollen Tod vorgezogen. Dies ließ den Verdacht schwindender Staatstreue und Kampfbereitschaft aufkommen. Davon abgesehen hatte ihre Gefangennahme die geringe Zahl der waffenfähigen Spartiaten weiter verringert, und schließlich hatte Sparta im Hafen von Pylos seine letzte funktionsfähige Flotte verloren. Als Nikias im folgenden Jahr (424) die Insel Kythera besetzen konnte, hatte sich der maritime Belagerungsring um die Peloponnes fast lückenlos geschlossen. An einen Frieden mochte in Athen niemand denken, es sei denn, dieser schriebe die Niederlage Spartas eindeutig fest.

d) Spartas Gegenschlag im Norden: Die Thrakienexpedition des Brasidas

Nur wenige Optionen standen den Spartanern zur Verfügung: Ein Einmarsch in Attika erschien angesichts der dezimierten Hoplitenarmee ebenso wenig erfolgversprechend wie eine Rückeroberung von Pylos. Die einzige Chance, Athen verhandlungsbereit zu machen, bestand in einem Angriff auf die Schwachstelle des Seebundes in der Nordägäis. Hier befanden sich die Holzreserven der Flotte und zahlreiche unzufriedene Mitglieder des Seebundes; erst 429 konnten die Athener Potideia erobern. Es war so nur folgerichtig, dass Sparta in diesem Gebiet aktiv wurde und Aufstandsbewegungen unterstützte.

Die Seeherrschaft Athens zwang die Spartaner allerdings dazu, die Landroute durch Mittelgriechenland zu nehmen. Niemals hatte ein spartanisches Heer eine solche Strecke bewältigt und so weit entfernt von der Heimatbasis operiert. Deshalb hat Sparta so spät einen solchen Plan ins Auge gefasst. 424 konnte endlich ein Mann namens Brasidas ein entsprechendes Kommando durchsetzen. Er stammte nicht aus der engeren Führungsriege, hatte sich aber – unzufrieden mit der bisherigen Kriegspolitik – als Initiator raumgreifender Operationen hervorgetan. Für seine Expedition nach Thrakien setzte er – auch dies ohne Beispiel – 700 Heloten und 1000 Söldner ein, die zum großen Teil von dem Makedonenkönig Perdikkas und von den rebellierenden Städten auf der Chalkidike finanziert wurden.

Brasidas in Thrakien

Athen und seine thrakischen Bundesgenossen wurden vollkommen überrascht. Zum ersten Mal hatte der Gegner zu Lande die großräumige Strategie angewandt, die Athen seit längerem zur See erprobt hatte. Ohne Probleme durchzog Brasidas das mit Athen verbündete Thessalien, konnte an der Chalkidike mehrere Bündner zum Abfall von Athen bewegen und Amphipolis (am Mündungsgebiet des Strymon) zur Kapitulation zwingen. Damit hatte er einen der größten Beitragszahler des Seebundes in seine Gewalt gebracht und Zugriff auf den für die athenische Flotte so wichtigen Holz- und Metallnachschub aus dem makedonischen bzw. thrakischen Hinterland gewonnen. Dieser konnte jetzt zum Aufbau einer neuen spartanischen Flotte eingesetzt werden. Brasidas hatte das Desaster von Sphakteria wett gemacht und den Spartanern ein Faustpfand gesichert, das die Auslösung der gefangenen Spartiaten wahrscheinlich machte.

Athen hatte inzwischen im Erfolgsrausch von Sphakteria erneut den Griff nach Mittelgriechenland gewagt und musste ihn – wie im 1. Peloponnesischen Krieg – mit einer bitteren Niederlage gegen das böotische Aufgebot bei *Delion* bezahlen, bei der 1000 Hopliten fielen. Fast gleichzeitig war ein Entsatzkommando unter dem Historiker Thukydides vor Amphipolis abgeschlagen worden. Brasidas konnte im Gegenzug weitere Bündner Athens auf seine Seite bringen und den Bau der Flotte vorantreiben.

Wie im 1. Peloponnesischen Krieg wankte die athenische Herrschaft in ihren Grundfesten, und wieder waren es die Spartaner, die die Chance auf eine vorzeitige Beendigung des Kriegs zu ihren Gunsten ungenutzt ließen. Hatte seinerzeit König Pleistonax auf einen Weitermarsch gegen Athen verzichtet, so wurde nun Brasidas bei seinen Vorstößen von der heimischen Regierung im Stich gelassen. Viele der führenden Familien – unter ihnen sicherlich die der Könige – erblickten in dem charismatischen Feldherrn und seinen Erfolgen eine Konkurrenz, die ihr eigenes Prestige nach dem Desaster von Pylos zu schmälern drohte. Anstatt ihm Verstärkungen zu senden, begannen sie mit Athen Verhandlungen über die Beendigung der Kampfhandlungen. Als Brasidas hiervon erfuhr, weigerte er sich, die gerade eroberte Polis Skione auf der Chalkidike freizugeben. Daraufhin entsandten die Athener ein Expeditionsheer unter Kleon. Dieser wurde jedoch vor Amphipolis geschlagen und starb auf dem Schlachtfeld. Aber auch Brasidas fiel. Damit waren die Hauptvertreter einer aggressiven Kriegspolitik ausgefallen und der Weg zum Frieden frei. Dieser kam im Jahre 421 auf Betreiben des Nikias zustande. Man nennt ihn deshalb auch Nikiasfriede. Er beendete formell die ersten zehn Kriegsjahre.

Tod des Brasidas und Kleons

4. Der Friede des Nikias und der Ausbau der Herrschaft Athens über den Seebund

421	Friede des Nikias. Defensivbündnis zwischen Athen und Sparta
420	Quadrupelallianz
418	Sieg der Spartaner über die Quadrupelallianz bei Mantineia
416/5	Untergang von Melos

a) Der Friede des Nikias

Vertragsinhalt

Der Vertrag wurde zwischen den Athenern und ihren Bundesgenossen und den Spartanern bzw. Lakedaimoniern und ihren Verbündeten geschlossen. Er hatte eine Laufzeit von fünfzig Jahren, enthielt die übliche Nichtangriffsklausel und legte im Wesentlichen den Status quo ante, also den Besitzstand vor Ausbruch des Krieges, verbindlich fest. Demnach hatte Sparta das von Brasidas eroberte Amphipolis zurückzugeben und musste sich aus Skione zurückziehen. Athen erhielt ferner die Grenzfestung Panakton, musste aber im Gegenzug u.a. Pylos (Koryphasion und Umgebung) und Kythera räumen. Gemäß einer Sonderklausel durfte Athen die abgefallenen thrakischen Städte nicht angreifen, wenn sich diese verpflichteten, Phoroi zu zahlen und in den Bund zurückzukehren. Die Thebaner behielten Plataiai; die Athener blieben im Gegenzug im Besitz von Nisaia, dem Hafen Megaras.

Einen eindeutigen Sieger kannte der Vertrag nicht, doch hatten die Athener ihr wichtigstes Kriegsziel erreicht, nämlich die Wahrung und völkerrechtliche Anerkennung ihres Seebundes. Dessen Besitzstand war sogar erweitert worden, obwohl die Maßnahmen Athens gegen Megara eine der wichtigsten Gründe der Kriegserklärung Spartas waren. Sparta war es nicht gelungen, die Forderungen seiner Bundesgenossen durchzusetzen, Athens Handlungen wurden stattdessen durch den Frieden sanktioniert.

Probleme des Vertrags

Hierin bestand das entscheidende politische Problem des Vertrages, den man nicht ohne Grund einen „faulen Frieden" genannt hat. Wohl hatten sich die beiden Hegemonialmächte gütlich geeinigt, die Interessen der Verbündeten jedoch erneut in keiner Weise berücksichtigt. Dieser Vorwurf lastete besonders schwer auf Sparta, das mit der Parole von der Autonomie der Bundesgenossen und wegen der Klagen seiner mächtigsten Bündner Megara und Korinth ins Feld gezogen war. Deren Namen tauchen aber nicht einmal in den Spezialbestimmungen des Vertrages, geschweige denn als gleichberechtigte Vertragspartner auf. Der Vertrag missachtete damit nicht nur die seit der Jahrhundertmitte komplexer gewordene Machtkonstellation, sondern brüskierte auch diejenigen, die seinerzeit zum Krieg gedrängt und sich am meisten vom Krieg erhofft hatten. Korinth hatte seine Kolonien Potideia und Kerkyra sowie zusätzlich Sollion und Anakterion an Athen verloren und im gesamten akarnanischen Raum erheblich an Einfluss eingebüßt (Thukydides 5,30–31). Von einer korinthischen Hegemonie in den ionischen oder nordägäischen Gewässern war man weiter entfernt als je zuvor. Auch Megara hatte keinerlei Kompensation für das perikleische Psephisma und die Plünderungszüge der Athener erhalten. Und das von Athen bedrängte Böotien verfügte ebenfalls über keine Faustpfänder, mit denen eine erneute Machtausdehnung Athens nach Mittelgriechenland hätte verhindert werden können. Von einer echten Stabilisierung der Verhältnisse in Griechenland konnte so keine Rede sein.

b) Die Veränderung der Bündniskonstellationen und der Aufstieg des Alkibiades

Peloponnesische Allianz

Die Unzufriedenheit Korinths, Megaras und Böotiens war so groß, dass sie sich weigerten, den Vertrag anzunehmen und stattdessen ihren Austritt aus dem Peloponnesischen Bund erklärten. Kurze Zeit später schlossen sie sich mit Elis, Argos – dem Erzfeind Spartas auf der Peloponnes –, Mantineia und den Chalkidiern zu einer peloponnesischen Allianz zusammen, die Sparta zu isolieren drohte. Sparta nahm unverzüglich mit den Athener Gesandten Fühlung auf und konnte im Sommer 421 zusätzlich zum Friedensvertrag eine Defensivallianz erwirken. Diese verbot den Abschluss eines Sondervertrages mit den jeweiligen Gegnern und sah sogar vor, dass Athen den

Spartanern bei erneuten Helotenaufständen zu Hilfe kommen sollte. Man fühlt sich in die Zeit des Kimon zurückversetzt. Es war die engste völkerrechtlich abgesicherte Kooperation der Hegemonialmächte seit 462 und zeigt erneut, dass die eigentliche Gefahr für einen dauerhaften Frieden nicht unbedingt von Athen oder Sparta, sondern von den Poleis ihrer Bünde ausging.

Alkibiades und die junge Generation

In Athen konnte man mit dieser Entwicklung mehr als zufrieden sein. Die ehemaligen Kriegsgegner waren entzweit und Spartas Hegemonie auf der Peloponnes bedroht. Perikles hätte vermutlich diese Situation genutzt, um die maritime Herrschaft Athens behutsam auszubauen, und man darf vermuten, dass auch Nikias ähnliche Pläne verfolgte (s. S. 101). Doch wieder drängte eine adlige Politikergeneration nach vorne, die nur zum Teil an der ersten Phase des Krieges teilgenommen hatte und anders als Nikias die Lage Spartas gegen den Geist der Verträge auch zu einer Erweiterung des territoriales Einflussgebietes auszunutzen gedachte. Viele hatten von den Sophisten gelernt, ihr individuelles Können über die Loyalität zur Polis und deren Verpflichtungen zu stellen. Sie verachteten eine so staats- und vertragstreue Haltung wie die des Nikias. Ihr Wortführer wurde **Alkibiades**, ein Mann, der mütterlicherseits aus der Adelsfamilie der Alkmeoniden stammte und seinen brennenden Ehrgeiz mit dem Willen verband, Ruhm und Ehre auch im Kampf gegen Sparta zu erringen.

E

Alkibiades (ca. 450–404)
Er war ein bedeutender Athener Politiker und Feldherr aus dem Hause der Alkmeoniden. Nach dem Tod Kleons vertrat er eine aggressive, gegen die Friedenspolitik des Nikias gerichtete Expansion, schürte auf der Peloponnes den Hass gegen Sparta und befürwortete wahrscheinlich das Vorgehen Athens gegen Melos. Alkibiades setzte sich energisch für die große Sizilienexpedition ein, wurde jedoch noch vor der Abfahrt der Flotte beschuldigt, einen Mysterienfrevel begangen zu haben, und in Sizilien weilend zum Tode verurteilt. Auf der Rückkehr flüchtete er nach Sparta, beriet dort die Führung im Kampf gegen Athen und brachte ein Bündnis mit Tissaphernes zu Stande. Danach näherte er sich wieder Athen an und war im Umsturz von 411 verwickelt. Von der Flotte in Samos zum Befehlshaber gewählt, kehrte er im Triumph nach Athen zurück und errang glänzende Seesiege in der Ägäis bis zur Niederlage von Notion. Seines Strategenamtes enthoben, begab er sich 407 auf die thrakische Chersonnes und wurde 404 auf Veranlassung Lysanders von Pharnabazos ermordet.

Sieg der Spartaner über die Quadrupelallianz bei Mantineia

Alkibiades gewann in den Jahren nach dem Frieden Oberhand und entfaltete spektakuläre außenpolitische Aktivitäten, die mit den Stichworten „unerbittliche Härte im Innern des Seebundes und aggressive Machtpolitik nach außen" verbunden waren. Um Spartas Position zu schwächen, gelang ihm eine Allianz mit Argos, dem sich 420 Elis und Mantineia zur so genannten *Quadrupelallianz* anschlossen. Die Spartaner mussten reagieren und besiegten zwei Jahre später bei *Mantineia* die Truppen der Quadrupelallianz. Damit war der Sonderbund erledigt und Spartas Hegemonie auf der Peloponnes wiederhergestellt.

c) Der Ausbau der athenischen Herrschaft und die Ideologie der Macht

Die anti-spartanische Politik des Alkibiades war gescheitert. Der aggressive Stil der Außen- und Kriegspolitik richtete sich nun verstärkt auf die Machtstellung innerhalb des Seebundes und die maritime Expansion. Wir haben oben am Beispiel der Mytilener gesehen, wie die Athener Volksversammlung unter dem Einfluss von Demagogen wie Kleon bei der Bestrafung renitenter Bündner Gefahr lief, jegliches Maß zu überschreiten. Die Mytileneaffäre steht exemplarisch für eine im Zuge des Krieges verschärfte Politik Athens gegenüber seinen Bundesgenossen. An die Stelle sporadischer Kontrollen war endgültig die konsequente Beaufsichtigung durch einen vielköpfigen Herrschaftsapparat getreten. Die herrschaftlichen Bestrebungen Athens entfalteten unter dem Druck des Krieges nun auch gegenüber neutralen Poleis eine vorher nicht gekannte Rücksichtslosigkeit. Das berühmteste Opfer wurde die Insel Melos in der südlichen Ägäis. Melos war eine Kolonie Spartas, hatte aber wohl seine Neutralität wahren können. Möglicherweise veranlasst durch das brutale Vorgehen der Spartaner gegen die Einwohner von Hysiai, fasste die Athener Volksversammlung im Jahre 416 den Beschluss, die Insel, wenn nötig, mit Waffengewalt zum Anschluss an den Seebund zu zwingen. Dahinter stand das Bestreben, getreu dem Konzept des *mare clausum* und als Ausgleich für die gescheiterten Bemühungen in Mittelgriechenland den maritimen Herrschaftsbereich in der Ägäis abzurunden. Thukydides (5,85 ff.) hat die Verhandlungen der Athener Gesandten, die den Beschluss überbringen sollten, mit den Meliern zu einer der berühmtesten Manifestation von Machtpolitik stilisiert, die wir aus der Antike kennen (s. Quelle): Für die Athener zählte allein das Recht des Stärkeren, der zur Wahrung der eigenen Sicherheit den Schwächeren, einem „Zwang der Natur" folgend, niederringen muss. Die Melier versuchten dagegen, die Athener zum Respekt vor der Eigenständigkeit einer Polis zu ermahnen, und wiesen darauf hin, dass der Abschluss eines Freundschaftsvertrages wahre Gerechtigkeit beweise und den Athenern viel mehr nützen würde, als wenn sie ihre Stadt mit Gewalt in den Bund zwängen.

Melos

Die Athener ließen sich hiervon nicht beeindrucken und begannen, die unnachgiebige Stadt zu belagern. Als Melos im Winter 416/5 kapitulierte, wurden alle erwachsenen Männer getötet sowie Frauen und Kinder in die Sklaverei verkauft. Dies war einer der brutalsten Exzesse, die im Namen der Demokratie verübt wurden, nur vergleichbar dem Volksbeschluss über Mytilene, der aber in letzter Minute abgemildert worden war (s. S. 98), und einem Psephisma über die Polis Skione. Doch im Fall von Mytilene und Skione handelte es sich um Mitglieder des Seebundes, Melos dagegen war offensichtlich neutral.

Ähnlich wie seinerzeit Kleon nach Aussage der Quellen der treibende Faktor für den Beschluss über Mytilene war, so hat die antike Überlieferung (Ps.-Andokides 4,22–23; Plutarch, Alkibiades 16,5–6) Alkibiades für das Vorgehen gegen Melos verantwortlich gemacht. Die moderne Forschung sucht dagegen mehr nach strukturellen Erklärungen für die Brutalisierung

Lange Kriegsdauer

der athenischen Kriegspolitik. Man findet sie zum einen in der langen Dauer und der Natur des Krieges selbst, der – so Thukydides (3,80–83) – die Menschen abstumpfte und die Psyche der Volksmassen so belastete, dass sie sich zu Entscheidungen hinreißen ließen, die sie unter normalen Umständen nie getroffen hätten; tatsächlich wird uns dieser Zug der Demokratie im Verlauf des Krieges (s. S. 126) öfter begegnen: Die Ausnahmesituation des Krieges veränderte zusammen mit dem Auftreten der Demagogen vom Schlage eines Kleon und Alkibiades die Kommunikationsatmosphäre zwischen Demos und Redner und konnte so leichter zu drastischen Entscheidungen führen als in Friedenszeiten. Veränderungen dieser Art bedürfen freilich konkreter Hintergründe und Anlässe, um zu einem Beschluss wie den über Melos zu gelangen. Viele sehen diese Hintergründe in der Entwicklung des Seebundes zu einer Herrschaft (*arche*) der Athener, doch ist man sich bis heute nicht einig, ob dieser Prozess bereits vor oder erst nach Ausbruch des Krieges abgeschlossen war. Vieles spricht für die zweite Version, und in diesen Entwicklungsrahmen wäre der Beschluss über Melos einzuordnen: Einerseits zwang der Krieg die Athener dazu, die Kontrolle über die Bundesgenossen zu verschärfen und eine härtere Kriegspolitik gegenüber allen potentiellen Unruheherden zu praktizieren. Andererseits hatten die Erfolge des ersten Kriegsabschnittes und die Verträge mit Sparta das Selbstbewusstsein der Athener gesteigert. Man meinte, keiner fremden Macht mehr zur Rechenschaft verpflichtet zu sein und auch nicht mehr an die vorsichtige, das eigene Potential genau kalkulierende perikleische Kriegspolitik gebunden zu sein. Insofern sind der Beschluss über Melos und der Melierdialog – auch wenn er von Thukydides erst später gestaltet wurde – markante Symptome für die Entwicklung der politischen Atmosphäre in der Athener Bürgerschaft, die bereit war, traditionelle Handlungsnormen zu missachten, ohne die langfristigen Konsequenzen zu bedenken.

Q

Die Ideologie der Macht. Die Athener im „Melierdialog"
(Thukydides 5,89)

So wollen also auch wir nicht großartige Worte darüber verlieren, dass uns nach dem Sieg über die Perser durch unsere Waffen mit Recht die Herrschaft zukommt, oder darüber, dass uns von euch Unrecht geschehen ist und wir nun von Rechts wegen gegen euch zu Felde ziehen. Mit solchem Wortgeschwall würden wir unser Recht nur unglaubwürdig machen. Wir glauben auch gar nicht, dass ihr euch einbildet, ihr könntet uns durch Redensarten wie, dass ihr als spartanische Kolonie nicht mit uns hättet zu Felde ziehen können oder dass ihr uns nichts zu Leide getan hättet, ernstlich überzeugen. Wir sind vielmehr der Meinung, dass ihr Euch durch Unterhandlungen bemühen werdet, das zu erwirken, was nach unser beider Ermessen möglich ist. Ihr seht ja ein, dass ihr es in unserem Fall mit Leuten zu tun habt, die wissen, dass nach menschlicher Denkweise nur da nach Recht und Gerechtigkeit entschieden wird, wo man sich gegenseitig mit gleicher Macht zwingen kann, dass aber der an Macht Überlegene so weit geht, wie er kann, und der Schwächere nachgibt.

d) Die Schrecken des Krieges und die Tragödien des Euripides

Bürgerkrieg in Kerkyra und Pathologie des Krieges

Noch erschütternder als das Vorgehen Athens gegen Melos ist die Schilderung des Thukydides über den Bürgerkrieg in Kerkyra im gleichen Jahr der Mytileneaffäre (3,81–83). Er mündete in ein Blutbad und wurde mit derartiger Brutalität geführt, dass alle moralischen Werte und Normen sich ins Gegenteil zu kehren schienen und ein geregeltes Gemeinschaftsleben unmöglich machten. Thukydides hat daran anschließend in der berühmten *Pathologie des Krieges* (3,80–82) nach sophistischer Manier den Krieg als die entscheidende Ursache dieses ungezügelten Ausbruches menschlicher Leidenschaften erkannt. Tatsächlich hatten die Brutalitäten des Peloponnesischen Krieges und seine unvorhersehbaren Wendungen auch seinen Mitbürgern in kurzer Zeit mehr psychische Spannkraft abverlangt als die gesamten fünfzig Jahre zuvor. Man suchte nach Ventilen, um diese Anspannung abzubauen. Ein wichtiges Medium bildete die Tragödie. Auch sie sollte den Athenern helfen, das mentale Gleichgewicht wiederzufinden, aus dem sie der Krieg zu bringen drohte: Sophokles hielt wie Aischylos die Menschen dazu an, Maß zu halten und Kompromisse zu finden. Doch mit Euripides kündigt sich ein neuer Ansatz an, der weniger belehrend und beruhigend, dafür zweifelnd und fragend auf die Veränderungen der Zeit reagiert und stark von der Sophistik beeinflusst war. Nun sind es die Charaktere der Menschen selbst, die sein Schicksal bestimmen, die Götter haben dagegen ihre erhabene Funktion als gerechte Ordner der Welt verloren. Es ist zwar fast immer ein Gott, der *ex machina* die verfahrene Situation löst, doch ebenso unzweideutig ist es ein Gott, der – wie Apollon durch ein falsches Orakel – eine Kette von Freveltaten in Gang setzt und keine moralische Normen mehr zu lehren weiß; die Götter sind – so Euripides – nicht in der Lage, eine sittliche Ordnung unter den Menschen zu etablieren (*A. Dihle*). Dementsprechend sind auch die Helden normale, schwache oder egoistische Menschen, die nicht einmal im Ertragen von Leid menschliche Größe offenbaren.

Euripides

Diese Abkehr von den tragischen Normen des Aischylos und Sophokles spiegelt augenscheinlich die äußeren und inneren Veränderungen, die Athen seit Beginn des Krieges erfasste: Das Leiden des tragischen Helden konnte angesichts der furchtbaren Pest, die in Athen fast 100 000 hinweg gerafft hatte, nicht mehr so glaubhaft als Ausgangspunkt humaner Größer gedeutet werden. Der Krieg hatte mehrfach gezeigt, dass Technik und Taktik der Menschen über Erfolg und Misserfolg entschieden, und die Sophisten gaben dieser Einschätzung recht. Nüchterne Rationalität bestimmte so die Deutung menschlicher Konflikte, nicht mehr der Glaube an die Gerechtigkeit der göttlichen Weltordnung. Denn was machte es für einen Sinn, in der Tragödie die Außerkraftsetzung und Wiederherstellung dieser Ordnung durchzuspielen, wenn der Krieg als permanenter Ausnahmezustand empfunden wurde? Die unerhörte Anspannung forderte dazu heraus, den nüchternen Blick auf den Charakter des Einzelnen zu wenden und der Frage nachzugehen, wie er sich in Extremsituationen verhielt und welche Alternativen er hatte. Eine große Rolle spielen dabei zumal in den so genannten Kriegsstücken (*Hiketiden, Hekabe, Troerinnen, Phoenissen*) große Frauenfiguren. Dies ist kein Zufall: Viele Männer standen als Feldherren, Hopliten oder Ruderer über Monate im Krieg.

Entscheidungsalternativen werden in gegenseitigen Argumentationsketten debattiert, wie man es von den sophistisch geschulten Rednern der Volksversammlung kannte. Am Ende aber bleibt der Zuschauer meist ratlos. Euripides zeigt damit eine andere Seite athenischer Mentalität, deren Selbstbewusstsein durch den Krieg ins Schwanken geraten ist und auch nicht mehr Trost in der Erinnerung an ein übergeordnetes Weltregiment findet. Euripides lässt jedoch seine Mitbürger in ihrer Unsicherheit nicht allein, sondern zeigt sich schon darin mit ihnen solidarisch, dass auch er keine praktischen Antworten weiß. Dennoch kann er trostvoll in die Zukunft weisen. Jeder Mensch ist in der Lage, selbst vor dem Hintergrund hoffnungsloser Verwicklungen zum Helfer zu werden und neue sittliche Maßstäbe – unabhängig von göttlichen Normen – zu setzen: Auch die Krise bot so die Chance zur Besserung; ob der Mensch sie nutzte, lag allein an ihm.

5. Athens Griff nach der Weltmacht: Die große Sizilische Expedition

416/5	Gesandtschaft von Segesta in Athen
415	Hermenfrevel in Athen, *Troerinnen* des Euripides Ausfahrt der athenischen Expeditionsflotte nach Sizilien
414	*Die Vögel* des Aristophanes. Eingreifen des Gylippos in Sizilien
413	Besetzung Dekeleias durch die Spartaner (Herbst) Katastrophale Niederlage der Athener in Sizilien

a) Vorgeschichte und Diskussionen in der Volksversammlung

In diesen Rahmen passt ein Ereignis, das Thukydides nicht ohne Grund unmittelbar nach dem Melierdialog im 6. Buch schildert und das die weitere Entwicklung entscheidend bestimmt hat. Athen hatte während des Krieges die Situation im Westen nie aus dem Auge verloren. Erstens versuchte man, Zugriff auf die reichen Kornressourcen Siziliens sowie den Getreidehandel zur Peloponnes und nach Mittelgriechenland zu bekommen. Zweitens – und eng hiermit verbunden – sollte der seit 440 einsetzende syrakusanische Machtaufstieg gestoppt werden; denn Syrakus war, wie Potideia im Osten, eine Kolonie Korinths und insofern immer eine potentielle Bedrohung athenischer Interessen. 427 hatte der Stratege Laches auf dem Höhepunkt der athenischen Erfolge im Mutterland eine Flottenexpedition nach Sizilien geführt, um die Stadt Leontinoi im Kampf gegen Syrakus zu unterstützen. Zehn Jahre später – im Winter 416/5, also in der Zeit, als Melos kapitulieren musste – bat eine Gesandtschaft der mit Athen seit 418/7 verbündeten (nichtgriechischen) Stadt Segesta die Volksversammlung um Hilfe in ihrem Kampf gegen die Nachbarstadt Selinunt und deren Verbündeten

Gesandtschaft von Segesta in Athen

Syrakus. Die Gesandten erinnerten an das Schicksal des stammverwandten (ionischen) Leontinoi, das bereits von Syrakus unterworfen worden war, und prophezeiten eine ähnliche Entwicklung in den grellsten Farben: Würden sie unterliegen, dann würden die Syrakusaner die Herrschaft über die ganze Insel erringen und den Spartanern gegen Athen Hilfe schicken können.

Damit war der Nerv der Athener getroffen. Sie reagierten wohlwollend – nicht zuletzt weil die Segestaner große finanzielle Mittel in Aussicht stellten –, beschlossen aber, die Angaben an Ort und Stelle zu prüfen. Eine Gegengesandtschaft der Athener wurde in Segesta geschickt getäuscht. Man zeigte ihr beeindruckende, aber wertlose Votivgaben und bediente sie mit Silber- und Goldgeschirr, das von den reichsten Einwohnern ausgeliehen wurde. Zufrieden kehrten die Athener im März des folgenden Jahres zurück. Mit ihnen reiste eine neue Abordnung der Segestaner, die 60 Talente an Silber in ihrem Reisegepäck hatte, genau die Summe, mit der 60 Trieren für einen Monat bezahlt werden konnten. Damit begann eine Entwicklung auch auf den Seekrieg überzugreifen, die mit der Brasidasexpedition ihren Anfang genommen hatte: Poleis der Peripherie versuchten die Kriegsbereitschaft und das Kriegspotential der Hegemonialmächte für ihre Zwecke zu nutzen. Der Krieg griff damit nun auch auf den westlichen Teil der damals bekannten Welt über.

Nachdem die Gesandtschaft der Athener ihren Bericht erstattet und die Segestaner ihre Bitte erneut vorgebracht hatten, kam es in der Volksversammlung zu einer längeren Diskussion. Als schärfster Kritiker einer Expedition trat Nikias auf. Er führte den Athenern nach dem Zeugnis Diodors vor Augen, dass eine Eroberung Siziliens unmöglich sei, wie dies schon die Karthager erfahren hätten. Nach Plutarch konnte sich jedoch Nikias nicht gegen Alkibiades durchsetzen, der eine Hilfe Athens befürwortete. Am Ende beschloss die Volksversammlung einen Kompromiss: Die Strategen Alkibiades, Nikias und Lamachos sollten den Segestanern mit 60 Schiffen zu Hilfe kommen, die Autonomie Leontinois wiederherstellen „und auch sonst in Sizilien tun (...), was ihnen am günstigsten schiene für Athen" (Thukydides 6, 8,2). Der Umfang der Flotte entsprach den Größenordnungen, wie man sie von früheren Expeditionen gewohnt war. Von einer Eroberung der Insel war zu diesem Zeitpunkt (noch) keine Rede.

Diskussion in der Volksversammlung

Den Umschwung brachte eine zweite Volksversammlung, die anberaumt war, „um" – so Thukydides 6,8,3 – „über die schnelle Beschaffung der Schiffsausrüstung sowie über das, was die Feldherren für die Ausfahrt noch bedurften", zu beschließen. Wieder trat Nikias als erster Redner auf. Er nutzte die Frage der Ausrüstung, um den Athenern noch einmal seine grundsätzlichen Bedenken klarzumachen (6,9–14): Athen könne es sich nicht leisten, Sizilien anzugreifen und sich neue Feinde zu schaffen, da man bereits im griechischen Mutterland mit ernst zu nehmenden Gegnern konfrontiert sei. Außerdem solle man sich nicht auf den Frieden mit Sparta verlassen, da Sparta nur gezwungenermaßen in den Friedensvertrag eingewilligt hätte. Anstatt ihre heimischen Streitkräfte durch eine Expedition nach Sizilien zu schwächen, sollten sie lieber ihre Position im Seebund konsolidieren und die rebellierenden Städte in Thrakien und auf der Chalkidike zurückgewinnen – eine Maxime, die ganz der Linie des Perikles ent-

Rede des Nikias

sprach. Dem Hinweis, dass ein von Syrakus beherrschtes Sizilien eine Bedrohung für Athen darstelle, begegnete er mit einer typisch sophistischen Argumentation: Die Sikelioten wären weit weniger gefährlich, wenn sie von den Syrakusanern beherrscht würden, denn Syrakus müsse dann viel eher fürchten, dass dessen eigenes Reich zerstört würde, und es hätte so gar keine Ambitionen mehr, sich außerhalb Siziliens zu engagieren. Wenn dagegen Athen von sich aus Sizilien angreifen würde, dann würden sich die Sizilianer den Spartanern bei einem Angriff auf Athen anschließen. Daher sei es das Beste, die Expedition nach Sizilien zu unterlassen. Man solle nicht den Plänen des Alkibiades folgen, der ohne Rücksicht auf die Staatsinteressen nur seinen eigenen Ehrgeiz befriedigen wolle.

Rede des Alkibiades

Alkibiades versuchte in seiner Gegenrede, ein anderes Bild der Machtverhältnisse in Sizilien zu zeichnen. Die Einwohner der Insel seien schwankend und für Syrakus keine verlässlichen Partner. In Griechenland hätten die Spartaner durch den Abschluss des Nikiasfriedens an Selbstbewusstsein verloren und könnten die Athener ohnehin nur über Land bedrohen. Denn die Reserveflotte Athens würde problemlos die Seeherrschaft sichern. Schließlich hätten die Athener Verpflichtungen gegenüber ihren Vertragspartnern auch im Westen und könnten deren Bitte um Hilfe nicht einfach abschlagen (ein ähnliches Argument dürfte Perikles zu Beginn des Krieges bei der Diskussion um das Bündnis mit Kerkyra gebraucht haben). Überhaupt verlange die Herrschaft im Seebund, dass man jede sich bietende Chance zur Machterweiterung nütze: Wenn man Erfolg habe und Syrakus erobere, dann hätte man einen territorialen Gewinn verbucht, der Sparta endgültig auch vom Westen her die Luft abschnüren und den Athenern die Kontrolle über ganz Griechenland verschaffen würde. All dies verband er mit der Aussicht auf unermessliche Reichtümer, die nur darauf warteten, gehoben zu werden.

Die Rede des Alkibiades überzeugte, und dennoch gab sich Nikias nicht geschlagen (s. Quelle). Er wählte eine ungewöhnliche und – wie sich herausstellen sollte – falsche Taktik: Anstatt die Argumente des Alkibiades zu widerlegen, versuchte er die Athener dadurch umzustimmen, dass er auf den gewaltigen Umfang einer Expedition nach Art des Alkibiades hinwies: Nur mit einer viel größeren Flotte, mehr Getreide, Leichtbewaffneten und Hopliten könne ein Angriff in Sizilien gewagt werden.

Endgültiger Beschluss der Volksversammlung

Nikias erreichte das Gegenteil von dem, was er beabsichtigt hatte: Begeistert stimmten die Athener seinen Vorschlägen zur Vergrößerung der Flotte zu: Am Ende des Tages wurde eine Armada von 300 Schiffen, darunter 134 Trieren mit über 25 000 Ruderern und 6400 Mann Landungstruppen festgelegt. Fast die Hälfte der rund 5100 eingesetzten Hopliten wurden von den ägäischen Bundesgenossen (Euböa, Andros, Naxos, Samos, Milet) gestellt. Hätte Nikias geschwiegen, dann wären lediglich 60 Schiffe abgesandt worden; nun aber hatte Athen die größte Flotte seit der Ägyptenexpedition bewilligt, deren inoffizielles Ziel zweifellos die Eroberung ganz Siziliens war. Sollte dies misslingen, dann waren die Folgen nicht abzusehen.

Q

Alkibiades, die Athener und die Sizilische Expedition

(Thukydides 6,24)
Die Athener waren aber unter dem Eindruck des Gehörten noch viel mehr als früher für den Zug nach Sizilien begeistert. Und sie ließen sich ihre Begeisterung für die Fahrt auch durch die Last der Rüstungen nicht nehmen. Sie gerieten nur noch viel mehr in Schwung, und Nikias, der sie durch die Schilderung der notwendigen Rüstungen hatte abschrecken wollen, erzielte gerade das Gegenteil. Man billigte nämlich nur seine erste Mahnung, und nun würde, wie man glaubte, die Sache erst recht sicher sein. Eine förmliche Sucht befiel alle, die Fahrt mitzumachen, die Älteren, weil sie die Hoffnung hegten, sie würden die niederwerfen, gegen die sie ausliefen, oder wenigstens würde eine solche Kriegsmacht unter keinen Umständen scheitern; die streitbare Jugend, weil sie es verlangte, die Fremde zu schauen und zu erleben, und weil sie guter Hoffnung waren, heil davonzukommen; den einfachen Mann aber, weil er erwartete, als Soldat zunächst einmal Geld zu verdienen, dann aber auch der Stadt neue Macht zu gewinnen, woraus sich ein ständiger Anlass zu Söldnerdienst ergeben würde.

(Plutarch, Alkibiades 17)
Da war Alkibiades, der die Begierde der Athener vollends entflammte und sie beredete, nicht mehr von Zeit zu Zeit ein kleines Geschwader hinzuschicken, sondern mit einer gewaltigen Flotte an die Eroberung Siziliens zu gehen. Wenn er so dem Volk große Hoffnungen vorspielte, dachte er dabei insgeheim selbst an seine eigene glänzende Laufbahn. Denn in seinen Plänen stand Sizilien immer nur als der Anfang, nicht, wie bei den übrigen, als das Ziel des Krieges. Nikias stellte dem Volk die Schwierigkeit vor, Syrakus zu erobern, und suchte es von seinem Vorhaben abzubringen; Alkibiades dagegen träumte schon von Karthago und Afrika, wollte nach deren Bezwingung seine Hand nach Italien und der Peloponnes ausstrecken und betrachtete den Krieg mit Sizilien eigentlich nur als Sprungbrett zu weiteren Zielen. Durch solche Aussichten gewann er sogleich die jungen Athener. Sie waren von seinen Plänen hingerissen und hörten den wunderbaren Erzählungen der Alten von diesem Kriegszug aufmerksam zu; ja viele saßen in den Ringschulen und auf den Ruhebänken der öffentlichen Anlagen und zeichneten die Umrisse Siziliens oder die Lage von Afrika und Karthago in den Sand.

b) Motive, Ziele und Gründe der Sizilienexpedition

Damit stellt sich die Frage nach den Motiven und Gründen der Sizilienexpedition.

Alkibiades konnte die Athener – so Thukydides – mit zwei machtpolitischen Argumenten überzeugen: Erstens müsse man durch einen Präventivschlag den Machtaufstieg von Syrakus unterbinden, weil die Syrakusaner als potentielle Verbündete der Spartaner die Reihen der athenischen Kriegsgegner in Griechenland entscheidend verstärkt hätten. Dieses Argument konnte sich auf handfeste Fakten berufen: Die Zahl der Bürgerschaft von Syrakus (20 000–25 000 Männer) war nur um weniges geringer als die Athens und stellte schon aus diesem Grund einen nach griechischen Maßstäben bedeutenden Machtfaktor dar. Syrakus hatte ferner (wie Korinth) wenige Jahre vor dem Peloponnesischen Krieg umfangreiche Rüstungen

Präventivschlag gegen Syrakus

betrieben (s. S. 75). Auch wenn die Syrakusaner bisher nicht in Griechenland eingegriffen hatten, so drohten sie doch, die von den Athenern verfolgte Strategie der großräumigen Blockierung der Kornzufuhr aus dem Westen zu behindern. Eine Unterstützung der athenischen Bundesgenossen gegen den syrakusanischen Machtaufstieg erschien so logisch und notwendig. Ähnlich wie beim Hilferuf von Kerkyra zu Beginn des Peloponnesischen Krieges hätten es zudem viele Bundesgenossen in der Ägäis als Schwäche ausgelegt, wenn die stärkste Seemacht des griechischen Raumes einem ihrer Bündner in Sizilien nicht zu Hilfe gekommen wäre. Wieder entwickelten also die weitreichenden Bündnisse der griechischen Welt eine Eigendynamik, die den Hegemon in die Pflicht nahm und ihn zu riskanten Unternehmungen zwang.

„Große Pläne" des Alkibiades

Nun verbindet sich aber mit diesem strategischen Ziel eine weitere Perspektive, deren Glaubwürdigkeit in der Forschung umstritten ist. „Die Athener", so Thukydides 6,6,1, „rüsteten sich, Krieg zu führen, begierig im letzten Grunde nach der Herrschaft über die ganze Insel." Nach Thukydides (6,19; 90) und Plutarch (Alkibiades 7,4) hätten Alkibiades und die Athener sogar gehofft, nicht nur Sizilien, sondern auch Karthago, Italien und die Küstengebiete des Westens zu erobern, um schließlich mit dem militärischen Potential des westlichen Mittelmeerraums Sparta einzuschnüren und endgültig niederzuringen (s. Quelle).

Q

Die „Großen Pläne" des Alkibiades
(Thukydides 6,90: Rede des Alkibiades in Sparta)

Das Ziel unserer Fahrt nach Sizilien war zunächst, falls erreichbar, die Unterwerfung der Sikelioten, und nach jenen ebenso der Italioten, und weiter wollten wir uns an den Karthagern und ihrem Reich versuchen. Wenn das glückte, sei es vollständig oder nur teilweise, gedachten wir dann die Hand nach der Peloponnes auszustrecken unter Aufgebot der gesamten, von dort herangeführten Macht der Hellenen, vieler angeworbener Barbaren, Iberer und anderer (...), ferner mit zahlreichen neuerbauten Trieren zur Verstärkung unserer Flotte, da Italien reichlich Holz hat. Mit den Schiffen wollten wir die Peloponnes ringsum blockieren, mit dem Landheer zugleich die Städte von der Landseite aus angreifen und sie teils im Sturm erobern, teils hofften wir sie durch Einschließung leicht niederzuzwingen und darauf Gebieter über ganz Hellas zu werden.

Viele Gelehrte – unter ihnen *D. Kagan* in seiner Monographie über den Frieden des Nikias und die Sizilische Expedition – haben diese „Großen Pläne des Alkibiades" als unrealistisch verworfen und sie mit den Bemühungen des Alkibiades erklärt, die Spartaner durch die Schilderung überzogener athenischer Kriegsziele zu militärischen Gegenmaßnahmen zu veranlassen. Denn als Alkibiades den Spartanern diese Kriegsziele erläuterte, befand er sich als ein von Athen verurteilter Flüchtling in Sparta und hätte somit aus persönlichen Rachegefühlen allen Grund gehabt, die Spartaner gegen seine Heimatstadt aufzuhetzen. Andere Forscher wie *R. Meiggs* zweifeln dagegen nicht an der Glaubwürdigkeit der Ziele. Für ihre These spricht das Zeugnis der Quellen, die übereinstimmend davon berichten, dass die Athener im Zuge der Verhandlungen über die Expedition in der Volksversammlung und in der Stadt derart raumgreifende geopolitische und machtpolitische Ambitionen diskutierten. Sicherlich wird Alkibiades diese in Sparta gebührend hervorgehoben haben, doch wenn sie nur auf Erfindung beruht hätten, dann wäre es den Spartanern ein Leichtes gewesen, sie über Kontaktleute im weltoffenen Athen zu überprüfen. Tatsächlich handelte es sich auch um Pläne, die aufeinander aufbauten und nur bei einem Erfolg der ersten Phase – der Eroberung von Syrakus – hätten verwirklicht werden können. Hieraus erklärt sich auch die vage Formulierung der offiziellen Kriegsziele. Insofern kann man ihnen eine vernünftige Überlegung nicht absprechen. Letztlich waren sie eine konsequente Folge der neuen Seekriegspolitik, die seit dem Aufbau der Flotte und ihrer Expeditionen bis nach Ägypten keine räumlichen Grenzen mehr kannte. Selbst Perikles hatte seinen Mitbürgern in seiner letzten Rede triumphierend zugerufen (Thukydides 2,62,2): „Ihr denkt, ihr gebietet nur über die Bundesgenossen; ich aber will euch beweisen, dass ihr über einen der beiden Bereiche, die dem Menschen zur Benutzung offen liegen, nämlich Land und Meer, ohne jede Schranke gebietet, so weit ihr ihn heute für euch in Besitz habt und *so sehr ihr ihn noch erweitern möget*, und es gibt niemanden, der euch, wenn ihr mit der verfügbaren Flottenmacht in See geht, in den Weg treten könnte, weder der Großkönig noch ein anderes der jetzigen Völker."

Möglicherweise spielten im Jahre 416/5, als Athen daran ging, seine Eroberungsziele auf die Länder des westlichen Mittelmeeres auszurichten, falsche geographische Vorstellungen eine Rolle, doch ist dies nicht das Entscheidende. Der Verlauf des Peloponnesischen Krieges hatte den Athenern gezeigt, dass ihre Herrschaft selbst der geballten Kraft des Peloponnesischen Bundes widerstehen und nicht einmal durch unvorhersehbare Unglücksfälle wie die große Seuche erschüttert werden konnte. Am Ende mussten sich die Spartaner zu einer Defensivallianz bequemen. Fünf Jahre lang hatte die Flotte keine größeren Expeditionen mehr unternommen. All dies hatte die Kräfte und das Selbstbewusstsein der Stadt enorm gesteigert. Warum sollte man da nicht den Griff nach der Weltmacht wagen, wenn in Griechenland keine Gefahr drohte? Sicherlich werden nicht alle Athener im Jahre 415 mit der Eroberung Karthagos oder Italiens gerechnet haben, doch historische Parallelen zeigen, dass in bestimmten Situationen Eroberungsszenarien allein durch ihre Existenz die konkrete Politik beeinflussen können. Genau so wird man auch die „Großen Pläne" des Alkibiades einschätzen dürfen. Sie waren strategische Zielprojektionen, die das militärische Engagement beflügelten und die Begeisterung für die Expedition nur verstärken konnten.

Materielle Ziele

Eng verbunden mit dieser machtpolitischen bzw. expansionistischen Perspektive waren – wie immer in der Geschichte großer Eroberungsunternehmungen – materielle Hoffnungen, die man mit einem Feldzug nach Sizilien verband. Sizilien galt wegen seines Reichtums an Getreide und Vieh, der Größe und Ausstattung der Tempel als „Goldener Westen", und die Segestaner hatten alles getan, um diesen Eindruck zu verstärken. Es ist zwar fraglich, ob diese Vorstellungen wirklich eine Massenhysterie auslösten, wie man den Ausführungen des Plutarch entnehmen könnte; dazu waren zu viele Athener durch die vorausgegangenen Expeditionen mit der Situation in Sizilien vertraut; doch viele Ruderer und Hopliten werden auf schnelle Gewinne und leichte Beute gehofft haben, die sie – seit dem informellen Ende des Krieges gegen Persien – so lange vermisst hatten; die Theten mussten ferner daran interessiert sein, durch maritime Großtaten ihren unverzichtbaren Wert für ihre Polis unter Beweis zu stellen. Alle Athener werden schließlich damit gerechnet haben, dass ein Erfolg die Zahl der tributpflichtigen Bündner erhöhen und den Reichtum ihrer Stadt mehren könnte.

Stärkung des Seebundes

Doch waren es nicht allein die Athener, die von dem Sizilienzug zu profitieren suchten. *R. Meiggs* hat darauf hingewiesen, dass wahrscheinlich die Mehrzahl der Ruderer aus Metöken und Freiwilligen bestand, die aus den Städten des Bundesgebietes angeworben worden waren (auch dies spricht gegen eine „Massenhysterie" unter den Athenern). Diese verhielten sich während des gesamten Unternehmens loyal. So ist die Vermutung erlaubt, dass die Sizilienexpedition auch den Bundesgenossen die Chance bieten sollte, sich unter Athens Führung zu bereichern, und das Ziel verfolgte, das Zusammengehörigkeitsgefühl innerhalb des Seebundes durch die gemeinsame Bewährung in einem großen Unternehmen zu stärken. Der Zug gen Westen gab dem Seebund eine neue außenpolitische Perspektive, die man seit längerem vermisst hatte (s. S. 88); Athens Rolle als Hegemon des Bundes sollte durch ein propagandawirksames Großunternehmen gefestigt werden.

Adliges Streben nach Ruhm

Die antiken Quellen suchen die Hintergründe der Sizilienexpedition dagegen wie üblich weniger in strukturellen Erklärungen als vielmehr in den persönlichen Motiven der Hauptakteure. Hierbei spielt das Streben des Alkibiades nach Ruhm, Anerkennung und persönlichem Machtgewinn eine besondere Rolle. Dieses gilt es in den Gesamtrahmen der Athener Gesellschaft in der Zeit vor der Expedition einzuordnen. Alkibiades wird so zum herausragenden Vertreter einer Adelsschicht, die in der Sizilienexpedition eine lange gesuchte Chance erblickte, fern von der Heimat und den Kontrollen des demokratischen Systems rühmenswerte Großtaten zu vollbringen und ihren persönlichen Ehrgeiz zu befriedigen. Seit dem Frieden von 421 fehlte für diesen Drang ein adäquates Objekt, doch nun eröffnete sich im Westen ein Handlungsspielraum, der nicht nur reiche Beute, sondern auch große Eroberungen versprach und nicht zuletzt den faszinierenden Reiz der Ferne besaß. Gerade dieses Moment muss auf die jüngere Generation, die an der ersten Kriegsphase nicht teilgenommen hatte und sich leichter von den außenpolitischen Beschränkungen des Perikles und seiner Loyalitätsbekundungen zur Polis lösen konnte, einen großen Einfluss ausgeübt haben: Plutarch (Alkibiades 17) und Thukydides sprechen vom „Eros" und „Pathos", die Alkibiades bei den jungen Athenern entfachte: Diese hatte „die Sehnsucht ergriffen, die Fremde zu schauen und kennen zu lernen" (Thukydides 6,24) und sie „hingen einer unheilvollen Liebe zu dem Entfernten nach" (6,13,1). Eros („Liebe") und Pathos („Leidenschaft") sind nach griechischer Auffassung gewaltige Kräfte, denen weder Götter noch Menschen widerstehen können. Die Weite des Westens bot so nicht nur die Möglichkeit, sich durch große Taten im Kreise der Standesgenossen erste Sporen zu verdienen; sie erweckte auch eine brennende Neugier nach dem Unbekannten oder Halbvertrauten einer Welt und ihrer mythenhaften Exotik, die schon immer Griechen zu Entdeckungsfahrten bewogen

Der Reiz der Ferne

hatte: Die jungen Athener sollen – so Plutarch (Alkibiades 17) – den Erzählungen der Älteren gelauscht haben, die „viel Merkwürdiges von dem Kriegsschauplatz zu berichten wussten" und danach „den Umriss der Insel und wie Libyen und Karthago dazu gelegen sei, in den Sand gezeichnet haben". Diese Welt durch Eroberung an die Realität des eigenen Kosmos anzubinden, war ein Ziel, das die jungen Adeligen begeistert haben muss und das zu erreichen ihnen nach den Lehren der Sophisten nicht verwegen schien. Es wurde zur Probe männlicher Entschlossenheit und aristokratischer Tugenden, die man nun sogar auf die bürgerliche Sphäre der Polis übertrug: Wer zögerte, wurde als Feigling und schlechter Bürger verachtet – wie Thukydides (6,24; 6,13) erzählt –, bis niemand mehr Widerspruch zu äußern wagte. Auf diese Weise fanden typisch aristokratische Motive Eingang in den Entscheidungsprozess der Demokratie und vermischten sich mit den machtpolitischen und materiellen Erwägungen. Erst die Summe dieser Antriebskräfte erklärt die beispiellose Dynamik, welche die Athener und große Teile der Bundesgenossen mitriss.

c) Kritik und Zweifel: Die Sizilienexpedition im Spiegel des Theaters – Der Hermenfrevel

In der Forschung wird mitunter die Meinung vertreten, dass die Athener die Größe der Aufgabe und deren Probleme unterschätzt oder falsch kalkuliert hätten. Dies mag in Einzelfällen zutreffen, doch insgesamt scheinen sich nach den vorangegangen Überlegungen weite Teile der Bürgerschaft der neuen Dimension der Sizilischen Expedition bewusst gewesen zu sein und diese als Herausforderung begriffen zu haben. Hierfür spricht auch, dass es nicht an Skeptikern fehlte, die vor möglichen Konsequenzen warnten. Doch wurden ihre Stimmen in der Volksversammlung und im politischen Tagesgeschäft unterdrückt. Es blieb das Theater: Kurz vor der Abfahrt der Flotte im Frühjahr 415 brachte Euripides die *Troerinnen* auf die Bühne. Für viele Athener sollte es das letzte Stück sein, das sie in ihrem Leben sahen. Euripides zeigte am Beispiel der trojanischen Frauen nach der Einnahme von Ilion, welches Schicksal den Menschen erwartet, wenn er die heimatliche Polis, den eigenen Oikos und die Familie durch Feindeshand verliert und sein Leben in der Sklaverei fristen muss. Nahe lag die Übertragung dieses Schicksals auf die Syrakusaner. Ihnen sollte nach den Willen der Athener das Gleiche blühen, wenn sie sich nicht ergäben. Euripides mag seine Mitbürger durch die drastische Schilderung menschlicher Verzweiflung aufzurütteln und zu warnen versucht haben, solches Menschen anzutun, die anders als die Trojaner nicht einmal Fremde, sondern Griechen waren. Doch genauso eindringlich rief er ihnen ins Gedächtnis, wie schnell sich das Schicksal *gegen die eigene*, scheinbar sichere Stadt wenden könnte. Damit richtete sich indirekt die Kritik gegen das gesamte Unternehmen.

Troerinnen des Euripides

Die *Komödie* nahm mit zeitlicher Verzögerung die grenzenlosen Eroberungspläne aufs Korn. Als im Jahre 414 das Sizilienunternehmen seinen Höhepunkt erreichte, ließ **Aristophanes** *Die Vögel* aufführen. Die Haupt-

Die Vögel des Aristophanes

rolle spielen zwei Athener, die sich von der Stadt abwenden und in Vögel verwandeln lassen wollen. Danach schlagen sie ihren Mitvögeln vor, ein Weltreich zu gründen, das über Menschen und Götter gebietet; dann könnten sie sogar Verbindungswege zwischen Göttern und Menschen blockieren – eine deutliche Anspielung auf das Argument, durch die Eroberungen im Westen den Peloponnesiern die Versorgung mit Getreide und Holz zu unterbinden. Indem Aristophanes diese Pläne und die von Alkibiades propagierte Eroberung des Westens in eine komische Phantasiewelt transponiert und auf die Sphäre der Götter ausdehnt, karikiert er ihre Maßlosigkeit, die selbst vor dem Olymp nicht Halt macht. Aristophanes thematisiert so vor dem aktuellen Hintergrund der Sizilienexpedition maßlose Eroberungssucht und Herrschaftswillen als anthroplogische Grundphänomene.

E

Aristophanes (ca. 445–386)
Aristophanes war der bedeutendste Vertreter der so genannten Alten Komödie in Athen. Von seinen vierzig Komödien sind elf erhalten. Sie fallen fast alle in die Zeit des Peloponnesischen Krieges oder in die unmittelbare Nachkriegszeit und nahmen aktuelle innenpolitische, gesellschaftliche und außenpolitische Phänomene aufs Korn. Neben dem Spott verfolgten die Komödien immer auch pädagogisch-politische Ziele.

Es herrschte eine eigentümliche Stimmung, schwankend zwischen enthusiastischem Selbstbewusstsein und beklemmendem Zweifel, zwischen Hoffen und Furcht vor einem Unternehmen, dessen Ausgang nicht sicher schien. Diese Stimmung war der Nährboden für ein Ereignis, das sich wenige Abende vor dem Ausfahrt der Flotte abspielte: Unbekannte hatten in der Nacht die Gesichter der zum Schutz der Straßen und Plätze aufgestellten Hermesstatuen verstümmelt. Die Bevölkerung sah hierin ein schlimmes Vorzeichen für den Ausgang der Sizilienexpedition. Bis heute rätselt man über die Hintergründe: Vielleicht ging der Religionsfrevel auf das Konto junger Aristokraten und ihrer euphorisierten Stimmung angesichts des bevorstehenden Abenteuers. Möglicherweise wollten aber auch Gegner des Alkibiades dessen Stellung unterminieren und den Feldzug verhindern. Und schließlich ist nicht auszuschließen, dass oligarchisch gesinnte Kreise und ihre Klubs (Hetairien) ihrer Unzufriedenheit mit dem demokratischen System Luft machen und – so die offizielle Version – die Abfahrt eines großen Teils der Theten zu einem Verfassungssturz nutzen wollten.

Hermenfrevel und Anklage gegen Alkibiades

Wenn dies zutrifft, dann war ihre Aktion allerdings schlecht geplant und ineffektiv. Wir hören nämlich nichts von diesbezüglichen Aktivitäten in den folgenden Tagen. Stattdessen stellte eine vom Rat bestellte Untersuchungskommission Belohnungen für einschlägige Aussagen und Anzeigen in Aussicht und gab damit Anlass für zahlreiche Denunziationen. Eine traf Alkibiades: Er wurde beschuldigt, in seinem Hause eine Parodie der Eleusinischen Mysterien aufgeführt zu haben. Damit war die Angelegenheit zu einem Politikum ersten Ranges geworden. Alkibiades wollte sich unverzüglich vor Gericht rechtfertigen, doch seine Gegner verschleppten die Angelegenheit. Es erging schließlich ein Volksbeschluss, wonach Alkibiades sich erst nach der Rückkehr aus Sizilien verantworten solle. Der Feldzug und das Kommando des Alkibiades waren gerettet, doch musste er fortan mit dem Störfeuer seiner innenpolitischen Gegner rechnen.

d) Die Ereignisse in Sizilien und der Weg in die Katastrophe

Im Hochsommer stach die athenische Flotte vom Piräus in See, fuhr um die Peloponnes und vereinigte sich in Kerkyra mit den dort wartenden bundesgenössischen Einheiten. Noch immer hatten sich die drei Strategen nicht auf einen Kriegsplan einigen können: Alkibiades wollte nach der Überfahrt nach Unteritalien zunächst die kleineren Städte an der Südküste gewinnen und von dieser Operationsbasis aus gegen Syrakus vorgehen; Lamachos vertrat dagegen die Meinung, Syrakus anzugreifen, so lange die Stadt noch ungerüstet und der Überraschungseffekt auf Seiten der Athener war. Nikias beabsichtigte, nur Segesta zu helfen und nach einer Fahrt um Sizilien nach Athen zurückzukehren.

Kriegspläne

Alkibiades konnte sich schließlich durchsetzen. Die ersten Unternehmungen verliefen jedoch wenig vielversprechend. In Rhegion erhielt man die Nachricht, dass die Segestaner weit weniger Reichtümer bieten könnten, als sie den Athenern vorgegaukelt hatten. An der Südküste trat lediglich Naxos auf die athenische Seite, deren Schwesterstadt Katane konnte nur mit Gewalt genommen werden. Immerhin besaß man jetzt einen Stützpunkt, von dem aus man direkt nach Syrakus vorstoßen konnte.

Doch nun holten die innenpolitischen Entwicklungen in Athen den Feldzug ein. Ein athenisches Schiff überbrachte den Befehl der Volksversammlung, dass Alkibiades sofort nach Athen zurückkehren und sich wegen seiner Verwicklungen in den Mysterienfrevel verantworten solle. Alkibiades leistete der Aufforderung zunächst Folge, doch gelang ihm während der Rückfahrt die Flucht. Athen hatte damit seinen fähigsten Feldherrn verloren – noch folgenreicher war es, dass Alkibiades nach Sparta gelangte und dort Rachepläne gegen seine Heimat schmiedete, die sein größtes Abenteuer durchkreuzt hatte.

Abberufung und Flucht des Alkibiades

Die Führung des sizilischen Unternehmens lag nun bei Nikias und Lamachos. Der erfahrenere Nikias behielt jedoch das Heft weitgehend in der Hand. Nur so ist zu verstehen, dass die Athener auf einen Angriff auf das ungeschützte Syrakus (wie es Lamachos vorgeschlagen hatte) verzichteten, die Flotte durch die Meerenge von Messina an die Nordküste führten und auf Segesta zusteuerten, um der Stadt gemäß des Volksbeschlusses zu Hilfe zu kommen. In Segesta konnte man sich von den geringen materiellen Hilfsquellen der Stadt überzeugen und begnügte sich damit, eine den Segestanern feindliche Stadt zu erobern. Damit war ein Teil des athenischen Volksbeschlusses erfüllt.

Angriff auf Syrakus

Zum Jahreswechsel 415/414 kehrte die Flotte an die Südküste zurück und nahm Kurs auf Syrakus. Bei Nacht fuhren die Athener in den Hafen der Stadt ein und besiegten die ungeübte syrakusanische Heimatflotte. Nikias ließ an der Westseite des Hafens ein Fort zur Aufnahme der eigenen Schiffe errichten sowie die gesamte Küstenlinie bis Daskon im Süden befestigen, um gegnerische Landungsversuche zu verhindern. Wenige Tage später konnte das Landheer der Athener das Aufgebot der Syrakusaner in der Ebene am großen Hafen vernichtend schlagen.

Nikias hatte sich als umsichtiger Feldherr erwiesen. Doch kurz vor dem

Ziel brach er die Belagerung wegen der vorgerückten Jahreszeit ab und führte das Heer und den Großteil der Flotte in die Winterquartiere nach Katane und Naxos zurück. Wegen dieser Entscheidung ist Nikias von den Zeitgenossen und der modernen Forschung gleichermaßen kritisiert worden. Tatsächlich hat er mit dem Verzicht auf einen sofortigen Angriff eine große Chance vertan. Sein Hinweis auf den bevorstehenden Winter lässt sich mit dem Argument widerlegen, dass die Winter auf Sizilien sehr mild und für eine Belagerung sogar besser geeiget sind als die heißen Sommer. Als gewichtigstes Argument bleibt das von Nikias angemahnte Fehlen einer schlagkräftigen Reiterei. Denn ohne diese hätte man gegen die geübte Reiterei der Syrakusaner die Befestigung am Hafen nur schwer halten können.

In jedem Fall eröffnete Nikias den demoralisierten Syrakusanern die Möglichkeit, sich wieder zu sammeln und nach Unterstützung Ausschau zu halten. Hermokrates, der führende Staatsmann von Syrakus, ließ nach dem Abzug des athenischen Heeres unverzüglich Gesandte nach Korinth und Sparta aufbrechen, die beide Städte zur Wiederaufnahme des Kampfes in Griechenland bewegen sollten. Damit drohte den Athenern eine Konstellation, vor der vorausschauende Politiker – auch Nikias – immer gewarnt hatten, nämlich ein Angriff auf Attika, während der Großteil der Flotte im Westen gebunden war.

Kampf um Epipolae

Im Sommer des folgenden Jahres ließen die Athener Strategen ihr Heer von Katane aus nach Syrakus marschieren und die Hochebene Epipolae nordöstlich von Syrakus besetzen. Um die Stadt gänzlich vom Hinterland abzuschneiden, errichtete man Belagerungswälle, die vom Hafen Trogilos über die Hochebene Epipolae bis zum Hafen im Süden liefen. Die Syrakusaner antworteten mit Gegenwerken und behinderten die Arbeiten der Athener durch Ausfälle; bei einem der Kämpfe fiel Lamachos, so dass das Oberkommando auf Nikias überging. Dennoch gelang es den Syrakusanern nicht, sich aus der Umklammerung zu lösen. Da die Flotte der Athener erneut in den Hafen einlaufen konnte, diskutierte man in Syrakus bereits die Kapitulation.

Eingreifen des Gylippos

Dass es nicht dazu kam, war dem Entschluss der Spartaner zu verdanken, auf Rat des Alkibiades ein Entsatzheer nach Syrakus zu entsenden. Als Führer des Unternehmens wählte man Gylippos, einen erfahrenen Feldherrn, der mit den Verhältnissen im Westen bestens vertraut war. Sein Expeditionsheer bestand – wie die Truppe des Brasidas (s. S. 101) – größtenteils aus Periöken, Neodamoden (freigelassenen Heloten ohne Bürgerrecht) und Heloten und wurde nach der Landung an der Nordküste durch sizilische Hilfstruppen auf die ansehnliche Zahl von rund 3000 Hopliten und 300 Reitern vergrößert. Gylippos gelang es infolge einer Unachtsamkeit des Nikias, sein Heer durch den Athener Belagerungsring nach Syrakus zu führen. Dies änderte die Lage schlagartig, es bewirkte den Umschwung (Peripetie) des sizilischen Unternehmens, wie Thukydides sagt. Gylippos richtete die Moral der Syrakusaner wieder auf, konnte den Athener Belagerungsring sprengen, Epipolae besetzen und die Gegenwälle der Syrakusaner verstärken. Die Belagerer wurden so selbst zu Belagerten. Zudem erhielten die Syrakusaner weiteren Zulauf aus Korinth, Böotien und der Peloponnes.

Nikias blieb nichts anderes übrig, als die Verbindung zum Hafen zu sichern und weitere Verstärkungen aus Athen anzufordern. Im Dezember 414 trafen 10 Trieren und einige Monate später 65 weitere Trieren mit 5000 Hopliten und Leichtbewaffneten unter Demosthenes (und Eurymedon) ein. Sie konnten die Lage der Athener jedoch nur kurzzeitig bessern. Bei dem Versuch, die Hochebene von Epipolae zurückzuerobern, wurde das athenische Kommando vernichtend zurückgeschlagen. Weitere Unterstützung aus Athen war nicht zu erwarten. Denn die Spartaner hatten das 20 km von Athen entfernte Dekeleia besetzt und banden damit die Landtruppen Athens.

Niederlage der athenischen Flotte

Inzwischen hatte Gylippos mit der wieder aufgerüsteten syrakusanischen Flotte erfolgreiche Gefechte gegen die athenischen Trieren führen können, die in der Enge des Hafens ihre Manövrierfähigkeit gegen die schwerfälligen, aber robuster gebauten syrakusanischen und peloponnesischen Schiffe nicht ausspielen konnten. Ihre Mannschaften waren ferner durch Krankheit und Desertionen dezimiert und demoralisiert. Im Herbst hatten die Athener auch die Seeherrschaft im Hafen verloren.

Schnelle Entscheidungen waren nun gefragt, doch diese wurden durch Meinungsverschiedenheiten zwischen Nikias und Demosthenes blockiert. Erst Ende Juni entschlossen sich beide, die Belagerung abzubrechen. Wieder verstrich kostbare Zeit, weil Nikias den Rückzug wegen einer Mondfinsternis aufschob. Die Syrakusaner versperrten inzwischen der athenischen Flotte die Ausfahrt aus dem Hafen. Nach einem letzten desaströsen Durchbruchsversuch gaben Nikias und Demosthenes den Rest der einst so stolzen Armada auf und suchten den Rückzug über Land.

Rückzug der Athener und Katastrophe

Dieser führte in die endgültige Katastrophe. Die ausgemergelten Athener Hopliten und Ruderer sahen sich ständigen Angriffen der syrakusanischen Reiterei und der Fußtruppen ausgesetzt und mussten schließlich kapitulieren, soweit sie nicht vorher aus Hunger und Erschöpfung umgekommen waren. Etwa 7000 Athener gingen als Gefangene in die gefürchteten Steinbrüche, wo sie kaum länger als zehn Jahre dahinvegetierten, der Rest wurde in die Sklaverei verkauft. Demosthenes und Nikias wurden gegen den Einspruch des Gylippos in Syrakus öffentlich hingerichtet.

e) Bilanz und Ausblick

Das Ende des athenischen Expeditionsheeres war die bis dahin größte Niederlage, die je ein griechisches Heer hat hinnehmen müssen. Rund 10 000 Hopliten und Ruderer waren gefallen, der Rest gefangen oder versklavt, nur einige 1000 konnten sich in die Heimat durchschlagen. Die Hälfte der Flotte war verloren und die Kosten der Expedition hatten alle Überschüsse aufgebraucht, die sich seit dem Frieden des Nikias angesammelt hatten. Thukydides hat deshalb den Ausgang der Sizilischen Expedition als die Wende, die Peripetie, des gesamten Krieges betrachtet, und die meisten modernen Forscher sind ihm in dieser Einschätzung gefolgt.

Wertung des Thukydides

Nun haben wir es hier jedoch mit einer typischen Interpretation „ex eventu" zu tun, d.h. einem Urteil, das aus der Kenntnis der späteren Entwicklung entstanden ist. Thukydides wusste, dass Athen 404 kapitulieren musste und als Verlierer aus dem Krieg hervorgehen würde. Ein Charakteristikum des thukydideischen Werkes besteht darin, politische und militärische Entwicklungen nach Gesetzesmäßigkeiten zu gliedern – wir haben dies bereits bei der Analyse der Ursachen des Krieges gesehen. Auch aus kompositorischen Gründen bot es sich an, Athens Entwicklung auf einen Höhepunkt – die Sizilische Expedition – zulaufen und dann in Form eines dramatischen Wendepunktes bis zur endgültigen Niederlage abfallen zu lassen; Thukydides folgt hier – wie bei der Beschreibung der Expedition selbst – Techniken der Tragödie. Tatsächlich verlief die Entwicklung aber nicht so geradlinig, sondern war auch in der Folgezeit von großen Schwankungen gekennzeichnet. Wir werden sehen, dass Athen auch nach der Niederlage in Sizilien große Siege feiern konnte und von Sparta einige Male das Angebot eines günstigen Friedens erhielt (so nach dem Sieg von Kyzikos 411, den Thukydides nicht mehr erwähnt). Hätte Athen diese Angebote angenommen, wäre wohl niemand auf den Gedanken gekommen, die Sizilienexpedition als Wendepunkt des Krieges hochzustilisieren.

Verluste

Wenn man demnach die Bedeutung der Niederlage in Sizilien unvoreingenommen abzuschätzen versucht, wird man zu einem differenzierteren Ergebnis gelangen. Zunächst gilt es zu bedenken, dass eine Triere im Kampfeinsatz eine Lebensdauer von kaum mehr als einem Jahr besitzt, d. h. selbst wenn die Flotte nach einer Eroberung Siziliens wieder zurückgekehrt wäre, dann wäre ein Neubau nötig gewesen. Insofern kann der Verlust der Flotte die Athener nicht derart getroffen haben, wie man häufig meint. Im Übrigen beweist der schnelle Wiederaufbau der Flotte nach 412, über welche Ressourcen Athen verfügte. Was die Verluste an Menschen anbetrifft, muss man berücksichtigen, dass ein Großteil der Ruderer aus den Poleis des Seebundes stammte. Nach modernen Schätzungen belief sich die Zahl der gefallenen, gefangenen oder versklavten Athener Theten auf rund 6400, die der Hopliten auf etwa 2–3000 Mann. Diese Zahl macht nur ungefähr die Hälfte derjenigen aus, die der Seuche erlegen waren, und sie übertraf keinesfalls die Zahl der Opfer, die die ägyptische Katastrophe gekostet hatte. Nicht das Ergebnis des Feldzuges in Sizilien allein war demnach dramatisch, sondern die Abfolge mehrerer verlustreicher Ereignisse seit der Ägyptenexpedition 460–454 über die Seuche 430 bis zum Sizilienfeldzug 415–413.

Gravierendere Folgen hatte die Niederlage für das Prestige der Athener zumal gegenüber ihren Bundesgenossen. Denn es waren Athener Politiker und Feldherrn, denen die Bundesgenossen vertraut hatten, als sie mit nach Sizilien zogen. Nun hatte sich erstmals eine spartanische Expeditionsarmee (unter Gylippos) zur See gegen die Athener durchgesetzt und der Athener Flotte den Nimbus der Unbesiegbarkeit genommen. Während so die Athener ihr Selbstbewusstsein und das Vertrauen der Bundesgenossen zurückgewinnen mussten, eröffneten sich für die Spartaner und ihre Bundesgenossen neue strategische Perspektiven: Hatte der Brasidaszug den Erfolg raumgreifender Feldzüge zu Lande demonstriert, so zeigte Gylippos, was ein spartanischer Feldherr mit entsprechender Unterstützung auch über See leisten konnte. Hierin liegt die eigentliche Bedeutung der Sizilienexpedition: Sie gab dem Peloponnesischen Bund neue Zuversicht, dass der Gegner in seinem ureigensten Element zu schlagen war und eine entsprechende Neuorientierung der Kriegsstrategie erfolgreich sein könnte.

Neues Selbstbewusstsein der Spartaner

Mit dieser Einschätzung bleibt abschließend die Frage, ob das gesamte sizilische Unternehmen wirklich so unvernünftig war, wie es insbesondere Thukydides sah. Die meisten Gelehrten sind sich einig, dass eine Eroberung von Syrakus möglich und wahrscheinlich gewesen wäre, wenn die Athener dem Rat des Lamachos gefolgt wären, den Überraschungseffekt genutzt und die Stadt angegriffen hätten, bevor diese ihre Flotte wiederaufgebaut und Verteidigungsmaßnahmen ergriffen hätten. Die Mehrheit der Syrakusaner – so Thukydides – hat lange Zeit nicht daran geglaubt, dass eine so gewaltige Armada Kurs auf ihre Stadt nehmen würde. Nach Thukydides sei es ferner in Syrakus häufig zu Aufruhr gekommen (6,38): Der Plan des Nikias, die Unzufriedenen als „fünfte Kolonne" gegen Syrakus zu gewinnen, scheint so durchaus erfolgversprechend gewesen zu sein.

Herrschaft der Athener im Westen?

Eine andere Frage ist, ob sich ein militärischer Erfolg politisch ausgezahlt hätte. Sicherlich hätte die Einnahme von Syrakus zu einer Hegemonie zumindest über den Westteil der Insel geführt, und vermutlich wäre Athen damit neben Karthago zur führenden Seemacht des westlichen Mittelmeeres geworden. Bezweifeln muss man allerdings, ob Athen stark genug war, die Herrschaft über Westsizilien langfristig zu halten. Denn hierzu hätte man eine große Zahl auswanderungswilliger Kleruchen und Kolonisten benötigt sowie eine ständig zwischen Sizilien und Griechenland operierende Flotte. Dies hätte eine bedeutende Verlagerung des athenischen Kriegspotentials in den Westen bedeutet und damit eine Neuorganisation des gesamten Seebundes erfordert. Überblickt man die Entwicklung des Seebundes seit 478, so darf man annehmen, dass dies die Kräfte Athens überfordert und über kurz oder lang zu einem Zusammenbruch der sizilischen Herrschaft geführt hätte. Realistischer erscheint dagegen die – wohl auch von Alkibiades erwogene – Option, den Erfolg in Sizilien zu nutzen, um den Peloponnesischen Bund in Griechenland niederzuringen und danach auf eine weitere Ausübung der Herrschaft im Westen zu verzichten. Doch all dies wurde Makulatur, als Alkibiades sich nach Sparta abgesetzt und dem Gegner seine Pläne offenbart hatte.

6. Der Ionisch-Dekeleische Krieg und die Kapitulation Athens

413 (Frühjahr)	Die Spartaner besetzen Dekeleia
412 (Sommer)	Vertrag Spartas mit Persien. Abfall von Chios, Mytilene, Methymna und Milet
411 (Mai–Juni)	Diktatur der 400/Herrschaft der 5000
Juli 410	Wiederherstellung der Demokratie in Athen
411 – Mai 410	Siege Athens bei Kynossema, Abydos und Kyzikos
Juni 408	Rückkehr des Alkibiades nach Athen
407	Sieg Lysanders bei Notion
406 (Sommer)	Sieg der Athener bei den Arginusen
405 (Sommer)	Niederlage der Athener bei Aigospotamoi
404 (März/April)	Kapitulation Athens

a) Die Hauptmerkmale des letzten Kriegsabschnittes

Die sizilische Katastrophe hatte die Athener ins Mark getroffen, aber nicht kampfunfähig gemacht. Unverzüglich begannen sie, eine neue Flotte zu bauen, die bereits im Sommer 412 mindestens die Stärke der gegnerischen Flotte besaß. Der Krieg zog sich so noch über zehn Jahre hin. Drei Aspekte unterscheiden diese letzte Phase von den früheren Abschnitten.

Krieg in Attika

Erstens hatten die Spartaner während der Sizilischen Expedition den Grenzort Dekeleia rund 20 km nördlich von Athen besetzt und zur Festung ausgebaut und konnten so das ganze Jahr Land und Leute Attikas bedrohen. Diese *permanente Verlagerung des Krieges nach Attika* bildet eine neue Art der Kriegführung (so genannter „Epiteichismos", ein Vorläufer war die Besetzung von Pylos durch Demosthenes) und wird nach dem Namen des spartanischen Stützpunktes als *Dekeleischer Krieg* bezeichnet.

Persiens Einfluss

Zweitens zog der Krieg nach seiner Ausweitung gen Westen nun auch Persien, die Großmacht des Ostens, in seinen Bann. Athen hatte im Jahre 414 den karischen Insurgenten (Aufständischen) Amorges bei seinen Bemühungen unterstützt, die persische Herrschaft abzuschütteln. Nach der Niederlage in Sizilien sah der neue Großkönig Dareios II. die Chance gekommen, sich zu rächen und dabei die kleinasiatischen Griechenstädte zurückzugewinnen, die seit 479 verloren gegangen waren. Die politische Konstellation des Peloponnesischen Krieges schien dieses Ziel nur zu begünstigen. Sparta fehlte nach wie vor eine große Flotte, um Athen niederzuringen; denn eine große Flotte kostete Geld, das Sparta nicht hatte, aber Persien in Fülle besaß. In drei Verträgen der Jahre 412–411 versprachen so die Perser Sparta die Subsidien zum Bau einer großen Flotte, während Sparta im Gegenzug den persischen Besitzanspruch auf Kleinasien anerkannte. Dieser durch persische Gelder ermöglichte Aufstieg Spartas zur Seemacht sollte ein kriegentscheidender Faktor werden. Denn hatten die Athener schon im Hafen von Syrakus den Nimbus ihrer Unbesiegbarkeit verloren, so bedeutete eine gegnerische Flotte in der Ägäis eine direkte Bedrohung ihrer Herrschaft.

Sparta hatte jedoch nach Ansicht vieler die Freiheit der kleinasiatischen Griechen verraten, um den Krieg zu gewinnen: Dies erschien um so zynischer, als die Spartaner mit der Parole in den Krieg gezogen waren, den Griechenstädten die Autonomie gegen den athenischer Herrschaftswillen zu verschaffen. Zudem brachte Sparta einen Gegner ins Spiel, der seit Beginn des Jahrhunderts als gemeinsamer Feind aller Griechen geächtet war. Die Einlösung des völkerrechtlich zugesicherten Verzichts auf den Schutz der kleinasiatischen Griechen hing zwar vom weiteren Kriegsverlauf ab, doch wurde den Persern eine Perspektive eröffnet, die sie wieder zu einen der entscheidenden Faktoren im Großen Spiel um die Herrschaft im Ägäisraum machten. Um ihr Ziel zu erreichen, entwickelten die Satrapen Kleinasiens im Laufe der nächsten Jahre eine Art „Schaukelpolitik", die jeweils diejenige griechische Macht finanziell unterstützte, die zu unterliegen drohte. Der Krieg wurde so „von außen" in Gang gehalten, bis die letzten Ressourcen verbraucht waren.

Krieg auf dem Meer

Drittens verlagerte sich der Krieg fast zwangsläufig mit dem Bau der spartanischen Kriegsflotte – sieht man von den Einfällen der Spartaner in Attika ab – auf das Meer und zwar in den Bereich der nordöstlichen Ägäis, den Hellespont und in die kleinasiatischen (ionischen) Gewässer. Man nennt deshalb diesen Abschnitt des Krieges auch den *Ionischen Krieg*. Die letzten Schlachten des Großen Krieges fanden ausnahmslos auf See und meist in den Regionen statt, wo die für Athen so wichtige Getreideflotte ihre Route in und aus dem Schwarzen Meer nahm.

b) Der oligarchische Umsturz von 411

Die Ausgang der Sizilischen Expedition führte zur ersten großen Belastungsprobe der Demokratie. Wieder war es Alkibiades, der die Initiative gab. Seine Stellung in Sparta war nach dem Erfolg des Gylippos in Sizilien unsicher geworden, zumal er eine Affäre mit der Frau des Königs Agis eingegangen war. Immerhin leitete ihn die Hoffnung, dass nun Athen wieder auf seine Dienste angewiesen sein würde und sich so die Chance zur Rehabilitation und zu neuen Großtaten eröffnete.

Alkibiades wechselt die Fronten

Eine günstige Gelegenheit ergab sich, als Alkibiades mit der spartanischen Flotte in den ionischen Gewässern operierte und ein athenisches Flottengeschwader vor Samos vor Anker ging. Alkibiades nahm unverzüglich Kontakt zu den athenischen Flottenbefehlshabern auf und eröffnete ihnen, dass er freundschaftliche Beziehungen zu **Tissaphernes** pflege und den Großkönig zu einem Friedensvertrag mit Athen überreden könne. Dies hätte den Abbruch der persischen Zahlungen an Sparta und eine erhebliche Entlastung der athenischen Lage bedeutet. Allerdings stellte Alkibiades eine schwerwiegende Bedingung, nämlich die Abschaffung der Demokratie; denn gegenüber einer solchen Staatsform habe der persische Großkönig kein Vertrauen.

E

Tissaphernes
Tissaphernes war persischer Satrap und Karanos (Militärbefehlshaber) in Sardes seit ca. 413. In dieser Zeit betrieb er, von Alkibiades beraten, eine Schaukelpolitik zwischen Athen und Sparta, wurde dann aber durch den spartafreundlichen Kyros den Jüngeren ersetzt. Diesen bekämpfte er zehn Jahre später bei dessen Versuch, mit Hilfe von 10 000 Söldnern den persischen Thron zu erringen. 395 unterlag er dem spartanischen König Agesilaos in Kleinasien und wurde daraufhin vom persischen Großkönig hingerichtet.

Alkibiades fand bei seinen Gesprächspartnern offene Ohren. Es handelte sich um oligarchisch gesinnte Adlige, für die das demokratische System nach dem Fehlschlag in Sizilien jeden Kredit verspielt hatte. Der Demos hatte mit Alkibiades den in ihren Augen einzig fähigen Feldherrn abberufen und das Unternehmen ins Desaster geführt. Ihr Unmut richtete sich ferner gegen die Dominanz der Neureichen in der Ekklesie sowie gegen die staatliche Alimentierung der Massen in den Gerichten: Der Demos würde so ungerechtfertigterweise belohnt und mit Macht ausgestattet, während sie selbst immer höhere Kriegskosten tragen müssten, ohne politischen Einfluss zu gewinnen.

Es bildete sich so eine Verschwörung, die auch die Rudermannschaften zu gewinnen suchte. Peisandros, einer der Flottenbefehlshaber, brachte die Nachricht von der Aussicht auf ein Bündnis mit Persien und eine Versöhnung mit Alkibiades unter der Bedingung der Verfassungsänderung nach Athen. Im Mai 411 begann der oligarchische Umsturz unter massivem Terror gegen Andersdenkende. Zunächst wählte die Volksversammlung eine Kommission, die Vorschläge ausarbeiten sollte, wie man die Stadt am besten regieren könne. Peisandros und seine Mitgesandten stellten den Antrag, Diäten und Besoldungen abzuschaffen und die Volksversammlung auf 5000 Mitglieder zu beschränken. Diese sollten nur auf Beschluss des neuen Rates der 400 einberufen werden. Die 400 Ratsmitglieder hatten unumschränkte Vollmachten – man spricht deshalb auch von der Diktatur der 400: Sie allein konnten die Listen der Kandidaten erstellen, die in die Versammlung der 5000 aufgenommen werden sollten, und sie führten die Regierungsgeschäfte. Unter den 400 fanden sich alle Verschwörer mit ihren Freunden. Es gelang ihnen, unter Anwendung von Terror und Gewalt die Herrschaft in Athen an sich zu reißen.

Umsturz und Terror in Athen

Scheitern der Oligarchen

Dass der Verfassungsumsturz dennoch scheiterte und die Demokratie obsiegte, lag nicht zuletzt an dem Widerstand der Flottenmannschaften vor Samos. Ihr Eintreten für die Demokratie gegen ihre Befehlshaber beweist die enge Verbindung der Theten mit der demokratischen Ordnung; denn sie hatten am meisten bei einem Verfassungswechsel zu verlieren. Die Lage der Oligarchen verschlechterte sich zudem durch außenpolitische Misserfolge (Abfall Euböas und Verlust von Byzanz). Damit hatten die Oligarchen jeden Kredit verspielt. Zunächst ging die Regierungsgewalt von den abgesetzten 400 auf die 5000 über, die nach der Verfassung des Theramenes turnusmäßig die Regierungsgeschäfte führten. Acht Monate später – im Juli 410 – übernahmen die alten demokratischen Institutionen wieder vollständig die Geschäfte. Der oligarchische Umsturzversuch war endgültig gescheitert und die Demokratie wiederhergestellt.

c) Die Rückkehr des Alkibiades

Alkibiades, der sich während dieser Ereignisse in Athen im Hintergrund gehalten hatte, brachte nach dem Scheitern der Revolution das Kunststück fertig, die innenpolitischen Fronten erneut zu wechseln. 411 wählten die Flottenmannschaften in Samos den charismatischen Mann zu ihrem Strategen. Sofort setzten die militärischen Erfolge wieder ein. Gegen Ende 411 gelangen den Athenern bei Kynossema und Abydos zwei Seesiege über die Spartaner. 410 konnte Alkibiades selbst die spartanische Flotte bei *Kyzikos* vernichtend schlagen. Dieser Erfolg schien die bitteren Verluste in Sizilien vergessen zu machen: Binnen zwei Jahren hatte Athen den drohenden Verlust der Seeherrschaft im Norden der Ägäis und an den Dardanellen abgewendet sowie den Aufstieg Spartas zur Seemacht zunichte gemacht; lediglich ein Großteil der kleinasiatischen Küstenstädte sowie einige Ägäisinseln blieben in spartanisch-persischer Hand.

Athener Erfolge zur See

Dennoch waren die Spartaner so demoralisiert, dass sie um Frieden auf der Basis des Status quo baten. Die Volksversammlung lehnte jedoch unter Initiative des Kleophon ab und verhielt sich damit so, wie wir es aus früheren Phasen des Krieges kennen. Immer dann, wenn die Athener nicht unmittelbar von einer Niederlage betroffen waren und sich im Erfolg einiger spektakulärer Siege sonnten, vergaben sie die Chance auf einen Frieden, der dringend nötig gewesen wäre. Vermutlich hatte man bereits zu viel Opfer gebracht, als dass man sich mit einem Frieden ohne nennenswerte Zugewinne zufrieden geben konnte, und vermutlich blendeten die Seesiege und die Persönlichkeit des Alkibiades so sehr, dass man auf weitere Erfolge hoffte.

Diese Einschätzung schien sich zu bewahrheiten. 409 konnte Alkibiades Kalchedon, Selymbria und Byzanz wiedergewinnen und mit dem Satrapen von Phrygien einen Waffenstillstand schließen. Die Gefahr eines Zweifrontenkrieges war gebannt, und Athen hatte durch Alkibiades seine Handlungsfreiheit zurückgewonnen. 408 bereitete ihm seine Heimatstadt, die er noch sechs Jahre vorher an die Spartaner verraten hatte, einen triumphalen Empfang. Der Übertritt zu den Spartanern war ebenso vergessen wie alle Anschuldigungen bezüglich des Mysterienfrevels. Als krönenden Lohn für den Sieg bei Kyzikos wählte ihn das Volk zum Strategen und *hegemon autokrator*, zum unumschränkten Oberkommandierenden zu Wasser und zu Lande. Athen schien mit Alkibiades wieder auf den Weg des Erfolges zurückgefunden zu haben.

d) Spartas Aufstieg zur Seemacht und die Niederlage Athens

In Ionien hatte sich derweil die Lage gründlich gewandelt. Als Alkibiades im Herbst 408 dorthin zurückkehrte, hatten die Perser angesichts des Athener Erfolges bei Kyzikos beschlossen, sich von der Kooperation mit Athen abzuwenden und Sparta konsequent zu unterstützen. Zu Beginn des Jahres 407 sandten die Spartaner den Nauarchen **Lysander** in die östliche Ägäis, um diese Wendung der persischen Politik aufzugreifen. Bestimmte Alkibiades die Entwicklung in Athen seit dem Nikiasfrieden bis 415, so war es nun Lysander, der die spartanische Kriegspolitik prägte. Die Quellen rühmen seine Unbestechlichkeit und Bedürfnislosigkeit, sie betonen aber auch, dass er bei der Wahl seiner Mittel vor nichts zurückschreckte. Der Krieg formte die Charaktere, und Lysander war nur der Erfolgreichste unter seinesgleichen.

E

Lysander (Lysandros)
Lysander war ein spartanischer Feldherr und Admiral aus verarmtem Adelsgeschlecht. Mit Unterstützung der persischen Satrapen leitete er den Bau der spartanischen Flotte und war für den Aufstieg Spartas zur Seemacht verantwortlich. Seine Siege bei Notion und Aigospotamoi leiteten die Athener Niederlage ein. Er organisierte den erweiterten spartanischen Machtbereich durch die Einrichtung von Dekarchien und Harmosten (s. S. 129), die ihm auch eine persönliche Machtstellung ermöglichten. Lysander beseitigte die Demokratie in Athen, wurde aber von Pausanias zurückgedrängt. 395 starb er auf dem Schlachtfeld bei Haliartos und genoss als erster Grieche zu Lebzeiten göttliche Ehren.

Kaum an der kleinasiatischen Küste angekommen, nahm er Kontakt auf zu dem persischen Oberkommandierenden Kyros, dem Sohn der persischen Königin. Zwischen beiden entwickelte sich eine politisch fruchtbare Freundschaft: Fortan flossen die Gelder zum Aufbau der spartanischen Flotte reichlicher und regelmäßiger. Im ersten Jahr seines Kommandos nutzte Lysander die Zeit zur Einübung der Rudermannschaften, doch bereits im Frühjahr 407 konnte er bei *Notion* die von einem Gefolgsmann des Alkibiades befehligte athenische Flotte schlagen. Alkibiades wurde daraufhin seines Kommandos enthoben und durch Konon ersetzt. Er zog sich auf seine Privatbesitzungen auf der thrakischen Chersones zurück. Aber auch Lysander musste nach Ablauf seiner Nauarchie nach Sparta zurückkehren und dem neuen Admiral Kallikratidas das Feld überlassen. Die Erfolge Spartas setzten sich freilich fort. Im Sommer 406 konnte Kallikratidas Konons Trieren im Hafen von Mytilene vernichten.

Seeschlacht bei den Arginusen und Arginusenprozess

Ein letztes Mal stemmten sich die Athener gegen die drohende Niederlage und bauten unter größten Opfern eine Schlachtflotte von 110 Schiffen. Mit diesen gelang ihnen ein letzter Achtung gebietender Erfolg bei den südlich von Lesbos gelegenen *Arginusen-Inseln*. Die Sieg war so eindeutig, dass 70 Schiffe des Gegners in die eigene Flotte eingereiht werden konnten, allerdings hatten auch die Athener Schiffbrüchige zu beklagen, die wegen des schweren Seegangs nur zu einem geringen Teil geborgen werden konnten. Dies führte in Athen zu dem so genannten *Arginusenprozess*. Sechs Strategen wurden zum Tode verurteilt, weil sie nichts zur Rettung der Schiffbrüchigen unternommen hätten. Ob dies ein ungesetzliches Verfahren oder mit der demokratischen Verfassung konform war, ist in der Forschung umstritten; wichtiger erscheint die Frage, weshalb die Volksversammlung überhaupt zu einer so drastischen und in ihrer Härte beispiellosen Entscheidung gegen ihre Mitbürger kommen konnte und sich damit ihrer besten militärischen Köpfe beraubte. Wie immer dürften innenpolitische Neider eine Rolle gespielt haben; außerdem das Bedürfnis, die Strategen strengen Kontrollen zu unterwerfen. Ferner reagierte der Demos angesichts der hohen Verluste an Ruderern während der Sizilischen Expedition auf jede Unachtsamkeit, die den Tod weiterer Bürger kostete, besonders empfindlich und ließ sich zu harschen Urteilen hinreißen.

Diese Stimmung erschwerte rationale Entscheidungen und war mitverantwortlich dafür, dass der Demos auch die letzte Chance eines gütlichen Friedensangebotes ausschlug. Wie töricht diese Entscheidung war, zeigte sich im folgenden Jahr. Lysander kehrte in Begleitung des neuen Nauarchen Arakos in die Ägäis zurück und begann die Dardanellen zu blockieren. Da Attika zusätzlich von Dekeleia aus verwüstet wurde, gerieten die Athener in eine ernste Versorgungskrise. Als Lysander Konon täuschen und dessen Flotte im Sommer 405 bei Aigospotamoi fast vollständig vernichten konnte, brach die Herrschaft Athens – seiner letzten Kriegsmittel beraubt – wie ein Kartenhaus zusammen. Ein Jahr später schlossen Flotte und Heer des Peloponnesischen Bundes unter dem Kommando der Könige Agis und Pausanias die Stadt vollständig ein. Einen Winter konnten die Athener noch standhalten, dann mussten sie kapitulieren.

Niederlage Athens bei Aigospotamoi

Kapitulation Athens

Spartas Bundesgenossen, allen voran Korinth und Theben sowie andere Poleis, die unter der Herrschaft Athens gestanden hatten, forderten, Athen dem Erdboden gleichzumachen – ein angesichts des langen Krieges und der Brutalitäten, die auch Athen begangen hatte, verständliches, aber barbarisches Ansinnen. Dem widersetzte sich Sparta mit der Begründung, dass man nicht eine Stadt versklaven und auslöschen könne, die einst Griechenland in der größten Gefahr gegen die Perser einen so großen Dienst erwiesen hatte. Tatsächlich dürften machtpolitische Gründe die Haltung Spartas bestimmt haben. Eine Zerstörung Athens hätte ein Machtvakuum geschaffen, das nur allzu leicht von den ehrgeizigen Bundesgenossen Spartas hätte ausgefüllt werden können und daher Spartas Stellung als Hegemonialmacht gefährdet hätte. Um diesen Ambitionen zu begegnen, hatte Sparta bereits nach dem Nikiasfrieden ein Schutzbündnis mit Athen geschlossen, und auch diesmal überwog das Kalkül, dass ein geschwächtes, aber loyales Athen den eigenen Sicherheitsinteressen dienlicher sein werde als ein wehrloser Gegner, der zur Beute der Mittelmächte werden konnte.

Friedensvertrag

Die Friedensbedingungen (Staatsverträge des Altertums II, Nr. 211) sahen dementsprechend die Reduzierung des ehemaligen Kriegsgegners auf den Status einer mittleren Polis vor, die fest in das spartanische Bündnissystem eingegliedert war: Die Athener mussten ihre Langen Mauern und die Befestigungen des Piräus niederreißen sowie die Reste ihrer Flotte bis auf 12 Schiffe ausliefern. Der Seebund wurde, soweit er nicht vorher auseinander gebrochen war, aufgelöst. Im Gegenzug verpflichtete sich Athen gegenüber Sparta zur Heeresfolge und zum Eintritt in den Peloponnesischen Bund. In der Stadt wurde ein oligarchisches Regiment installiert und mit einer spartanischen Besatzung verstärkt. Athen war zwar gerettet, aber nicht mehr als eine mittlere Macht von Spartas Gnaden.

IV. Griechenland und die Folgen des Krieges im 4. Jahrhundert

404–403	Herrschaft der „Dreißig“ in Athen. Bürgerkrieg
403	Wiederherstellung der Demokratie in Athen. Aufzeichnung der Gesetze
400–394	Spartanisch-Persischer Krieg in Kleinasien
395–386	Korinthischer Krieg
395	Defensivbündnis zwischen Athen und Böotien.
394	Sieg der persischen Flotte über die Spartaner bei Knidos. Sieg des Peloponnesischen Bundes am Nemeabach
393	Rückkehr Konons nach Athen
392	Friedensverhandlungen zwischen Sparta und Athen. (Erfolgloser) Friedenskongress in Sardes; Einführung des Ekklesiastensoldes in Athen
389/8	Dreibund zwischen Athen, Euagoras von Zypern und Akoris von Ägypten. Thrasybulos in der Nordägäis. Antialkidas blockiert den Hellespont
386	„Königsfriede“ oder „Friede des Antialkidas“
378	Gründung des Zweiten Athenischen Seebundes
371	Niederlage der Spartaner gegen die Thebaner bei Leuktra
362	Schlacht bei Mantineia. Tod des Epaminondas

1. Sparta, Athen und die Rückkehr Persiens in den griechischen Raum

a) Das „offene“ Ende des Peloponnesischen Krieges

Krise oder Kontinuität

Lange hat man geglaubt, dass sich Athen von dem Schock der Niederlage nicht mehr habe erholen können und in eine tiefgreifende Krise geraten sei. Diese Krise habe auf die gesamte Poliswelt übergegriffen und schließlich zu ihrem „Niedergang“ (*H. Bengtson*) geführt. Diese These erscheint als Konzept, mit dem die Geschichte des 4. Jahrhunderts analysiert werden kann, zunehmend fragwürdig. Die Forschung bemüht sich heute darum, die Kontinuitäten herauszuarbeiten, die zwischen der Mitte des 5. bis weit in das 4. Jahrhundert nicht nur die athenische, sondern die griechische Entwicklung insgesamt bestimmten. Der Peloponnesische Krieg bildet so weniger ein die Jahrhunderte trennendes als vielmehr ein verbindendes Großereignis, das mit der Kapitulation Athens im Jahre 403 nur formal endete. Tatsächlich lebten die Kampfhandlungen nach wenigen Jahren unter veränderten Frontstellungen in unverminderter Härte wieder auf. Drei große Entwicklungslinien lassen sich dabei verfolgen: erstens das Bemühen Spartas, das durch die Niederlage Athens freigewordene Machtvakuum zu füllen und an den Peloponnesischen Bund anzubinden; zweitens die Versuche Athens, sich aus der vertraglichen Bindung an Sparta zu lösen und wieder an die alte *arche* anzuknüpfen; drittens das Eingreifen Persiens in den griechischen Raum mit dem

Ziel, die Kämpfe der Griechen untereinander zu nutzen, um die Kontrolle über die griechische Machtentwicklung endgültig zurückzugewinnen.

Quellen

Um diese Faktoren zu analysieren und miteinander in Beziehung zu setzen, steht uns vergleichsweise reiches Quellenmaterial zur Verfügung: An erster Stelle Xenophons *Hellenika*, ferner die fragmentarisch überlieferte Geschichte Griechenlands des späten 5. und frühen 4. Jahrhunderts eines unbekannten Autors, die so genannte *Hellenika Oxyrhynchia*, ergänzend die einschlägigen Bücher der *Bibliotheke* Diodors. Besonders ergiebig sind ferner die Reden des Lysias, die Friedensrede des Andokides von 392 sowie die Publizistik des Redelehrers Isokrates. Hinzu tritt ein reiches inschriftliches Material, das uns über die Vertragsbeziehungen Athens unterrichtet.

b) Spartas Aufgaben und Probleme

Die für die Spartaner drängendste Frage lautete, wie man mit dem Gebiet des Seebundes umgehen sollte. Die Antworten, die Sparta fand, lassen sich in drei Bereiche gliedern.

Neue Bündnisverträge

Grundlage der Beziehungen zu den ehemaligen Bündnern Athens sowie zu Athen selbst waren neue Bündnisverträge, die Sparta in Analogie zu den Verträgen des Peloponnesischen Bundes abschloss. Während allerdings Sparta seine Vormachtstellung gegenüber den alten Mitgliedern des Bundes *faktisch* erst im Lauf der Zeit hat durchsetzen können (s. S. 67), wurde sie jetzt von Beginn an *vertraglich* festgeschrieben: Sämtliche neuen Bundesgenossen waren zur Heeresfolge verpflichtet, obwohl sie nicht Mitglieder des „Bundesrates" wurden und keine Entscheidungsgewalt über den Eintritt des Bündnisfalls besaßen. Sie hatten nicht einmal das Recht, selbständig Krieg zu führen, mussten stattdessen auch im Frieden Tribute leisten, während die alten Bündner nur im Kriegsfall Geld und Material lieferten.

Um das neue Gebiet militärisch abzusichern, hat Sparta in viele Poleis Garnisonen unter spartanischen Offizieren, **Harmosten**, gelegt. Derartige Garnisonen waren bereits während des Krieges eingerichtet worden. Lysander weitete das Harmostensystem auf Kleinasien und die Meerengen aus und setzte als Besatzungstruppen vornehmlich Periöken, Neodamoden, Bundesgenossen und Söldner ein. Ihre Besoldung mussten die besetzten Städte übernehmen.

E

Harmosten
Als Harmosten bezeichnete man die spartanischen Befehlshaber, die mit ihren Truppen seit dem Peloponnesischen Krieg Städte oder Landschaften besetzten.

Schon während des Krieges hatten sich die Spartaner in den verbündeten und besetzten Städten auf die wohlhabenden Grundeigentümer gestützt und sich für die Umwandlung der demokratischen Verfassungen in oligarchische Regimenter eingesetzt. Lysander forcierte in der letzten Phase des Krieges auch diese Entwicklung und richtete u.a. in Athen, Samos und den Poleis Kleinasiens **Dekarchien** ein. Diese sollten oligarchische Verfassungen ausarbeiten, waren aber faktisch nichts anderes als verlängerte Regierungsarme Spartas.

Lysander begann so bereits in den letzten Kriegsjahren, Teile des Seebundsgebietes in einen von Sparta kontrollierten Herrschaftsraum umzuwandeln. Die Könige und führenden Adelshäuser beobachteten jedoch voller Misstrauen, wie sich der Kriegsheld auf diese Weise auch eine persönliche Machtbasis schuf. Nach Kriegsende begannen sie die Stellung Lysanders gezielt zu untergraben und das Dekarchiensystem schrittweise wieder aufzuheben (in Kleinasien war dieser Prozess bereits 402 abgeschlossen). Fortan verzichtete man auf die Einrichtung oligarchischer Regimenter, nur die Harmosten und ihre Truppen blieben stationiert.

E

Dekarchie („Zehnerkommission")
Als Dekarchien bezeichnete man die von Sparta nach dem Peloponnesischen Krieg in besetzten Poleis eingerichteten, oligarchisch ausgerichteten Regierungsgremien.

Lysanders Freundschaft mit Kyros

Das inkonsequente Vorgehen der Spartaner zumal in Kleinasien erklärt sich auch daraus, dass man die kleinasiatischen Poleis in der letzten Phase des Krieges den Persern als Gegenleistung für die Finanzierung der Flotte preisgegeben hatte. Die Freundschaft Lysanders mit Kyros dem Jüngeren hatte diese Kooperation gefestigt (s. S. 126). Die Spartaner unterstützten denn auch den Prinzen bei dessen Versuch im Jahre 402, mit einem Söldnerheer von über 10 000 Mann seinem Bruder die Königswürde zu entreißen. Vermutlich erhofften sie sich von einem Sieg des Kyros Zugeständnisse in Bezug auf die kleinasiatischen Poleis.

E

Kyros (der Jüngere) (ca. 423–401)
Kyros war der Bruder des Perserkönigs Artaxerxes II. Er war Satrap von Lydien, Großphrygien und Kappadokien und Karanos (Oberbefehlshaber) des westlichen Kleinasien, pflegte enge Freundschaft mit Lysander und unterstützte den Aufbau der spartanischen Flotte. Im Jahr 402 warb er ein über 10 000 Mann starkes Söldnerheer an, um seinem Bruder die Königswürde zu entreißen. Er fiel in der Schlacht von Kunaxa (am Euphrat) 401. Belege finden sich in Xenophons *Anabasis* und Plutarchs *Vita des Artaxerxes*.

Persisch-Spartanischer Krieg

Mit dem Schlachtentod des Kyros 401 änderten sich die Voraussetzungen der spartanischen Perserpolitik grundlegend: Als der Satrap Tissaphernes die ionischen Städte zur Unterwerfung aufforderte, baten diese die Spartaner als *prostates* der griechischen Welt, sich ihrer anzunehmen und zu „verhindern, dass ihr Land verwüstet würde und sie ihre Freiheit verlören" (Xenophon, Hellenika 3,1,3). Anders als im Jahre 480/79 (s. S. 3) versagte sich Sparta diesmal nicht und führte von 400 bis 394 Krieg in Kleinasien, den so genannten Persisch-Spartanischen Krieg. Zum einen bot sich so die Chance, den bei den Griechen seit den Verträgen mit Persien verspielten Kredit zurückzugewinnen. Daneben spiegelt die Wendung gen Osten einen tiefgreifenden Mentalitätswandel. Die Professionalisierung des Krieges und seine Verlockungen hatten die engen Bande, mit denen Sparta seine Heerführer an den eigenen Kosmos zu binden trachtete, stetig gelockert. Nicht ohne Grund sah sich der seit 396 in Kleinasien operierende Agesilaos in der Nachfolge der trojanischen Helden und träumte von Reichtum und Ruhm im Kampf gegen die Barbaren. Da er erfolgreich war, wurde es für die Ephoren schwierig, ihn abzuberufen. Agesilaos kehrte auch wieder zur Dekarchienpolitik lysandrischer Prägung zurück. Den Griechen wurde zunehmend klar, dass ihnen nur vordergründige Stabilität auf der Basis unverhohlener Machtpolitik geboten wurde.

c) Die Wiedereinführung der Demokratie und die Verarbeitung der Niederlage in Athen

Auch Athens Zukunft schien unter diesen Vorzeichen ungewiss. Immerhin blieben der Stadt hohe Kriegskontributionen und fremde Kolonisten erspart. Allerdings waren im Gefolge Lysanders oligarchisch gesinnte Exulanten zurückgekehrt, die bereits an der Verfassungsänderung des Jahres 411 beteiligt waren und nun ihre Stunde gekommen sahen. In einer eilig einberufenen Volksversammlung wurde ein Beschluss gefasst, wonach „dreißig Männer zu wählen und mit der Neufassung der von den Vätern überkommenen Gesetze zu betrauen (seien), und dieser Verfassung gemäß sollten sie dann den Staat verwalten" (Xenophon, Hellenika 2,3,2; vgl. 2,3,11). Diesen Beschluss interpretierten die Oligarchen in ihrem Sinne: Sie bildeten eine Kommission von „Dreißig Bürgern" und schalteten die Ekklesie als Entscheidungsorgan zugunsten des Rates aus. Dieser hatte allerdings nur Beschlüsse der „Dreißig" abzusegnen. Ohne sich um die Ausarbeitung einer Verfassung zu kümmern, errichteten die „Dreißig" unter Führung des *Theramenes* und unter dem Schutz der spartanischen Besatzung ein Schreckensregiment: 1500 Athener sollen umgebracht worden sein, andere suchten ihr Heil in der Flucht. Am Ende wurde selbst Theramenes, der Führer der gemäßigten Oligarchen, hingerichtet.

Diktatur der „Dreißig"

Das Blatt wendete sich, als es einer Gruppe von Emigranten gelang, den Piräus zu besetzen. Ihr Anführer war **Thrasybulos**, der sich bereits 411 am Widerstand gegen den oligarchischen Umsturzversuch beteiligt hatte. Die „Demokraten" konnten auf die Unterstützung des spartanischen Königs Pausanias rechnen, der ein Gegengewicht gegen die lysandrische Machtentfaltung suchte und nach Attika einrückte. Es kam zu Straßenkämpfen, in deren Verlauf die „Diktatur der Dreißig" zusammenbrach. Da Pausanias an einer Stabilisierung der Verhältnisse interessiert war, zwang er die Parteien zum Frieden. Den Oligarchen wurde eine „Amnestie" gewährt, von der lediglich die engeren Anhänger der „Dreißig" ausgeschlossen waren. Im September 403 zogen die Demokraten auf die Akropolis, um die Wiederherstellung der Demokratie zu feiern.

E

Thrasybulos
Vom Ende des 5. bis Anfang des 4. Jahrhunderts war Thrasybulos ein bedeutender athenischer Politiker und Stratege. Er setzte sich 411 für den Widerstand der Flottenmannschaften auf Samos gegen den oligarchischen Umsturz ein und führte nach der Kapitulation Athens die demokratische Opposition. Thrasybulos unterstützte das Bündnis mit Böotien und leitete 390/89 auf seiner Expedition in die Nordägäis die Rückkehr Athens zur alten Seebundspolitik ein. Er starb bei einem Plünderungszug bei Aspendos.

Nomothesie

Zur Sicherung der demokratischen Ordnung richtete man zunächst ein Gremium von 500 gewählten „Gesetzgebern" (Nomotheten) ein, die alle

Gesetze einer Revision unterziehen und Vorschläge für neue Gesetze erarbeiten sollten. Aus dieser Kommission entwickelte sich ein neues Gesetzgebungsverfahren, die Nomothesie: Fortan unterschied man zwischen generellen, auf Dauer geltenden Gesetzen (*nomoi*) und den übrigen Beschlüssen sowie situationsbedingten Dekreten (*psephismata*). Die Nomoi wurden nicht mehr von der Volksversammlung ratifiziert, sondern von Nomothetengremien zu 501, 1001 oder mehr Mitgliedern, die aus den 6000 Richtern erlost wurden. Eine Änderung oder Kassation eines Gesetzes war nur noch einem Dikasterion möglich (Psephismata konnten dagegen von den Nomoi aufgehoben werden). Das Gesetzgebungsverfahren war damit einer Instanz unterworfen, die das Risiko überraschender Beschlüsse auf ein Minimum reduzierte. Ferner erleichterte man die Arbeit der Ekklesie, die in den letzten Kriegsjahren über immer komplexere Materien zu entscheiden hatte. Da nun auch die Teilnahme an der Volksversammlung vergütet wurde, hoffte man auch indirekt auch die Staatsfinanzen zu entlasten.

Reform des Vorstandes von Rat und Volksversammlung

Das gleiche Ziel innenpolitischer Stabilisierung stand auch hinter der Reform des Vorstandes von Rat und Volksversammlung. In der Zeit zwischen 403/02 und 379 übertrug man für jede Sitzung von Volk und Rat den Vorsitz von den Prytanen auf neun Prohedroi („Vorsteher"), die aus den 450 Ratsherren, die nicht als Prytanen tätig waren, erlost wurden. Die Prytanen beschränkten sich fortan auf die Geschäftsführung des Rates. Aus dem Gremium der Prohedroi wurde der neue Vorsitzende (*epistates*) täglich erlost. Damit war eine personelle Konzentration von Rats- und Volksversammlungsvorsitz nur an einem Tag möglich. Der Epistates war „eine Art Staatspräsident für einen Tag" (*J. Bleicken*), er wurde zu einem Funktionär der Demokratie ohne die Chance persönlicher Machtentfaltung.

Die Demokratie war wiederhergestellt und gesichert, der Bürgerkrieg schneller beendet als in vielen anderen griechischen Städten. Dennoch hat die Forschung lange geglaubt, dass die Niederlage und der Bürgerkrieg eine dauerhafte Spaltung der Athener Gesellschaft in die Schicht der sehr Armen (*penetes*) und die der Reichen (*plousioi*) bewirkt haben, die jeweils auch unterschiedliche außenpolitische Auffassungen vertreten hätten: Während die Armen versucht hätten, das Seereich – von dem sie am meisten profitierten – auch militärisch zurückzugewinnen, wären die Reichen aus Furcht vor finanziellen Belastungen und spartanischen Invasionen auf einen Ausgleich mit Sparta und eine Vermeidung kriegerischer Konflikte bedacht gewesen.

Spaltung der Gesellschaft?

Tatsächlich gab es auch nach der offiziellen Versöhnung Spannungen zwischen den Bürgerkriegsparteien, ferner waren die Athener durch den Peloponnesischen Krieg insgesamt ärmer geworden, wobei die Reichen wohl weniger schmerzliche Einbußen erlitten. Eine Überprüfung des Quellenmaterials hat jedoch gezeigt, dass von einer langfristigen Spaltung der Gesellschaft in eine oligarchische Partei der Reichen respektive demokratische der Ärmeren keine Rede sein kann. Stattdessen stritten mehrere Gruppen (Faktionen), die sich um einflussreiche Männer gebildet hatten, um die Macht. Einige suchten sich dabei als Führer des Volkes zu profilieren, während andere oligarchische Überzeugungen vertraten, ohne dass man diese Gruppen streng soziologischen Kriterien (arm/reich) zuordnen könnte.

Des Weiteren ist man sich heute einig, dass die Boden- und Besitzverhältnisse stabil blieben, es also nicht zu einer Konzentration des Bodenbesitzes kam und Athen von einer Agrarkrise verschont blieb: Zu Beginn des 4. Jahrhunderts waren lediglich 5000 von 30 000 Athenern ohne Landbesitz. Ferner gibt es kaum Hinweise auf tiefgreifende Spannungen zwischen Stadt und Land. Auch die wirtschaftlichen Auswirkungen des Krieges waren nicht so einschneidend, wie man lange Zeit gedacht hat. Natürlich hatten die Bauern Einbußen erlitten; viele Felder waren verwüstet oder verkommen, und nicht wenige Kriegsheimkehrer hatten um das Nötigste zu kämpfen, mussten sich Geld borgen, um Zugtiere und Ackergerät zu kaufen und ihren Hof wieder funktionsfähig zu machen. In der von Lysias verfassten Rede *Über den heiligen Ölbaum* (6) beklagt sich ein Grundbesitzer, dessen Olivenhaine abgebrannt und dessen Besitzungen von den Behörden konfisziert worden waren: „Ihr alle wisst ja, wie außer vielen anderen Übeln der Krieg auch die Verheerung unseres Landes mit sich brachte und dass die entfernteren Gegenden von den Lakedaimoniern verwüstet, die näher gelegenen von unseren eigenen Leuten hart mitgenommen wurden." Es handelt sich hierbei jedoch um eine Gerichtsrede, in der sich der Redner gegen den Vorwurf verteidigen musste, er habe verbotenerweise einen auf seinen Besitzungen stehenden heiligen Ölbaum umgehauen. Der Beklagte hatte das besagte Grundstück erst nach dem Krieg gekauft. Es kam ihm also darauf an zu zeigen, dass zu diesem Zeitpunkt überhaupt keine Ölbäume mehr auf seinem Grundstück standen, weil sie dem Krieg zum Opfer gefallen waren. Berücksichtigt man diese Intention und die Tatsache, dass eine Gerichtsrede die Fakten zu Gunsten des Mandanten verzeichnen durfte, so wird man die dargestellte Situation nicht ohne weiteres verallgemeinern dürfen. Skepsis ist um so mehr geboten, als wir durch die Forschungen des amerikanischen Gelehrten *V. D. Hanson* gelernt haben, dass es den spartanischen Hopliten nur in geringem Umfang gelungen sein kann, Öl- und Feigenbäume sowie Weinreben in Attika abzuschlagen. Auch das Niederbrennen der Felder hatte langfristig keine negativen Folgen, es dürfte mitunter sogar zu einer Erholung des Bodens geführt haben. Ferner gilt es zu berücksichtigen, dass die in Dekeleia stationierten spartanischen Truppen das umliegende Gebiet kultivieren mussten, um sich nicht ihrer Nahrungsgrundlage zu berauben. Diese Felder konnten nach Kriegsende wieder bewirtschaftet werden. Weiterhin waren während des Krieges bei weitem nicht alle landwirtschaftlich genutzten Gebiete Attikas evakuiert worden. Schließlich hatten die Athener Viehherden zu Beginn des Krieges nach Euböa geschafft und von Kolonisten versorgen lassen. Nach dem Verlust des Reiches kehrte das Vieh zurück und bildete einen soliden Grundstock für die Weiterzucht, kurzum: Die agrarischen und wirtschaftlichen Schäden des Krieges waren einschneidend, aber vergleichsweise schnell zu beheben.

Wirtschaftliche Auswirkungen des Krieges

Zur inneren Stabilität kam der Konsens über die Ziele der Außenpolitik. Die Athener waren von den Vorteilen des Seebundes und der Seeherrschaft so überzeugt, dass sie sich auch durch die Niederlage nicht beirren ließen. Flotte und Seeherrschaft blieben Werte, an denen sich das geschlagene Athen wieder aufrichten konnte: Sophokles feierte bereits drei Jahre nach der Niederlage in seinem Stück *Ödipus auf Kolonos* (Verse 707–719) den

Konsens über die Ziele der Außenpolitik

Ruhm der Seeherrschaft mit folgenden Versen: „Endlich hab ich noch ein/Lob für Athen,/schöner als alles;/Nennen will ich's, verliehen/hat es der Meergott, der gewalt'ge:/Ihm verdank ich/das starke Ross/und die starke Seemacht,/den Stolz des Landes – den hast du,/Poseidon, uns/als Geschenk gegeben. (...) Und schön/, wunderbar schön/fliegen die Ruder,/ von den Fäusten regiert, vorbei,/jagend neben unzähligen/Nereiden der Wellen."

Verarbeitung der Niederlage

Voraussetzung für die Kontinuität militärischer und außenpolitischer Ideale war eine positive Verarbeitung der Niederlage. Eine Gesellschaft, deren Zusammenhalt in hohem Maße auf dem Ruhm der Vergangenheit und dem Erfolg der Gegenwart beruhte, benötigt exkulpierende Erklärungen für ihr militärisches Versagen. Wieso hatte man der persischen Weltmacht widerstehen können, den Spartanern und ihren Bundesgenossen aber nicht?

Eine erste Antwort gab Thukydides, der bis kurz vor seinem Tode wenige Jahre nach der Kapitulation Athens an der Geschichte des Krieges schrieb: Rivalisierende Demagogen seien von der perikleischen Strategie abgewichen und hätten ihre Mitbürger in die kriegsentscheidende Niederlage in Sizilien geführt. Ganz überzeugen vermochte diese Erklärung nicht. Denn wenn die Zwietracht der neuen Politiker eine vernünftige Kriegspolitik verhindert hätte, wie konnten dann die Athener z. B. einen so bedeutenden Sieg auf Sphakteria erzielen, der alle Erfolge der perikleischen Zeit weit in den Schatten stellte?

Durchschlagendere Argumente fanden die Redner. Fast unisono vertraten sie die Meinung, Athen sei verraten worden. Anfangs richtete sich der Verdacht auf die Bundesgenossen, dann vermutete man Verräter in den eigenen Reihen: Im Zentrum der Verdächtigungen stand Alkibiades. Er musste in die Verbannung gehen, weil er mit den Spartanern kooperiert habe. Seine Flucht nach Sparta wurde als kriegsentscheidender Verrat ausgelegt. Ein weiterer Vorwurf richtete sich gegen die bei Aigospotamoi unterlegenen Feldherrn. „Die Athener sind sich einig" – so Pausanias in der *Beschreibung Griechenlands* (10,9,11) –, „dass ihnen der Schlag von Aigospotamoi nicht mit Recht zugefügt worden sei, denn sie seien von den Strategen für Geld verraten worden, und Tydeus und Adeimantos seien es gewesen, die die Geschenke von Lysander erhielten." Diese Anschuldigungen – so fügt Pausanias hellsichtig hinzu – dienten den Athenern dazu, sich von jeder Mitschuld frei zu machen und zu belegen, dass die Niederlage durch Verrat zustande gekommen sei. Man konnte sich sogar zu der Ansicht versteigen, Athens Flotte sei unbesiegbar gewesen; selbst eindeutige Niederlagen wurden zu glorreichen Siegen umgedeutet. So glorifizierte Platon die bei Aigospotamoi erfolglosen Strategen (Menexenos 243d): „Dieser muss man immer gedenken und sie preisen; denn durch ihre Tapferkeit waren wir die Überwinder nicht nur in jenem Seegefecht, sondern in dem Krieg überhaupt, weil die Stadt durch sie den Ruf erhielt, dass sie nie könne ganz bezwungen werden, auch nicht von allen Menschen."

Mit dem Argument der Zwietracht und Bestechlichkeit verband sich ein drittes Erklärungsmodell, das die Niederlage mit Unglück bzw. dem Willen der Götter zu begründen versuchte. Das „Unglück von Aigospotamoi" wurde zum geflügelten Wort. Für Lysias (2,58) war die Niederlage bei Aigospotamoi „wegen des Ratschlusses der Götter" zustande gekommen. Warum die Götter den Athenern ihre Gunst entzogen hatten, war nicht schwer zu erklären: Die Sophisten hatten die adlige Jugend dazu verführt, die Götter zu leugnen, ihrer Verehrung zu entsagen und althergebrachte Werte zu missachten. Nur Isokrates verwies auf ein außenpolitisches Phänomen, nämlich das Eingreifen der Perser. Hätten sich die Spartaner an die Spielregeln des griechischen Kräftemessens gehalten und die Perser nicht zur Unterstützung aufgefordert, dann hätte Athen auch nicht verloren.

Indem man die Gründe für die Niederlage in dem Fehlverhalten staatlicher Funktionsträger, dem Einfluss einer destabilisierenden Philosophie, dem Eingreifen übermenschlicher Kräfte (Götter) oder der Beteiligung einer fremden Macht (Perser) suchte, gelang es den Athenern, die Niederlage als irregulär und vermeidbar zu interpretieren. Die Demokratie entledigte sich so des Makels militärischen Versagens, und die von ihr betriebene maritime Machtpolitik konnte ohne Skrupel wieder aufgegriffen werden. Doch vorher schien eine moralische Kurskorrektur ebenso geboten wie ein hartes Vorgehen gegen diejenigen, die den Zorn der Götter erregt und mangelnde Bürgerloyalität gezeigt hatten. Ähnlich wie Sparta nach dem Erdbeben 462 versuchte man das erste Ziel durch eine Rückbesinnung auf die Werte der Alten zu erreichen: Man erinnerte an die Verfassung und Sitte der Vorväter oder erzählte die Geschichte Athens in patriotisch gefärbten Farben (Atthidographie), um der verunsicherten Bürgerschaft neuen Halt zu geben. Der Zorn gegen die Sophisten und ihre Lehren mündete in zahllose Anklagen wegen Gottlosigkeit. Eine traf **Sokrates**, den berühmtesten Philosophen der Stadt, obwohl er sich durch seine Lebens- und Lehrweise von der Sophistik deutlich distanzierte, beispielsweise indem er kein Honorar für seine Vorträge verlangte. Der Demos sah dies anders: Seine ungewöhnliche Lebensführung, seine entwaffnende Fragetechnik und sein ethischer und moralischer Rigorismus machten ihn einer verunsicherten Bürgerschaft verdächtig. Viele Richter haben den Vorwurf der Gottlosigkeit (Asebie) und den Prozess zwar als Skandal empfunden, doch am Ende ließ ihnen das provozierende Auftreten des greisen Sokrates keine andere Wahl, als ihn zum Tod durch den Schierlingsbecher zu verurteilen.

E

Sokrates (470–399)
Sokrates war der berühmteste Philosoph Athens vor Platon. Er selbst hat keine Schriften hinterlassen, wir kennen ihn nur aus den Werken seiner Schüler. Seine Tätigkeit fällt in die Zeit des Peloponnesischen Krieges. In dieser Zeit machte er durch seine neue Art der Dialog- und Diskussionsführung Furore. Es ging ihm in Auseinandersetzung mit den Sophisten nicht um die Erlernung bestimmter Techniken und Fertigkeiten, sondern um die Vervollkommnung der Ethik. Die Tugend ist deshalb Ziel und Voraussetzung menschlicher Weisheit und eines ethisch einwandfreien Lebens. Sein ethischer Rigorismus und die aufgeheizte Atmosphäre in den ersten Jahren nach Kriegsende wurden ihm zum Verhängnis. Angeklagt wegen Verführung der Jugend und Leugnung der Götter (Asebie) provozierte er die Richter so weit, dass sie ihn schließlich zum Tode verurteilten.

Platon, der größte Schüler des Sokrates, begann in den nächsten Jahren eine Philosophie zu entwickeln, die gegen die Sophisten Stellung bezog, aber auch der Demokratie tief misstraute. Denn sie hatte ja – so Platon – seinen Lehrer verurteilt. Der inneren Stabilität Athens hat dies keinen Abbruch getan; dazu waren die gemeinsam zu ertragenden Nöte und der Wunsch nach Besserung zu groß. Nach Thukydides waren während des Dekeleischen Krieges 20 000 Sklaven geflohen, es gab so keine Arbeitskräfte, die den Silberbergbau von Laureion wieder hätten in Gang bringen können. Der Piräushandel hatte erhebliche Einbußen erlitten, und die Stadt war weitgehend ungeschützt. Um wieder regelmäßige Getreideimporte in den Piräus zu lenken und den Überseehandel anzukurbeln, benötigte man neben einer Flotte Bündnisse mit den Poleis der Hellespontregion. Ferner galt es, die Festungsanlagen des Piräus wieder aufzubauen. All dies verhinderte der Friedensvertrag mit Sparta. Das oberste außenpolitische Ziel konnte so nur darin bestehen, den Frieden von 404 zu revidieren.

E

Platon (427–347)
Platon war der herausragendste Schüler des Sokrates und neben Aristoteles der bedeutendste griechische Philosoph. Er stammte aus einer Athener Adelsfamilie, bereiste nach dem Tod seines Lehrers die wichtigsten griechischen Poleis Nordafrikas, Siziliens und Unteritaliens und gelangte schließlich um 390 an den Hof des Tyrannen Dionysios I. von Syrakus. Hier fiel er bald in Ungnade, wurde in die Sklaverei verkauft, durch einen Schüler freigekauft und gründete so nach Athen zurückgekehrt um 386 eine eigene Philosophenschule, die Akademie. In deutlicher Gegnerschaft zu den Lehren und dem Wirken der Sophisten standen für ihn im Zentrum des Philosophierens weniger die reale Welt, sondern die Ideen, denen die materielle Welt letztlich zugrunde liegt. Seine Lehren hat Platon in Form von hochliterarischen Dialogen vorgestellt, von denen zwei (der *Staat* und die *Gesetze*) auch dezidiert die Staatsphilosophie behandeln. Platon blieb unter seinen Mitbürgern ein Außenseiter und hat es nie zu einer politischen Wirksamkeit gebracht. Seine Lehren bilden bis heute für die westliche Welt einen zentralen Bestandteil des kulturellen Erbes der Antike.

d) Das große Flottenbauprogramm der Perser

Zunächst blieb den Athenern jedoch nichts anderes übrig, als sich als treuer Alliierter Spartas zu zeigen und geduldig auf eine günstige Gelegenheit zu warten, sich aus der vertraglichen Abhängigkeit von Sparta zu lösen. Diese Gelegenheit ergab sich unerwartet schnell. Wenige Jahre nach der Niederlage verbreitete sich in Athen die Nachricht, dass die Perser ein großes Flottenbauprogramm aufzulegen planten (u.a. Isokrates 4,142; Xenophon, Hellenika 3,4,1). Die neue Flotte sollte bis zu 300 Einheiten des modernsten Typs umfassen und bei Kition auf Zypern stationiert werden. 396 ernannte der persische König auf Rat des kyprischen Dynasten Euagoras den Athener Ex-Strategen **Konon**, der nach Aigospotamoi nach Zypern geflohen war, neben dem kleinasiatischen Satrapen Pharnabazos zum Admiral der Flotte.

Die Ernennung Konons und der Persisch-Spartanische Krieg in Kleinasien ließen die Athener hoffen, sich aus der außenpolitischen Gängelung durch Sparta zu lösen. Einige Bürger finanzierten Waffenlieferungen und stellten Konon Nautiker und Matrosen zur Verfügung, offiziell ging eine Gesandtschaft an den persischen Großkönig. Im folgenden Jahr verweigerten die Athener dem spartanischen König Agesilaos Truppen für den Perserkrieg. Gleiches hatten Argos, die Korinther und Thebaner getan in der Hoffnung, ein starkes Persien könne dem spartanischen Hegemonialanspruch auch in Griechenland entgegentreten. In Athen favorisierte inzwischen Thrasybulos eine Kontaktaufnahme mit Böotien, weil dies eine Stärkung der territorialen Position im Norden Attikas versprach. 395 beschloss die Volksversammlung einstimmig ein Defensivbündnis mit Böotien. Die Böotier waren zum Zeitpunkt der Verhandlungen in Kriegshandlungen mit Sparta verwickelt. Der Vertragsschluss kam so einer offenen Kriegserklärung an Sparta gleich und implizierte damit den Bruch des Friedens- und Bündnisvertrages von 404.

E

Konon (ca. 444–392)
Konon war ein bedeutender athenischer Stratege und Admiral. Er flüchtete nach der Niederlage bei Aigospotamoi nach Persien und wurde dort 396 zum Oberbefehlshaber der neu erbauten persischen Seestreitkräfte ernannt. Mit Pharnabazos errang er einen vernichtenden Sieg bei Knidos über die spartanische Flotte. Kurz danach half er den Athenern mit persischen Geldern beim Wiederaufbau der Langen Mauern und der Verstärkung des Landheeres. 392 fiel er, durch den Spartaner Antialkidas bei Pharnabazos angeschwärzt, in Ungnade. Er entkam nach Zypern, wo er bald starb.

e) Der Korinthische Krieg (395–386) und die Rückkehr Athens aufs Meer

Schlacht bei Haliartos

Die Athener sandten bereits im Spätsommer 395 ein Hoplitenheer nach Haliartos nahe Theben. Der Enthusiasmus hielt sich jedoch in Grenzen, denn Stadt und Hafen waren noch ungeschützt. Der im Herbst errungene Erfolg der Thebaner bei Haliartos wird die Sorgen der Athener gedämpft haben, zumal der siegesgewohnte Lysander den Schlachtentod fand. Nach dem Sieg traten Korinth, das noch 404 die Vernichtung Athens verlangt hatte, sowie Argos und andere Poleis dem Athenisch-Böotischen Bündnis bei. Man schloss einen Bund mit einem gemeinsamen Rat, die „Korinthische Allianz". Der Krieg, der sich in der Folgezeit zwischen den Alliierten und Sparta entwickelte, wird nach seinem Hauptschauplatz *Korinthischer Krieg* genannt. Bereits im Frühjahr 394 mussten die Alliierten am Nemeabach bei Korinth eine schwere Niederlage hinnehmen. Einen Monat später siegte der aus Kleinasien zurückbeorderte König Agesilaos bei Koroneia, ohne sich jedoch der Herrschaft über Böotien bemächtigen zu können.

Schlacht am Nemeabach und bei Koroneia

Der Korinthische Krieg verschaffte den Persern die erhoffte Entlastung auf dem kleinasiatischen Kriegsschauplatz. Das Eingreifen der neuen Flotte führte 395 zum Übertritt der spartanischen Marinebasis Rhodos. Wenig später konnte sie die spartanischen Landtruppen in Kleinasien fast vollständig von der Versorgung über See abschneiden. Konon und Pharnabazos gelang es schließlich im August 394 bei Knidos die spartanische Armada zum Entscheidungskampf zu stellen und bis auf wenige Einheiten zu vernichten.

Entscheidung bei Knidos

Es war der größte Erfolg der Perser seit dem Sieg über die Athener im Nildelta.

Jetzt offenbarten sich die Konstruktionsfehler der spartanischen Herrschaftspolitik. Die Einsetzung oligarchischer Regimenter hatte vielerorts zu *Bürgerkriegen* zwischen den spartafreundlichen Oligarchen und den gestürzten Demokraten geführt. Da die Städte zudem Tribute zahlen und Truppen stellen mussten, wuchs der Hass auf die spartanische Herrschaft. Sparta wurde vom umjubelten Befreier zum Unterdrücker. Binnen weniger Monate wechselten fast alle kleinasiatischen Küstenstädte auf die persische Seite und vertrieben die spartanischen Harmosten; sie wurden jedoch nicht durch persische Garnisonen ersetzt – eine weise Politik, die den Persern viele Sympathien einbrachte: Die wichtigsten Poleis schlossen sich mit Persien sogar zu einer antispartanischen Allianz zusammen.

Persische Flotte in der Ägäis

Kurze Zeit später stieß die siegreiche persische Flotte in die Ägäis, gewann die Kykladen sowie Kythera und segelte nach Korinth. Hier stationierte sie eine Söldnertruppe und brachte ein Bündnis zwischen den kleinasiatischen Griechen, der Korinthischen Allianz und Persien zustande. Erstmals nach hundert Jahren lag eine persische Flotte wieder an der Küste Zentralgriechenlands: Salamis und Kimons Erfolge schienen vergessen, Persien stand auf dem Zenit seiner Macht.

Konon in Athen

Um ein weiteres Gegengewicht gegen Sparta zu schaffen, ließ Pharnabazos im Sommer 393 Konon mit 80 Schiffen nach Athen zurückkehren. Er übergab der Stadt 50 Talente zum Wiederaufbau der Piräusbefestigungen sowie zur Verstärkung der athenischen Truppen (Xenophon, Hellenika 4,8,9). Demosthenes (20,68–69) feierte den Wiederaufbau der Wälle als die schönste Tat von allen, und Plutarch resümiert (de Gloria Atheniensium 345 D), dass „Konon die Athener wieder aufs Meer geführt hat". Tatsächlich hatten die Athener schon vor dem Eintreffen Konons begonnen, die Stadt zu befestigen; doch trug die Investition der persischen Gelder erheblich dazu bei, den Piräushandel anzukurbeln sowie die Verteidigungsfähigkeit der Stadt zu steigern: Athen war nach dem Wiederaufbau der Befestigungen und der Anwerbung von Leichtbewaffneten (Peltasten) zum ersten Mal nach der Niederlage von 404 nicht mehr wehrlos. Persien wurde so zum Geburtshelfer der neuen athenischen Seemacht – eine Ironie der Geschichte, die eine Generation zuvor niemand für möglich gehalten hatte.

Nach der Rückkehr Konons ratifizierte die Volksversammlung Bündnisse mit mehreren alten Mitgliedern des Seebundes, u. a. Chios, Mytilene, Kos, Knidos. Ferner wurden die Kleruchien Lemnos, Imbros und Skyros wieder eingerichtet. Die Lage der Spartaner verschlechterte sich zusehends: „Auch den Lakedaimoniern" – so Xenophon (Hellenika 5,1) – „wurde der Kriegszustand beschwerlich: Eine *mora* (Abteilung der spartanischen Phalanx) stand in Lechaion, eine zweite in Orchomenos. Die Poleis, auf die sie sich verließen, mussten sie bewachen, um sie nicht zu verlieren; die, welchen sie misstrauten, ebenfalls." 392 boten die Spartaner den Athenern Frieden an. Dieser sah die Vergrößerung der Flotte sowie die Anerkennung des Mauerbaus und der Kleruchien Lemnos, Imbros und Skyros vor. Das kam einer Revision des Vertrages von 404 gleich. Athen lehnte jedoch ab, denn schon fühlte man sich so stark, auf eine vertragliche Anerkennung des ohnehin Erreichten verzichten zu können.

Antialkidas in Sardes

Wenig später versuchte der spartanische Gesandte Antialkidas sein Glück bei den Persern und bot dem Satrapen Tiribazos den Verzicht auf alle spartanischen Ansprüche in Kleinasien an. Doch die ebenfalls nach Sardes eingeladenen griechischen Alliierten protestierten, allen voran die Athener, die ihre einstigen kleinasiatischen Bundesgenossen nicht preisgeben wollten. Am Ende verweigerte der Großkönig seine Zustimmung.

Immerhin war es Antialkidas gelungen, Konon bei Tiribazos anzuschwärzen. Ende 392 starb er als Flüchtling auf Zypern. Als kurz darauf ein Sieg der Spartaner bei *Lechaion* den Weg nach Attika öffnete, stimmte Athen Friedensverhandlungen zu. Am Ende lehnte jedoch der Demos erneut den Frieden ab. Einige fürchteten, die Versöhnung mit Sparta würde eine Rückkehr zur Oligarchie nach sich ziehen. Die meisten konnten sich aber nicht mit der Auslieferung der kleinasiatischen Griechen an Persien abfinden.

Das Selbstbewusstsein der Athener schien gerechtfertigt. Sparta musste den Krieg in Kleinasien binnen weniger Monate verloren geben. Im Juni 390 konnte der Athener Iphikrates mit einer Kampftruppe thrakischer Peltasten ein spartanisches Regiment von fast 600 Mann aufreiben. 389/8 gelang der Abschluss eines Dreierbündnisses mit Euagoras von Zypern und dem ägyptischen König Akoris, der wie Euagoras von Persien abgefallen war. Bereits 390/89 war Thrasybulos mit 40 Trieren – der größten Flotte seit 404 – in die Nordägäis gesegelt, um – so Xenophon – „einige Vorteile für die Stadt zu erringen". Unbehindert von spartanischen oder persischen Schiffen gelang der Abschluss neuer Bündnisse mit den thrakischen Königen sowie mit den Poleis Thasos, Samothrake, der thrakischen Chersones, Byzanz und Kalchedon, die sämtlich Mitglieder des Seebundes gewesen waren. Ferner errichtete Thrasybulos eine Zollstation am Hellespont, die eine Gebühr von 10% auf die Waren aus dem Schwarzen Meer erhob. Damit hatte er die Kontrolle über die Getreidezufuhr zurückgewonnen, neue finanzielle Einkommensquellen erschlossen und die Grundlage für die Wiedergeburt des attischen Seereiches geschaffen.

Thrasybulos in der Nordägäis

Noch waren die Athener freilich nicht in der Lage, größere maritime Kräfte zu mobilisieren, noch war man auf dem Meer auf sich allein gestellt, und noch fehlte ein Ersatz des Seebundes. Dies ist der Grund, weshalb sich Sparta dem athenischen Ausgreifen noch einmal erfolgreich widersetzen konnte. Getreu den Maximen der persischen Schaukelpolitik (s. S. 122) stellten die kleinasiatischen Satrapen (sowie Dionysios von Syrakus) auf die Nachricht von den Erfolgen des Thrasybulos den Spartanern 80 Schiffe zur Verfügung, mit denen Antialkidas am Hellespont die Getreidezufuhr aus dem Schwarzmeergebiet zu blockieren begann. Da Teleutias von Aigina aus den Piräus bedrohte, geriet Athen in eine ernste Versorgungskrise. Wie am Ende des Peloponnesischen Krieges so zwang auch diesmal der Verlust der Kontrolle über die Seehandelsverbindungen die Athener zur Aufgabe. Auch auf Seiten des korinthischen Bundes machten sich nach den langen Kampfhandlungen Zeichen der Erschöpfung breit.

f) Der späte Triumph Persiens: Der Königsfrieden von 386

Die Zeit war reif für das Eingreifen der persischen Zentralmacht. Bereits im Jahre 388 war Antialkidas mit dem persischen Satrapen von Sardes an den Hof des Großkönigs in Susa gereist. Zwei Jahre später ließ der Perserkönig alle Teilnehmer des Korinthischen Krieges nach Sardes kommen und durch Tiribazos ein Schreiben verlesen, in dem er den Frieden sowie die Besitzverhältnisse festschrieb und jedem mit Krieg drohte, der sich widersetzte (s. Quelle).

Q

Das „Friedensdiktat" des Perserkönigs Artaxerxes 386
(Xenophon, Hellenika 5,1,31)

Artaxerxes, der Großkönig, hält es für gerecht, dass die Städte Asiens ihm gehören und von den Inseln Klazomenai und Zypern, dass die anderen Griechenstädte aber, kleine wie große, autonom sein sollen außer Lemnos, Imbros und Skyros, die wie in alten Zeiten den Athenern gehören sollen. Wer von den Parteien diesen Frieden nicht annimmt, den werde ich bekriegen im Bunde mit den Friedenswilligen, zu Lande und zur See, mit meinen Schiffen und mit Geld.

Damit beendete ein Diktat des Perserkönigs den Krieg. Dieser „Königsfriede" oder „Friede des Antialkidas" ist eine neue Form des Friedensschlusses, den man **Koine Eirene** („Allgemeiner Friede") nennt. Er sah keine bilateralen Verpflichtungen vor, sondern erstreckte sich einseitig auf alle griechischen Poleis. Während der Perserkönig die Griechenstädte Kleinasiens, dazu Klazomenai und Zypern zurückgewann und gegen die Rebellen auf Zypern und in Ägypten vorgehen konnte, erklärte er *alle Poleis* des Mutterlandes mit Ausnahme von Lemnos, Imbros und Skyros, die an Athen fielen, für autonom. Konkret bedeutete dies, dass sie nicht mehr Mitglied eines Bundes werden sollten. Damit war allen Machtbildungen im griechischen Raum ein Riegel vorgeschoben: Die seit Thrasybulos einsetzende Bündnisbildung Athens wurde ebenso aufgelöst wie die thebanische Hegemonie und die Union von Korinth und Argos; vermutlich enthielt der Friede ferner eine Klausel, die maritime Rüstungen untersagte.

E

Koine Eirene („Allgemeiner Friede")
Als Koine Eirene bezeichnete man die Friedensschlüsse des 4. Jahrhunderts, die sich programmatisch auf alle griechischen Poleis bezogen. Diesen wurde Autonomie, Freiheit und Frieden versprochen.

Rolle der Spartaner

All dies lag nicht nur im persischen, sondern auch im spartanischen Interesse. Deshalb übertrug der Perserkönig die Ausführung des Autonomieprogramms den Spartanern als der nominell stärksten Macht in Griechenland. Xenophon (Hellenika 5,1,35) und Isokrates (4,175) nennen die Spartaner „Vollstrecker des vom Großkönig herabgesandten Friedens". Sie konnten alle Symmachien mit Waffengewalt auflösen, nur ihr eigener Bund blieb bestehen. Denn dieser wurde als freiwillige Vereinigung angesehen und war insofern von der Hegemonieklausel ausgenommen. Sparta hatte die Chance erhalten, anstelle eines überseeischen

Imperiums im griechischen Mutterland seine Hegemonialstellung auszubauen.

Insofern scheint es gerechtfertigt, im Königsfrieden einen Triumph Spartas zu sehen, wie dies viele Forscher getan haben. Doch verschleiert diese Einschätzung die wahren Machtverhältnisse. Die Vormachtstellung Spartas war abhängig vom Gutdünken der Perser: Unverhohlen drohte der Großkönig im letzten Passus des Friedens all denjenigen mit Krieg, die sich seinen Vorstellungen nicht beugen wollten. Dies war eine Warnung an Untergebene, nicht an Vertragspartner. Der Perserkönig war – so die Quellen – Wächter und Schiedsrichter des Friedens. Damit hatte Sparta seine Unfähigkeit bewiesen, aus eigener Kraft eine dauerhafte Ordnung in Griechenland zu begründen; die übrigen Poleis mussten eingestehen, dass aus ihren Reihen keine Alternative in Sicht war. Dies war ein Debakel: „In der Geschichte der Griechen" – so *H. Bengtson* – „bedeutete der Königsfriede einen der tiefsten Tiefpunkte aller Zeiten."

Nach der Verlesung des Königsfriedens kehrten die griechischen Gesandten nach Hause zurück und trafen sich nach einiger Zeit in Sparta, um Eide zu leisten und über die Ausführungsbestimmungen des Friedens zu beraten. Damit war der Korinthische Krieg auch von griechischer Seite beendet. Spartas Stellung in Griechenland schien mächtiger als je zuvor, doch jeder Beobachter wusste, wer knapp zwanzig Jahre nach der Kapitulation Athens der eigentliche Sieger des Peloponnesischen Krieges war: Persien hatte mit Geduld, Geschick und Geld die Griechen so lange zum gegenseitigen Kriegführen befähigt, bis sie so geschwächt waren, dass ein Eingreifen des Perserkönigs von ihnen selbst gewünscht wurde. Besonders bitter musste es dabei sein, dass die Perser nun wieder fast unangefochten das Meer beherrschten: Die neue Seemacht des östliches Mittelmeeres hieß nach fast hundertjährigen Demütigungen wieder Persien.

Persien als eigentlicher Sieger des Peloponnesischen Krieges

2. Die Veränderung der griechischen Welt nach dem Königsfrieden

a) Griechenland zwischen politischer Ohnmacht und geistigem Aufbruch

„Wer wird sich eine Lage wünschen" – so fasste Isokrates (4,115f.) sieben Jahre nach Ende des Korinthischen Krieges die Lage in Griechenland zusammen –, „in der Piraten das Meer unter ihrer Kontrolle haben und leicht bewaffnete Söldnertruppen die Städte besetzen? Anstatt für ihr Land gegen andere zu kämpfen, kämpfen die Bürger innerhalb der Stadtmauer gegeneinander. Mehr Städte sind Gefangene geworden als vor dem Frieden. Umstürze sind so häufig, dass diejenigen, die in ihren Städten leben, viel verzagter sind als die mit Verbannung Bestraften."

Bürgerkriege, Söldnerscharen und Piraten – dies waren für die ältere Forschung deutliche Symptome einer tiefgreifenden Krise, die die griechische Poliswelt seit dem Königsfrieden erfasste. Kern des Übels sei der permanente Krieg gewesen. Die Verrohung der Sitten, die lange Abwesenheit auf den Schlachtfeldern und die durch die Sophisten vorangetriebene allgemeine Individualisierung des Menschen hätten die Bindung des Bürgers an

These vom Niedergang der griechischen Welt

die Polis gelockert sowie traditionelle Werte und religiöse Einstellungen verflüchtigen lassen. Mit der Niederlage Athens sei auch deren kulturelle Blüte zu Ende gegangen, die Tragödie habe ihre kreative Schaffenskraft verloren und sei durch den Aufstieg der attischen Redekunst in den Schatten gestellt worden, deren artifizielle Fertigkeit vordergründigen Eindruck, aber keine hehren Werte vermittelte. Ihrer geistigen Grundlagen beraubt sowie wirtschaftlich geschwächt durch den Verlust auswärtiger Absatzmärkte, seien die griechischen Poleis am Ende zur leichten Beute der unverbrauchten Vitalität Makedoniens geworden.

Heute sieht man die Entwicklung weitaus differenzierter. Eine durchgehende wirtschaftliche Krise lässt sich nicht belegen. In den Poleis des Mutterlandes blieb die Agrarverfassung stabil, nirgends hören wir den Ruf nach Neuverteilung des Bodens – ein angesichts der langen Kriegszeit erstaunlicher Beweis inneren Friedens, der gegen die alte These einer grundlegenden Krise der Poliswelt spricht. Was dagegen allen Poleis zu schaffen machte, war ihre geringe Finanzkraft, die mit den wachsenden Anforderungen des Krieges nicht mehr Schritt halten konnte. Auch die großen Bünde vermochten keinen Ausgleich mehr zu bieten und versagten bei dem Versuch, dem griechischen Raum eine stabile Ordnung zu schaffen, die sich gegen die überlegene Finanzkraft und das diplomatische Geschick der Perser hätte zur Wehr setzen können. Das Gefühl machtpolitischen Versagens war umso bitterer, als man sich nach wie vor kulturell, geistig und technisch den Barbaren weit überlegen wähnte. Tatsächlich vollbrachten die Griechen – allen voran die Athener – im 4. Jahrhundert auf vielen Gebieten wie der Philosophie, der Rhetorik und der Technik revolutionäre Leistungen, die von einer vitalen Schaffensdynamik zeugen und die abendländische Kultur vielfach tiefer geprägt haben als die „Klassik" des 5. Jahrhunderts. Was dieser Zeit ihr spezifisches Gepräge verlieh, war die Diskrepanz zwischen machtpolitischer Ohnmacht und geistig-kulturellem Höhenflug, der gerade aus diesem, den Zeitgenossen schwer verständlichen Widerspruch einen Großteil seiner Dynamik bezog. In der Forschung tritt deshalb zunehmend an die Stelle der „Krise" das Konzept der „Veränderung". Die meisten Veränderungen hatten sich während des Peloponnesischen Krieges angebahnt und entfalteten nach dem Königsfrieden ihre volle Wirkung. Die 380er Jahre bildeten hierbei – wie der englische Historiker *J. K. Davies* zu Recht betont hat – einen Wendepunkt.

Diskrepanz zwischen machtpolitischer Schwäche und kultureller Blüte

b) Bürgerkriege als Konsequenz des großen Krieges

Die langen Kampfhandlungen hatten vielerorts zu innenpolitischen Spannungen geführt. Lange Zeit meinte man, Auslöser dieser Spannungen sei ein durch den Krieg geschürter sozialer und wirtschaftlicher Gegensatz zwischen reichen und armen Schichten gewesen (s. S. 132). Tatsächlich handelte es sich jedoch um (außen-)politische Richtungskämpfe unter den führenden Adligen und deren Anhängerschaften. Sparta und Athen hatten während des Krieges in denjenigen Poleis, die sie mit Gewalt oder Diplomatie für sich gewonnen hatten, meist auch ihre Verfassung eingerichtet.

Sie stützten sich dabei auf diejenigen Gruppierungen der städtischen Adelsschicht, die diesen Verfassungen zuneigten, also eher oligarchisch oder demokratisch gesinnt waren. Auch in den von den Persern besetzten Poleis Kleinasiens bildeten sich perserfreundliche Adelsgruppen.

Wurde nun aber eine Polis durch die Gegenseite erobert oder auf andere Weise zum Frontwechsel veranlasst, dann wechselte auch die Verfassung, und es gerieten diejenigen Adelskreise unter Druck, die unter der alten Verfassung und ihren außenpolitischen Repräsentanten an die Macht gekommen waren. Das Ergebnis waren Vertreibungen, Vermögenskonfiskationen sowie Bürgerkriege (*staseis*), deren Brutalität vielen als Symptome eines Verfalls tradierter Normen erschien (Thukydides 3,81–83). Die angespannte finanzielle Lage tat ihr übriges und schuf Unsicherheit, Armut und ein Heer von Vertriebenen, die als „outsiders in the Greek cities" (*P. Mc Kechnie*) eine neue Heimat suchten. Die einen verdingten sich als Gelegenheitsarbeiter in den Hafenstädten, andere traten als Söldner in den Dienst persischer Satrapen oder thrakischer Könige. Wieder andere suchten ihr Glück in der Piraterie, die nach dem Ausfall der athenischen Flotte aufblühte.

c) Die militärische Revolution

Der Aufstieg der Piraterie und des Söldnerwesens war aber nicht nur das Ergebnis innerer Unruhen und außenpolitischer Veränderungen, sondern resultierte auch aus den Wandlungen des Kriegswesens, die sich im Laufe der über fünfzig Jahre währenden Kämpfe eingestellt hatten. Wir haben gesehen, wie erstmals Brasidas im Jahre 424 für seinen Marsch auf die Chalkidike und nach Thrakien neben spartanischen Periöken griechische Söldner anwarb. Das gleiche taten die Athener, wenn sie in den nördlichen Randgebieten Krieg führten. Vielfach stammten diese Söldner aus dem Einsatzgebiet selbst. Sie konnten anders als der Bauernhoplit auf unwegsamem Gelände kämpfen, über die Wintermonate in fernen Gebieten kampieren und kannten sich mit den dort herrschenden Bedingungen besser aus als der Bürgerhoplit. Erst der Einsatz von Söldnern verschaffte so den Kommandeuren die Möglichkeit, raumgreifende Feldzüge zu Lande durchzuführen, bei denen ein Milizheer aufgrund seiner engen Bindung an die Heimatpolis scheitern musste. Das berühmteste Beispiel für diese neue Art der Kriegführung war der so genannte Marsch der Zehntausend, griechische Söldner des Kyros, die sich nach dem Tod ihres Soldherren vom Euphrat bis zum Schwarzen Meer durchschlugen und von dort nach Griechenland zurückkehrten oder sich für neue Solddienste anwerben ließen. Fortan schien es möglich, großräumige Strategien, die man bisher nur im Bereich der Seekriegsführung kannte, auch zu Lande zu planen.

Söldner

Mit der wachsenden Zahl von Berufssoldaten veränderte sich auch die Bedeutung der einzelnen Truppengattungen. Nach wie vor lag zwar das Hauptgewicht der Landschlacht auf den Schwerbewaffneten (Hopliten), doch gewannen spätestens seit den erfolgreichen Kämpfen der Athener auf Sphakteria die Leichtbewaffneten an Bedeutung (s. S. 100). Auch sie waren

Leichtbewaffnete

durchweg Söldner, stammten meist aus Thrakien und wurden wegen ihres Schildes, der so genannten *pelte*, Peltasten genannt. Im weiteren Verlauf des Krieges fanden sie überwiegend in der Nordägäis Verwendung und wurden zu Beginn des 4. Jahrhunderts von dem Athener Iphikrates zu einer Kampftruppe ausgebildet, die sogar den spartanischen Hopliten gefährlich werden konnte.

Reiterei

Die zweite Neuerung betraf die Reiterei. Traditionell hatten die klassischen Poleis wie Sparta, Athen oder Korinth dieser (aristokratischen) Truppengattung geringe Bedeutung beigemessen. Schon Nikias musste jedoch erkennen, dass eine der Ursachen der Niederlage Athens gegen Syrakus in der Überlegenheit der syrakusanischen Reitertruppen bestand, denen die Athener nichts Gleichwertiges entgegenzusetzen vermochten. Auch hier wirkte sich also die territoriale Ausweitung des peloponnesischen Weltkrieges aus: Gerade in den Randgebieten zeigte sich, dass die Hoplitenphalanx wendigen und flexibel agierenden Verbänden unterlegen sein konnte. Im 4. Jahrhundert erzielte besonders die hochtrainierte Reiterei der Thessaler und Böoter Erfolge, die ihnen vorher versagt geblieben waren.

Festungsbau und Artillerie

Die dritte Neuerung vollzog sich im Bereich des Festungsbaues und der Artillerie. Ingenieure aus Syrakus entwickelten nach der Abwehr der Athener Katapulte, die ihre Geschosse mit viel größerer Treffsicherheit und Wucht schleudern konnten als einfache Bogenschützen; zusammen mit dem Einsatz der Leichtbewaffneten erhöhte dies die Chance einer Eroberung befestigter Orte beträchtlich. Manche Poleis begannen im Gegenzug den Festungsbau voranzutreiben, doch blieb dies auf Gemeinden beschränkt, die wie die Syrakusaner selbst über ausreichende Finanzkraft verfügten: die kleinasiatischen Poleis und persischen Residenzen und in geringerem Umfang die Athener.

Seekrieg

Auch im Bereich des Seekrieges entwickelten die westlichen und östlichen Randgebiete, nicht die Poleis des Mutterlandes, bedeutende technische Neuerungen. Wir haben gesehen, wie die schweren Kriegsschiffe der Syrakusaner den Athener Trieren im engen Hafen ihrer Heimatstadt überlegen waren. Wenige Jahre später erhöhten sie die Zahl der Ruderreihen auf vier und bestückten diese Schiffe mit den neuen Katapulten. Vierruderer tauchen in der ersten Hälfte des 4. Jahrhunderts auch in den phönikischen Hafenstädten Sidon und Tyros auf. Der Bau dieser Kriegsschiffe und die Besoldung ihrer Ruderer verursachten Kosten, die sich nur der Perserkönig als Auftraggeber der phönikischen Hafenstädte sowie ein reicher Tyrann wie Dionysios in Syrakus leisten konnten. Die Kassen der Poleis des griechischen Mutterlandes waren dagegen leer. Dies ist der entscheidende Grund, weshalb sie diese Innovationen nicht übernahmen und ihre Flotten drastisch reduzierten. Sie lagen mit kaum mehr als 70 Einheiten weit unter der Zahl der Schiffe, die Athen und Sparta vor 403 in den Kampf geschickt hatten.

Kriegskosten

Die rasant steigenden Kriegskosten wurden zu einem der gravierendsten Probleme der Zeit: Der Bau größerer Schiffe, der Einsatz von Katapulten, die Bezahlung und Versorgung von Söldnern sowie der Unterhalt und das Training der Reiterei verschlangen Unsummen, die eine Polis unter normalen Umständen nicht aufbringen konnte. Eine Umstellung der Militärstruktur auf die neuen Truppengattungen hätte zudem eine einschneidende Veränderung des Kriegsethos erfordert. Die klassische Polis war eine Hoplitenpolis, der Wert des Bürgers bemaß sich an seiner Fähigkeit, seine Stadt als Schwerbewaffneter zu verteidigen. Auch Athen hat an dieser Einstellung im Bereich des Landkrieges festgehalten. Dementsprechend besaß die Mittelschicht der Hopliten in den meisten Poleis ein großes politisches Gewicht. Diese Vorrangstellung wäre durch die Aufwertung von Leichtbewaffneten und Reiterei gefährdet worden, weil diese ihre politische Gleichberechtigung eingefordert hätten. Eine Modifizierung oder Abschaffung des Bürgerheeres erschien aber undenkbar (Aristoteles, Politik 7,1328b5–24).

d) Spartas Unfähigkeit zum strukturellen Wandel

Sparta hatte mit diesen Problemen in besonderem Maße zu kämpfen, da sich die staatstragende Schicht der Spartiaten auf ihre Erfolge in der traditionellen Hoplitentaktik berief und hieraus einen Großteil ihrer Legitimation bezog. Die traditionsverhaftete Ideologie der *homoioi* (s. S. 66f.) tat ihr Übriges: Seit der Jahrhundertwende waren zwar große Reichtümer in Form von Beute, Tributen und (persischen) Subsidien in das Eurotastal geflossen, doch weigerte sich die Führungsschicht – anders als in Athen – beharrlich, eine moderne Finanzorganisation aufzubauen, um die Gewinne auf zufrieden stellende Weise zu verteilen und mit der bescheidenen Lebensweise Lakoniens zu vereinbaren. Denn sie fürchtete, dass die neuen Reichtümer in einer Zeit, in der die *Homoioi*-Ideologie zu einer Stütze der staatlichen Stabilität geworden war, den auf Gleichheit und Bedürfnislosigkeit ausgerichteten Kosmos aushöhlen würde. Tatsächlich hatten die lange Zeit auf fernen Schlachtfeldern, persische Geschenke und reiche Kriegsbeute viele Kommandeure der Enge ihrer Heimat entfremdet. Es häuften sich Vorwürfe von Bestechung und Untreue, und es wurde für erfolgreiche Offiziere immer schwerer, sich nach militärischen Erfolgen wieder in das spartanische System einzufügen. Das Misstrauen der führenden Familien wurde noch dadurch gestärkt, dass viele erfolgreiche Feldherrn wie Gylippos oder Lysander wahrscheinlich nicht der engeren Adelsriege entstammten, sondern **Mothakes**, Söhne aus Mischehen mit Periöken waren. Erfolge dieser Aufsteiger bedeuteten für die Könige und Adligen – ähnlich wie der Aufstieg der Neureichen für den Athener Adel – eine gefährliche Konkurrenz. Auch die Ehrungen und prachtvollen Siegesdenkmäler, die Männern wie Brasidas oder Lysander in Griechenland, Thrakien oder Kleinasien errichtet wurden, widersprachen der Homoioi-Ideologie und wurden als Gefährdung der inneren Stabilität betrachtet.

Reichtum und Konkurrenzkämpfe in Lakonien

Mothakes
Mothakes waren Söhne spartiatischer Väter und helotischer Mütter. Sie besaßen kein Landlos, nahmen aber dennoch an der *agoge* (s. S. 65) teil und konnten im 4. Jahrhundert hohe Kommandopositionen erringen.

E

Die konservativen Hardliner reagierten auf skurrile Weise konsequent: „Die Einsichtigsten" – so Plutarch (Lysander 17) – „unter den Spartanern (...) tadelten Lysander scharf und beschworen die Ephoren, alles Silber und Gold als eine eingeschleppte Pest wegzuschaffen." Fortan durften die

Edelmetallverbot

Spartiaten nur noch das alte Eisengeld besitzen, Edelmetall war lediglich zur öffentlichen Nutzung erlaubt, und jeder Feldherr, der auch nur den Verdacht von Bestechlichkeit oder Illoyalität erregte, wurde mit strengen Rechenschaftsprozessen belegt.

Verarmung und Bodenbesitzkonzentration

Viel genutzt haben die fiskalischen Verbote nicht. Die Begehrlichkeit der Feldherrn fand genügend Wege, die Edelmetallbeschränkung zu umgehen, etwa durch Diebstahl oder Deponierung der Beutegelder in einer Tempelbank. Ferner verstärkte sich der Trend zur Konzentration des Bodenbesitzes und der Verarmung von Vollbürgern. Da die Spartaner seit Beginn des 4. Jahrhunderts über ihr Erbgut (*klaros*) frei verfügen konnten, verkauften ärmere Bürger ihr Land an reichere Mitbürger, um an den Männergesellschaften, den Syssitien, weiter teilnehmen zu können. Die Höhe der Beiträge zu den Syssitien war jedoch unabhängig vom persönlichen Besitz jedes Spartiaten, so dass sie bald ihre Beiträge erneut nicht mehr leisten konnten und als **Hypomeiones** („Mindere") ihre politischen Rechte verloren. Sie schieden wohl aus der Phalanx der Vollbürger aus und wurden den Periöken zugeordnet. Dies verstärkte den durch Geburtenrückgang, Kriegsverluste und Naturkatastrophen forcierten Rückgang der Spartiaten – von Aristoteles (Politik 1270 a29–32) als *oliganthropia* bezeichnet: Belief sich die Zahl der Hopliten im Jahre 480 noch auf rund 8000, so wurden in den 70er Jahren des 4. Jahrhunderts nur noch 1000–1500 gezählt.

E

Hypomeiones
Als Hypomeiones bezeichnete man Spartiaten, die die Syssitien nicht mehr bezahlen konnten und als *Mindere* ihre politischen Rechte verloren.

Dennoch haben sich die Spartaner nie zu einer durchgreifenden Änderung der Verfassung oder einer Reform der Armee und Gesellschaft durchringen können: Eine Ausweitung des Bürgerrechts scheiterte an der Furcht vor Helotenaufständen; nur zum Krieg eingezogene Heloten wurden mit der Freilassung belohnt und den Periöken zugeordnet, sie haben aber – meist in den Randgebieten eingesetzt – die rechtliche und gesellschaftliche Ordnung nicht ändern können. Sparta blieb das hoch gelobte Beispiel einer stabilen, gegen jede Änderung resistenten Verfassung, in der Praxis vergrößerte sich jedoch die Kluft zwischen traditioneller Beharrung und aktuellen Anforderungen.

e) Wirtschaft und Gesellschaft Athens

Gesamtbevölkerung Attikas

Anders Athen: Wir haben gesehen, dass sich die Athener von den Erschütterungen des Krieges rasch erholen konnten. Der Peloponnesische Krieg, die Pest und die oligarchischen Umsturzversuche hatten zwar die Gesamtbevölkerung Athens und Attikas um etwa die Hälfte und die Zahl der Wehrfähigen vielleicht sogar um zwei Drittel dezimiert (am Ende des Krieges konnte Athen nur noch 10 000 Hopliten aufbringen). Zehn Jahre nach dem Krieg sprechen jedoch Platon (Symposion 175e) und Aristophanes (Ekklesiazusen 1132) wieder von 30 000 wehrfähigen Bürgern. Bereits in den 370er Jahren war Athen – neben Syrakus – wieder die bevölkerungsreichste griechische Stadt des Mittelmeerraums.

Soziale Lage

Mit dieser Entwicklung ist allerdings noch wenig über die konkrete soziale und wirtschaftliche Situation der Bevölkerung ausgesagt. Neuere Untersuchungen machen es wahrscheinlich, dass besonders die Hoplitenbauern von den Folgen des Krieges stark betroffen waren und sich für den Wiederaufbau ihrer Höfe und Felder verschulden mussten. Aristophanes zeichnet in der Komödie *Plutos* aus dem Jahre 388 – ein Jahr vor dem Königsfrieden – ein düsteres Bild. Hungernde Kinder, minderwertige Nahrung und katastrophale sanitäre Verhältnisse bestimmen die Lage (s. Quelle). In den *Ekklesiazusen* leiden Menschen unter Brustfellentzündung und besitzen weder Betten noch Kleidung im Winter. Die meisten Bürger sind finanziell und moralisch genauso bankrott wie ihre Stadt. Arme und Reiche eint der Wunsch nach *eudaimonia*, nach Wohlfahrt und Glück.

Q

Armut in Athen
(Aristophanes, Plutos 535–543)

(Der Held Chremylos wendet sich an die personifizierte Armut:)
Du, sag mir, wie kannst du denn Gutes verleihen?-/Brandblasen vom Ofen im Badhaus,/und der Kinder Geplärr, die vor Hunger vergehen, und das/Winseln und Keifen der Weiber,/und die Läuse und Wanzen und Mücken und Flöhe und/die Schnaken und all das Geziefer,/das summend und brummend das Ohr uns umschwirrt und/tanzt um das Lager der Armen,/und sie stacheln ihn auf und sie summen ihm zu: „Auf! rühre/dich! Willst du verhungern?"/Statt des Mantels bescherst du den schäbigen Flaus, der zerrissen/von oben bis unten,/statt das Bett muss dienen die Linsenstreu, wo die Müden/der Wanzen Gewimmel/vom Schlaf aufjagt; statt des Teppichs: von Rohr ein Geflecht,/ein verfaultes; als Kissen/liegt unter dem Kopf ein gewaltiger Stein; Brot, Wecken,/das wäre zu üppig,/Ein Malvensalat mag füllen den Bauch und das Kraut des/geschossenen Rettichs.

Dennoch ist die Lage nicht hoffnungslos: Die *Ekklesiazusen* sehen die Lösung der Probleme in einer neuen Gesellschaftsform, am Ende des *Plutos* kehrt der Reichtum auf die Erde zurück und wird von Göttern und Priestern als oberster Herr wieder anerkannt. Dieser vorsichtige Optimismus wird durch die Archäologie und andere Quellen bestätigt: Demnach bauten die Athener ihre Häuser durchweg solider als in der Zeit davor, die Wirtschaft konnte sich binnen weniger Jahrzehnte erholen und ließ neue Produktionszweige entstehen. Vieles war dabei ein Erbe des Krieges. Lysias übernahm von seinem Vater eine Schildfabrik, die gegen Ende des Peloponnesischen Krieges über 100 Sklaven beschäftigte und dessen Lager 700 verkaufsfertige Schilde aufwies. Der Freigelassene Pasion, einer der reichsten Athener seiner Zeit, erzielte aus seiner Schildfabrik einen jährlichen Reingewinn von mindestens einem Talent und beschäftigte rund 50 Arbeiter. Der Vater des Demosthenes besaß eine Schwertfabrik mit 32 Arbeitern. Andere spekulierten mit Grundbesitz: Sie kauften während des Krieges Brachland oder verwüstete Ländereien billig auf, ließen sie unbearbeitet oder verpachteten sie so lange, bis die Erholung die Preise wieder in die Höhe trieb und sie mit Profit verkauft werden konnten.

Rüstungsgeschäfte und Bodenspekulation

Getreidehandel

Ein weiteres einträgliches Geschäft war der Import von Getreide über See: Der Reichtum all derjenigen, die im Getreidehandel arbeiteten, war sprichwörtlich (Lysias 17,5). Die Erfolgsmechanismen ähnelten denen der Grundstücksspekulanten. Man kaufte in Krisenzeiten Getreide auf und hielt es so lange in den Scheuern, bis die Preise angesichts der Warenverknappung so hoch waren, dass der Verkauf große Gewinne versprach (Lysias 22,14–16). Viele verbanden den Verkauf von Getreide mit dem Handel anderer begehrter Güter: So erzielte der Redner Andokides nach dem Krieg enorme Gewinne, indem er Getreide nach Athen importierte und im Gegenzug Holz, Getreide und Bronze zur athenischen Flottenbasis Samos schaffen ließ. Schnell wurden alte Handelskontakte wieder aufgenommen: Ein Athener Getreidehändler schickte wenige Jahre nach dem Krieg seinen Sohn an den Hof des Königs von Pontos, der ein prominenter Handelspartner Athens war (Lysias 16,4). Mitte der 490er Jahre kam ein junger Bosporaner nach Athen, „um Handel zu treiben und die Welt zu sehen" (Isokrates 17,4). Xenophon läßt Sokrates (Memorabilia 2,7,6) sagen, dass die Volksversammlung voll von Leuten war, die auf der Agora kauften und verkauften.

Trotz der Belastungen des Krieges und dem Zerfall des Seebundes begann so auch der Handel in Athen schon rund zehn Jahre nach der Kapitulation wieder zu florieren. Bereits in den ersten Nachkriegsjahren belief sich der im Piräus gehandelte Warenwert auf 2000 Talente, die doppelte Summe der Einnahmen, die Sparta über Tribute erzielte! Hiervon profitierte die Staatskasse, die auf alle eingeführten Waren eine Abgabe von 2% erhob. Der Handel hatte im 5. Jahrhundert eine sich selbst tragende Eigendynamik auf so hohem Niveau entwickelt, dass er sich nach dem Verlust der Seeherrschaft schnell wieder entwickeln konnte und relativ unabhängig von machtpolitischen Erfolgen blieb. Hatte man früher die Seehandelswege innerhalb des Bundes zu regulieren verstanden, so versuchte man dies nun durch Einzelverträge mit getreide- und holzexportierenden Mächten wie den odrysischen Regenten und der chalkidischen Konföderation zu erreichen. Ausländische Fürsten erhielten das Bürgerrecht, um sie zu veranlassen, Getreideladungen in den Piräus zu dirigieren (Demosthenes 8,29,40; 34,36). Die außenpolitischen Erfolge der 380er Jahre sicherten die Kornüberschüsse produzierenden Kleruchien Lemnos, Imbros und Skyros.

Flankierend traten staatliche Schutzmaßnahmen und Begünstigungen hinzu. So stellte man Kriegsschiffe zum Schutz der Getreidekonvois zur Verfügung (Demosthenes 18,73). In einem Fall wurde ein Getreidehändler, der während einer Hungersnot Athen erreichte, mit einem Kranz belohnt. Im Gegenzug wurde es den in Athen ansässigen Händlern verboten, Getreide in einen anderen Hafen als den Piräus zu schaffen oder Geld dafür zur Verfügung zu stellen. Im Piräus selbst wurde das Löschen des Getreides streng überwacht. Handelsgerichtshöfe schützten Bürger und Fremde gleichermaßen und arbeiteten so schnell, dass die Händler wenig Zeit verloren und relativ sicher vor Übervorteilung waren.

Diese Maßnahmen machten den Piräus in den 380er Jahren wieder zum zentralen Warenumschlagplatz der Ägäis. Die meisten exportierten Waren kamen nicht aus Attika, sondern aus anderen Teilen Griechenlands; Athen hatte neben Wein, Oliven und Keramik (diese sah sich starker Konkurrenz aus den Randgebieten gegenüber) Silbermünzen aus den wieder eröffneten Laureionminen zu bieten, die als krisensichere Währung unter fremden Händlern hoch im Kurs standen.

Geldgeschäft

Parallel zum Aufblühen des Handels gewann so auch das Geldgeschäft an Bedeutung. Viele Hoplitenbauern mussten sich Geld leihen, um ihrer Höfe wiederaufzubauen. Händler und Reeder benötigten Geld, um Schiffe zu mieten oder zu kaufen. Dieses Geld verliehen häufig reiche Athener: Einer von ihnen war ein gewisser Diodotos, der bereits 410/09 in Seedarlehen investiert hatte (Lysias 32,5). Ein anderer namens Diogeiton verlieh Geld für Schiffe, die in die Adria und zur thrakischen Chersonnes segelten (Lysias 32,6;15;25). Der Freigelassene Pasion stieg durch Seedarlehensgeschäfte zu einem der reichsten Männer Athens auf. Viele waren zusätzlich Minenbesitzer. Auch in dieser Branche waren seit der Mitte des Jahrhunderts, als der Staat neue Schürfrechte in Laureion vergab, glänzende Geschäfte zu machen.

In fast allen Wirtschaftsbereichen begann man (wie in anderen Poleis, s. S. 152f.) die Quantität und Qualität der Waren zu steigern, rationellere Ausbeutungsmethoden zu entwickeln oder sich auf einzelne Geschäftszweige zu konzentrieren, um in kürzerer Zeit Gewinne zu erzielen. Dieser Trend ähnelt den Entwicklungen auf militärischem Gebiet: Das 4. Jahrhundert wurde so die große Zeit professioneller Experten und technischer Spezialisten, die mit berechnender Ratio die Möglichkeiten der Natur und menschlicher Fähigkeiten auszuschöpfen suchten.

Veränderungen in der Oberschicht

Dieser Trend wurde im Bereich des Handels nicht mehr nur von den Metöken, sondern auch von Teilen der Athener Oberschicht getragen und griff damit direkt auf die Bürgerschaft über. Die ältere Forschung hat diese Entwicklung als einen Wandel vom „homo politicus zum homo oeconomicus" gedeutet und gemeint, mit der Hinwendung des Bürgers zur Wirtschaft sei eine Minderung seines politischen Engagements verbunden gewesen. In Wirklichkeit betraf die Entwicklung jedoch nur einen Teil der Elite und verlief differenzierter: Nach wie vor gab es eine kleine politisch aktive Adelsgruppe, die auf den Umsturz drängte. Andere zogen sich aus Verärgerung über den Aufstieg der neureichen Demagogen und dem Scheitern der oligarchischen Umsturzversuche von der Politik in eine Art inneres Exil zurück. Sie bildeten das – von Perikles so heftig kritisierte (Thukydides 2,40,2) – Phänomen des *quiet Athenian* (*L. B. Carter*) und entwickelten in dem Maße, wie ihre ideelle und politische Bindung an die Polis schwand, die Mentalität einer unpolitischen Großbourgeosie (*W. Nippel*). Auch ihr Land wurde zunehmend Objekt finanzieller Geschäfte und das Leben als städtischer Rentier ein Ideal, das mit dem politischen Kampf um die Volksgunst konkurrieren konnte.

Wieder andere – und diese bildeten die Mehrheit – vermochten sich aber mit der Demokratie zu arrangieren und versuchten – sei es aus Opportunismus oder Überzeugung – ihren persönlichen Ehrgeiz mit dem Dienst an der Gemeinde zu verbinden. Sie mussten sich allerdings starker Konkurrenz erwehren. Seit Kleon war es immer häufiger Mitgliedern der gewerbe- und handeltreibenden Schichten gelungen, in die Phalanx der Politiker aus den Kreisen der Grundbesitzer-Aristokratie einzubrechen. Um 400 war der adlige Politiker bereits die Ausnahme. Die führenden Politiker und Feldherrn ersetzten fehlende aristokratische Herkunft durch Geld, Beharrlichkeit und die Bereitschaft, sich den neuen Anforderungen auf professionellem Niveau zu stellen. Damit änderten sich auch Stil und Technik, mit der man Politik und Militärdienst zu vereinbaren suchte. Waren Perikles und Alkibiades Strategen und Redner in einer Person, so kam es nun immer häufiger zu einer Arbeitsteilung zwischen Offizier und Politiker bzw. Redner. Während der professionelle Söldnerführer – häufig aus einfachen Verhältnissen – zum neuen Sozialtypus des Krieges avancierte, besetzten umgekehrt Männer die höchsten politischen Ämter, die so reich waren, dass sie sich der Politik vollends verschreiben konnten. Ihr Reichtum manifestierte sich u. a. in privatem Bauluxus und veränderte partiell auch eingespielte Verhaltensnormen gegenüber dem Demos. Während es im 5. Jahrhundert noch ausgeschlossen war, dass ein Athener Privatmann als Wohltäter (*euergetes*) der Stadt geehrt wurde (dies war eine Ehrung für Ausländer), setzt sich in den Quellen des 4. Jahrhunderts die Überzeugung durch, dass ein guter Bürger jenseits seiner leiturgischen Verpflichtungen aus Privatinitiative seiner Stadt einen guten (finanziellen) Dienst erweisen sollte. Man nennt diese Haltung Euergetismus. Sie basiert weniger auf persönlichem Ehrgeiz und dem Wunsch, Ruhm zu erlangen oder sein Prestige zu erhöhen, sondern vielmehr auf der Überlegung, die Stadt wie einen Freund zu behandeln, dem man einen Dienst erweist, um sich im Gegenzug dessen Dankbarkeit (*charis*) zu sichern. Die Beziehung zwischen reichem Wohltäter und Stadt drohte auf diese Weise aus dem staatlichen Regulationsrahmen herauszufallen und sich in ein Privatverhältnis zu wandeln.

Arbeitsteilung zwischen Offizier und Redner

Euergetismus

Einige Forscher haben diese Entwicklung in Anschluss an den deutschen Soziologen *Max Weber* als Tendenz zu einer Honoratiorengesellschaft bzw. Honoratiorenverwaltung erklärt. Als Honoratioren bezeichnet *Weber* diejenigen, „die kraft ihrer ökonomischen Lage imstande sind, kontinuierlich nebenberuflich in einem Verband leitend oder verwaltend ohne Entgelt (...) tätig zu werden“. Dieses Bild ist jedoch überzeichnet. Die Athener Demokratie neigte zwar dazu „wie jede unmittelbare Demokratie zur Honoratiorenverwaltung überzugehen“; doch erst in hellenistischer Zeit war dieser Prozess abgeschlossen. Solange die Polis als politisch autonomer Verband und die Demokratie in Athen funktionierten, war die Entwicklung nicht so bestimmend, dass sie das demokratische System qualitativ verändern konnte. Der Reichtum einer kleinen Elite nahm zwar zu, doch die wesentlichen Regeln des politischen Systems blieben unverändert, die Leiturgie blieb als Ausgleichsinstrument zwischen adligem Machtanspruch und demokratischer Gleichheit bestehen, auch wenn sie aufgrund der angespannten Finanzlage in eine regelmäßige Steuer umgewandelt wurde. Sie verlor damit zwar ihren Nimbus als außergewöhnliche (aristokratische) Leistung, doch hatte der Adlige zumal vor Gericht genügend Gelegenheit, seinen Einsatz für die Stadt hervorzuheben. Auch die öffentlichen Ehrungen athenischer Feldherrn zeigen, dass im Prinzip die gleichen Werte das Leben bestimmten wie im 5. Jahrhundert.

Angebliche Kriegsmüdigkeit

Mit der Kommerzialisierung des Lebens und der wachsenden Bedeutung finanziellen Einsatzes für die Stadt hat man ferner eine zunehmende Kriegsmüdigkeit der Bürger verbinden wollen. So sagt der Redner Lysias in seiner Rede für Mantitheus, dass sich viele Athener vor dem Feldzug nach Korinth drücken wollten (15), zwar gerne öffentliche Ämter bekleiden, sich bei militärischer Gefahr aber aus dem Staube machten (17). In einer anderen Rede (gegen Nikomachos) wirft er dem Angeklagten vor, dieser sei zu Hause geblieben, während seine Mitbürger gegen den Feind zogen (26). Ein gewisser Philon wird dafür gescholten, „dass es nach seinem Dafürhalten besser war, gefahrlos zu leben, als durch Bestehen von Gefahren in Gemeinschaft mit den anderen Bürgern den Staat zu retten"(7).

Nun liegen uns aber keine vergleichbaren Gerichtsreden aus dem 5. Jahrhundert vor, wir wissen also erstens nicht, ob die aus diesen Zeilen sprechende Haltung typisch für das 4. Jahrhundert oder bereits früher verbreitet war, jedoch aufgrund des Fehlens entsprechender Quellengattungen nicht überliefert wurde. Zweitens ist es fraglich, ob die Intention und Situation der Reden es erlauben, die von ihr überlieferten Fakten oder Einstellungen zu verallgemeinern und auf eine ganze Bevölkerung zu übertragen. Im ersten Fall bilden die Hinweise des Redners auf die Feigheit seiner Mitbürger eine kontrastive Folie, um die Tapferkeit seines Mandanten deutlicher herauszustellen, im zweiten Fall soll der Angeklagte verunglimpft werden. Relativiert man so die Aussagen der Quellen, bleiben keine gewichtigen Zeugnisse übrig, die für eine Kriegsmüdigkeit der Athener sprechen. Tatsächlich zogen die Athener regelmäßig zur Verteidigung ihrer Stadt in die Schlacht. Ihre Bereitschaft, für die Polis zu kämpfen, dürfte somit kaum geringer gewesen sein als im 5. Jahrhundert, nur sah man sich nun zunehmend mit hochtrainierten Berufssoldaten konfrontiert, gegen die Erfolge unsicher schienen.

Nachlassen des politischen Engagements?

Des Weiteren hat man gemeint, dass im Zuge des Krieges das politische Engagement der Athener nachgelassen habe. Als Kronzeuge gilt der unpolitische Charakter der Komödie *Plutos* des Aristophanes. Im Zentrum des Stückes standen die wirtschaftlichen Verhältnisse, nicht die Politik. Doch auch hier stellt sich die Frage, ob wir von den Aussagen der Komödie auf eine allgemeine Entwicklung schließen oder gar eine ganze Epoche charakterisieren können. Dass die Politik ihre Anziehungskraft auf die Athener verloren hätte, ist schwer zu belegen: Aristophanes selbst war aktiver Politiker und Mitglied des Rates. Bereits 408 wurde eine Vorgängerversion des *Plutos* aufgeführt. Dass bereits damals das Interesse an der Politik nachgelassen habe, wird durch die Parallelquellen nicht bestätigt. Erst die Komödien Menanders aus der Zeit des Hellenismus zeichnen das Bild des reichen Familienvaters, der sich selten um die politischen Belange seiner Heimatstadt kümmert und auf Geschäftsreisen ist, während seine Söhne in zahllosen Liebschaften ihr Geld verprassen. Dieser Trend gilt für die Oberschicht der hellenistischen Polisgesellschaft, in der autonomen Demokratie des 4. Jahrhunderts dürfte er nur auf einen kleinen Teil der aristokratischen Elite zutreffen.

Einführung des Ekklesiastensolds

Ein weiteres Argument für ein nachlassendes Interesse an der Politik bildet die Einführung des Ekklesiastensoldes, einer finanziellen Zuwendung für die ersten 1000 Teilnehmer an den Volksversammlungen von drei Obolen ab 392 (Aristophanes, Ekklesiazusen 183–188; 289–310; 383–395). Viele Forscher meinen, diese Zahlungen sollten der nachlassenden Beteiligung der Bürger an der Volksversammlung entgegenwirken. Nun wurde aber der Volksversammlungsplatz (Pnyx) im Laufe des 4. Jahrhunderts erst auf 8000 und dann sogar auf 15 000 Bürger ausgebaut. Eine solche Erweiterung ist mit einer abnehmenden Beteiligung schwer in Einklang zu bringen. Zudem erscheint es unwahrscheinlich, dass in einer Zeit wichtiger außenpolitischer Entscheidungen das politische Interesse gesunken sei. Einige vermuten deshalb, dass die Antragssteller sich lediglich als Demagogen aufspielen wollten und die Einführung des Ekklesiastensoldes als Vorwand zur Stärkung der ärmeren Schichten benutzten, andere meinen, der Eklesiastensold habe das demokratische Prinzip stärken und der verarmten Landbevölkerung die Teilnahme ermöglichen sollen.

Diese letzten Deutung dürfte zutreffen: Die Bevölkerungszahl war gesunken und die Bauern und Theten hatten angesichts akuter Nöte zunächst mehr Interesse an ihrer Existenzsicherung als an der politischen Debatte. Um die Demokratie in Gang zu halten, musste man beiden Schichten finanzielle Anreize für ihre Teilnahme bieten. Dies heißt aber nicht, dass die Athener geringeres Interesse an der Politik hatten; sie konnten ihr Interesse nur nicht in dem Maße wahrnehmen wie früher. Als sich die Verhältnisse stabilisierten und Hoffnungen auf außenpolitische Erfolge keimten, stiegen auch wieder die Teilnehmerzahlen – wie der Ausbau der Pnyx beweist.

Staats- und Kriegskosten als zentrales Problem der Zeit

Das eigentliche Problem Athens – und anderer Städte – bestand demnach nicht in einer veränderten politischen Einstellung der Bürger, sondern in den wachsenden Kosten, die der Staat für das Funktionieren der Demokratie im Innern und die Verteidigung bzw. den Krieg nach außen aufwenden musste. Der Ekklesiastensold, der Ausbau der Pnyx und die Versorgung der Bevölkerung erforderten Summen, die anders als im 5. Jahrhundert nicht mehr durch eine erfolgreiche Seekriegspolitik und die Phoroi der Bündner aufgebracht und nur ungenügend durch Zölle und andere Abgaben ausgeglichen werden konnten. Im Bereich der Kriegspolitik äußerte sich dies u. a. darin, dass man den Ruderern keinen oder nur sehr niedrigen Sold zahlen konnte und der Kommandeur entweder in seine Privatschatulle greifen oder durch Söldnerdienste und Plünderungen die Bezahlung seiner Mannschaften sicherstellen musste. Im Innern häufen sich die Klagen über die zunehmende finanzielle Belastung, die die Reichen nach der Umwandlung der Leiturgie in eine regelmäßige Steuer zu tragen hatten. Wiederum wissen wir zwar nicht, ob derartige Klagen bereits im 5. Jahrhundert geäußert wurden; wenn jedoch der Gesamteindruck der Quellen nicht täuscht und man die veränderte außenpolitische Konstellation (Verlust des Seebundes) sowie die Wandlungen des Krieges berücksichtigt, dann bildet der wachsende finanzielle Druck auf Staat und Bürger eines der fundamentalen Phänomene des 4. Jahrhunderts, mit dem nicht nur Athen konfrontiert war. Wie reagierten die anderen Kriegsteilnehmer auf diese Probleme?

f) Der dritte Weg: Das Beispiel Korinth und Megara

Korinth

Das Territorium von Korinth war vom Korinthischen Krieg und den Plünderungszügen der Spartaner schwer getroffen. Die Zahl der Hopliten blieb zwar stabil, doch von der über 100 Einheiten umfassenden Flotte, die man zu Beginn des Peloponnesischen Krieges aufbieten konnte, war kaum etwas übrig geblieben. Dennoch erlebte die Wirtschaft einen erstaunlichen

Aufschwung: Die Archäologen haben Fundamente von Terrakottawerkstätten sowie Färbereien ausgegraben, die im 4. Jahrhundert erweitert wurden. Die Stadt konnte ihre führende Position in der Zinnproduktion und im Zinnexport ausbauen. Ein weiterer begehrter Exportartikel waren Dachdekorationen und Ziegel für öffentliche Gebäude und Tempel. Korinth blieb ferner Umschlagplatz des westlichen Kornhandels. Korinthische Händler und Handwerker waren in Athen, Delphi und Epidaurus aktiv, Transportamphoren wurden bis nach Mallorca verschifft.

Megara

Auch Megara hatte durch den Krieg, das megarische Psephisma und die Einfälle der Athener erheblich zu leiden gehabt: Die Bevölkerungszahlen gingen zurück, und man erlebte sogar einen kurzzeitigen Bürgerkrieg. Die Wende zum Besseren setzte jedoch bereits während des Korinthischen Krieges ein. Binnen weniger Jahrzehnte konnte sich Megara erholen, genoss im 4. Jahrhundert eine viel gerühmte Stabilität und erlebte wie Korinth eine wirtschaftliche Blütezeit. Sie basierte auf der mit zahlreichen Sklaven betriebene Schafzucht und Wollverarbeitung. Gleichzeitig begann der Handel wieder zu florieren. Megarische Kaufleute verkauften ihre Produkte für Getreide, Holz, Silber und andere Waren, die man in Megara benötigte. Der Aufschwung von Wirtschaft und Handel veranlasste die Stadt, zum ersten Mal Silbermünzen zu prägen. Investitionen in Sklaven, Produktion und Export ließen eine reiche Kaufmannsschicht entstehen, die ihre Gewinne zur Verschönerung der Stadt und zur Errichtung von Bauten verwendeten, die in ganz Griechenland gerühmt wurden. Die Größe der Stadt übertraf bald den Umfang des 5. Jahrhunderts.

Die Ursachen für diesen Aufschwung liegen in einem außenpolitischen Kurswechsel. Nach Ende des Krieges wahrte man konsequent Neutralität und Frieden und begann die Ausgaben für die Streitkräfte drastisch zu reduzieren: Von einer megarischen Kriegsflotte hören wir im 4. Jahrhundert nichts mehr, 379 verfügte die Stadt mit etwa 1500 Hopliten nur noch über die Hälfte ihres Aufgebotes aus den Anfangsjahren des 5. Jahrhunderts; auch Söldner standen nie in megarischen Diensten, stattdessen verdingten sich megarische Bürger selbst als Söldner. Auf diese Weise blieben die Bevölkerungszahlen wie in Korinth auf einem stabilen Niveau. Dies verringerte die Abhängigkeit von Getreideimporten, entlastete die Staatskasse und schuf günstige Rahmenbedingungen für einen wirtschaftlichen Aufschwung.

Weitere Einzelstudien müssten das Bild vervollständigen; doch lässt die Entwicklung in Korinth und Megara *einen* möglichen Zusammenhang zwischen Krieg, Wirtschaft und Gesellschaft erkennen, der für die griechische Geschichte des 4. Jahrhunderts typisch ist: Nicht wenige Poleis des Mutterlandes, die am großen Krieg beteiligt waren, reduzierten ihre Ausgaben für Heer und Flotte, um die freiwerdenden Ressourcen für den wirtschaftlichen Aufschwung zu verwenden. Der kriegsbedingte Rückgang der Bevölkerungszahlen erwies sich dabei als Vorteil, stand doch nun genügend Land und Arbeit zur Verfügung. Ehrgeizige Männer konnten in den Söldnerdienst gehen, ohne die Stadt zu belasten. Auf diese Weise genossen viele Poleis eine relative wirtschaftliche Prosperität und innere Stabilität.

g) Der Aufstieg der Randgebiete

Thessalien

Einen unerwarteten Aufschwung erlebten auch die Randgebiete der griechischen Welt. Ein klassisches Beispiel ist Thessalien, das für seine Pferdezucht und den Reichtum seiner Adligen berühmt war. Als sich im Zuge des Krieges städtische Strukturen weiterentwickelten, begannen führende Adlige die Veränderungen des Kriegswesens konsequent zu nutzen. Mitte der 360er Jahre stieg der Dynast Jason von Pherai mit Hilfe seines hochtrainierten Söldnerheeres zum mächtigsten Mann Mittelgriechenlands auf.

Böotien

Ähnlich verlief die Entwicklung in Böotien. Das Land und seine berühmteste Polis Theben hatten unter den Auswirkungen des Krieges wenig zu leiden gehabt, sie konnten sogar von ihnen profitierten. Der Autor der *Hellenika Oxyrhinchia* berichtet, wie die Böotier die Schwierigkeiten der Athener während des dekeleischen Krieges nutzten, „Flüchtlinge, Sklaven und andere Dinge, die mit dem Krieg zu tun hatten, zu einem niedrigen Preis aufkauften und die von den reichen Athenern verlassenen Ländereien ausplünderten." Der wirtschaftliche Aufschwung und die Annektion des reichen Plataiai führten zu einem Bevölkerungswachstum, der die Aufstellung einer hochtrainierten Reiterei von bis zu 11 000 Mann erlaubte.

Küstenstädte Kleinasiens

Eine weitere Zone des wirtschaftlichen Aufschwungs bildeten die kleinasiatischen Küstenstädte. Sie waren nach dem Königsfrieden von der Last der Seebundstribute und den Abgaben an die spartanischen Harmosten befreit und fanden Anschluss an den persischen Wirtschaftsraum. Deutliches Zeichen für ihre Blüte waren die Emission hochwertiger Münzen, der Ausbau der Städte und Festungen sowie eine Steigerung der Agrarproduktion, die Getreideexporte bis weit in den Osten erlaubte. Die Honoratioren der Küstenstädte waren so wohlhabend, dass sie während des persisch-spartanischen Krieges binnen kürzester Zeit eine große Zahl von Pferden und Reitern stellen konnten. Andere Städte wie Chios begannen, sich nach dem Ausfall der athenischen Flotte (vermutlich mit persischer Unterstützung) auf das einträgliche Geschäft der Kaperei zu verlegen. Wieder andere Städte wie Byzantion und Rhodos nutzten die Schwäche Athens, um sich als Knotenpunkte des maritimen Getreidehandels zu profilieren.

Satrapien und Fürstentümer Kleinasiens

Eine besondere Blüte erlebten die persischen Satrapien und Fürstentümer Kleinasiens. Sie konnten sich große Söldnerverbände leisten und ließen ihre Residenzen mit modernster Technik befestigen. Viele Fürsten verfügten über reiche Privatbesitzungen (Xenophon, Anabasis 7,8), schufen sich prachtvolle Grabbauten und ließen Städte vergrößern oder verlegen. Die Küstenstädte Kariens, Kilikiens und Zyperns profitierten von den maritimen Rüstungen der Perser.

Syrakus

Im Westen gehörte Syrakus zu den großen Gewinnern des Krieges. Schon während des Kampfes gegen Athen hatten die syrakusanischen Baumeister den Festungs- und Kriegschiffbau vorangetrieben. Weitere Impulse gab die Abwehr der Karthager seit 406. Die syrakusanische Volksversammlung ernannte einen gewissen Dionysios zum bevollmächtigten Oberbefehlshaber (*strategos autokrator*). Er konnte sich zum Tyrannen aufschwingen und begann, die See- und Landstreitkräfte von Syrakus zur stärksten

Militärmaschinerie der griechischen Welt aufzubauen: Am Ende verfügte er über eine Flotte von 200 Vier- und Fünfruderern sowie ein schlagkräftiges Söldnerheer. Seine Ingenieure und Baumeister befestigten die Königsburg, errichteten gewaltige Festungsanlagen am Euryalos und schufen ein großes Arsenal. Diese Kraftanstrengungen waren der Garant dafür, dass Dionysios die Karthager zurückdrängen und seine Herrschaft bis in die Adria und Norditalien ausdehnen konnte. Der wirtschaftliche Effekt dieser Entwicklung war ähnlich wie der in Athen nach der Gründung des Seebundes: Syrakus entwickelte sich zum führenden Wirtschafts- und Handelszentrum des westlichen Mittelmeerraumes und stieg mit rund 100 000 Einwohnern zur größten griechischen Stadt auf. Die Konzentration der Handwerks- und Ingenieurskunst, der Aufbau zentraler Waffenmanufakturen sowie der große Metall- und Münzbedarf (für die Entlohnung der Söldner) beschleunigten die Entwicklung der Metallverarbeitung und intensivierten den Handel mit Kupfer, Eisen und Zinn. Den Gewinn, der sich durch die Prägung von Bronzegeld anstelle von Silbermünzen ergab, investierte Dionysios in die Rüstung. Es ergab sich ein Kreislauf von Gewinn und Investition, der die Wirtschaft stimulierte.

Die Entwicklung von Syrakus bestätigt so den Trend der Zeit: Die Randgebiete waren willens und in der Lage, ihre Ressourcen konsequent in die militärische Rüstung zu investieren. Die vom Krieg geschwächten Poleis des Mutterlandes reduzierten dagegen ihre Rüstungsausgaben, um sich Stabilität und Wohlstand zu sichern. Es gilt nun zu prüfen, wie sich dies auf die Machtverhältnisse in Griechenland ausgewirkt hat.

3. Die außenpolitische Entwicklung in Griechenland bis zum Zusammenbruch der großen Bünde

a) Athens zweiter Seebund

Der Königsfriede hatte Athens Ambitionen, an die Herrschaftsmethoden des Seebundes anzuknüpfen und so ihre alte Hegemonialstellung zurückzugewinnen, abrupt beendet. An die Stelle der alten Seebundsvision trat eine neue Konzeption, die den maritimen Machtaufstieg mit der strikten Wahrung von Autonomie und Freiheit auf Seiten der potentiellen Bundesgenossen zu vereinbaren suchte. Begünstigt wurde die Umsetzung dieses Konzeptes durch die Außenpolitik Spartas. Als Aufsichtsmacht der Autonomieordnung von 386 begannen die Spartaner jede griechische Machtzusammenballung im Keime zu ersticken. 383 besetzte eine spartanische Truppe die Akropolis von Theben, 379 schlug man die chalkidischen Städte unter Führung Olynths nieder. Gleichzeitig wurde die Schlagkraft der eigenen Armee durch die Einrichtung zehn neuer Heeresbezirke verbessert.

Dies alles hat den Unwillen der Griechen gegen die spartanische Hegemonie nur verstärkt. Diese Unzufriedenheit verschaffte den Athenern den nötigen Spielraum, um erneut den Versuch eines maritimen Machtaufstieges zu wagen. Als Reaktion auf die spartanische Hegemonialpolitik gelang es der Stadt im Jahre 378 – genau hundert Jahre nach der Gründung des Ersten Seebundes – mehrere bestehende Bündnisse zum Zweiten Athenischen Seebund zu formen. Während der alte Bund gegen Persien gerichtet war, wurde der neue gegründet, „damit die Lakedaimonier die Griechen frei, autonom und in Ruhe leben und ihr Land in Sicherheit besitzen lassen". Im Frühjahr 377 erließ die Athener Volksversammlung auf Antrag eines gewissen Aristoteles ein Psephisma, das alle Griechen und die Barbaren (die nicht Untertanen des Großkönigs waren) zum Beitritt aufforderte. Die Zahl der Mitglieder wuchs schnell auf 70. Neben den wichtigsten Poleis der Ägäis trat als einzige Landmacht das mit den Spartanern verfeindete Theben dem Bündnis bei.

Psephisma des Aristoteles

Organisation des Bundes

Die Organisation des Bundes knüpfte an die (praktischen) Erfahrungen des alten Bundes an (s. S. 8f.), versuchte aber diejenigen Einrichtungen zu vermeiden, die den Athenern den Ruf herrschaftlicher Arroganz eingebracht hatten. So gab es einen Bundesrat (*synhedrion*) in Athen, in dem alle Mitglieder unabhängig von ihrer Größe eine Stimme besaßen, der Gastgeber Athen selbst jedoch nicht vertreten war. Die Beschlüsse des Synhedrions mussten in der Athener Ekklesie zusätzlich beraten und bestätigt werden. Es entstand so ein merkwürdiger organisatorischer Dualismus, der offenbar den Bundesgenossen ein von jeglicher Dominanz Athens unabhängiges Gremium sichern sollte, den Athenern aber die organisatorischen Freiheiten beließ, die militärischen Ziele durchzusetzen. Erneut stellte nämlich allein Athen die Bundesflotte, doch anstelle der als Tribute verhassten Phoroi zahlten die Bündner nun feste Matrikularbeiträge (*syntaxeis*), deren Höhe vom Synhedrion (nicht von der Athener Volksversammlung) festgelegt wurde. Die Beiträge standen Athener Beratern (*synhedroi*) direkt zur Verfügung. Um jedoch der Wiedererrichtung einer athenischen Herrschaft über den Bund vorzubeugen, versicherten die Athener den Bündnern, ihre Autonomie und Freiheit zu wahren: Fortan durften keine athenische Beamten, Kleruchen und Besatzungen in die Bundesstädte ausgesandt werden; ferner wurde den Athenern untersagt, Grundbesitz im Bundesgebiet zu erwerben.

Auf der Grundlage dieser Vereinbarungen gelang es den Athenern, sich binnen weniger Jahre wieder zur führenden Seemacht Griechenlands aufzuschwingen. Spartanische Gegenstöße machten zwei Seesiege bei Naxos (376) und Alyzeia (375) zunichte. 371 führte ein allgemeiner Friede zur Bestätigung des Seebundes durch Perser und Griechen. Wieder schien alles auf ein bipolares Machtverhältnis zwischen der stärksten Landmacht Sparta und der wieder erstarkten Seemacht Athen hinauszulaufen.

b) Der Zusammenbruch der alten und neuen Bündnissysteme

Dass es anders kam, lag vor allem an den beschriebenen Strukturveränderungen auf militärischem und wirtschaftlichem Gebiet. 379 gelang es thebanischen Exulanten mit Unterstützung Athens, die spartanische Besatzung zu vertreiben. Acht Jahre später stellte sich ein thebanisches Heer unter

Schlacht bei Leuktra

Epaminondas dem spartanischen Aufgebot in der Ebene bei Leuktra. Es sollte eine der denkwürdigsten Landschlachten der griechischen Geschichte werden. Epaminondas gelang mit Hilfe der hochtrainierten Reiterei und einer neuen Schlachtentaktik, der so genannten schiefen Schlachtordnung, ein vernichtender Sieg. Anstatt wie üblich den rechten Flügel der Schlachtordnung zu stärken, massierte er seinen linken Flügel. Dadurch rückte die Schlachtreihe auf der linken Seite etwas nach vorne vor und wurde aus der Sicht des Gegners „schief". Mit Hilfe der Reiterei konnte er die spartanischen Hopliten auf deren rechten Flügel schlagen und den Rest des Heeres von links aufrollen.

Die Niederlage hatte für die Spartaner gravierende Folgen: Der Tod von 400 Spartiaten verschärfte das alte Problem des Rückganges der Bürgerzahlen dramatisch. Ferner verloren die spartanischen Hopliten endgültig den Nimbus der Unbesiegbarkeit. Mit Theben erwuchs zudem ein Gegner, der die spartanische Hegemonie in Mittelgriechenland bedrohte: Mehrmals führte Epaminondas das böotische Heer bis unmittelbar vor das lakonische Polisgebiet. Als sich der Kern des Peloponnesischen Bundes mit Mantineia lossagte und sich Messenien nach 250 Jahren von spartanischer Herrschaft befreien konnte, brach die spartanische Herrschaft zusammen. Ähnlich wie nach dem Nikiasfrieden im 5. Jahrhundert (s. S. 103 ff.) suchte man nun eine Annäherung an Athen, das als einzige Macht ein Gegengewicht gegen Theben bilden konnte. 369 kam ein Vertrag zustande, der beiden Partnern abwechselnd für jeweils fünf Tage den Oberbefehl über Flotte und Landheer zusprach. 362 standen Spartaner und Athener ein letztes Mal bei Mantineia Seite an Seite, um dem thebanischen Heer entgegenzutreten. Die Schlacht endete zwar mit einem thebanischen Sieg, doch Epaminondas fiel. Mit seinem Dahinscheiden verlor der thebanische Aufstieg seine Zugkraft. Aber auch Sparta nahm endgültig Abschied von der großen Politik. 360 war der Peloponnesische Bund faktisch aufgelöst und Sparta auf den Rang einer mittleren Polis reduziert.

Mantineia

E

Epaminondas (gestorben 362)
Epaminondas war der bedeutendste Politiker und Feldherr Thebens. Er hatte großen Anteil an der Schaffung des böotischen Bundes und der Reorganisation des Heeres. Bei Leuktra besiegte er die Spartaner mit Hilfe der von ihm erfundenen schiefen Schlachtordnung. Danach stieß er bis nach Lakonien vor und förderte den Bau einer thebanischen Flotte. Epaminondas fiel bei der Schlacht von Mantineia.

Ähnlich wie seinerzeit die Siege über die Perser viele athenische Bundesgenossen an einem weiteren Engagement hat zweifeln lassen, so begann nach Leuktra die Zustimmung der Bündner zu einem Kampf gegen Sparta zu schwinden. Dies zeigt erneut, wie wichtig ein überzeugendes Feindbild für den Zusammenhalt der großen Symmachien war. Athen begann daraufhin auf die Bahnen des alten Seebundes einzuschwenken, trieb Tribute ein und errichtete Kleruchien. Gleichzeitig versuchte man, Theben und Thessalien als neuen Gegner des Bundes aufzubauen. Nach dem Tod der Feldherrn Epaminondas und Jason verfing jedoch auch dies nicht mehr. Chios, Rhodos, Byzantion und Kos traten mit Unterstützung des karischen Dynasten Mausolos aus dem Seebund aus. Obwohl die Athener die Zahl ihrer Schiffe erhöhten, gelang es ihnen nicht mehr, die abgefallenen Bündner wieder in den Seebund einzugliedern.

Athens Niederlage im Bundesgenossenkrieg

Diese Niederlage im Bundesgenossenkrieg schwächte Athens machtpolitische Stellung erheblich und trieb die Stadt an den Rand des Staatsbankrotts. Wie groß die finanziellen Probleme waren, zeigt die Tatsache, dass Xenophon direkt nach Kriegsende eine Spezialschrift mit dem Titel *Vorschläge zur Beschaffung von Geldmitteln oder über die Staatseinkünfte* (*poroi*) veröffentlichte.

Eubulos

Erst dem Athener Eubulos gelang es, die Staatsfinanzen zu sanieren, indem er die Ausbeutung der Minen forcierte und – wie Megara und Korinth – eine maßvolle Außenpolitik betrieb. Die Zahl der Kriegsschiffe wurde zwar nominell erhöht, um verteidigungsbereit zu sein; doch nahm man Abstand von weitausgreifenden kostenintensiven Feldzügen. Der Traum einer Hegemonie über einen mächtigen Seebund war unwiderruflich vorbei.

V. Neue politische Ordnungskonzepte und die Antworten der Intellektuellen auf die Probleme der Zeit

1. Friedenssehnsucht nach dem Korinthischen Krieg?

Verwirrung und Zwietracht – so resümierte **Xenophon** – seien nach der Schlacht von Mantineia (362) noch größer geworden als vorher (Hellenika 7,5,27). Es war eine ernüchternde Bilanz: Hundert Jahre hatten die Griechen Krieg geführt, um am Ende erkennen zu müssen, dass sie aus eigener Kraft nicht in der Lage waren, ihre Konkurrenzkämpfe in eine polisübergreifende Friedensordnung einzubinden. Schließlich waren sogar die großen Bündnissysteme gescheitert, nur der Perserkönig vermochte – welche Ironie der Geschichte! – die Proklamation allgemeiner Friedensschlüsse durchzusetzen.

E

Xenophon (ca. 430–354)
Xenophon war Schüler des Sokrates, nahm 402 als Söldner am Zug des jüngeren Kyros gegen dessen Bruder teil und führte als Offizier die Zehntausend nach Griechenland zurück. Hierüber hat er ein Werk, die *Anabasis*, verfasst. Später begleitete er den spartanischen König Agesilaos nach Kleinasien und widmete ihm eine eigene Schrift. Sein für den heutigen Historiker bedeutendstes Werk ist die *Hellenika*, eine griechische Geschichte von 411–362.

Viele Forscher meinen, die lange Kriegszeit und die außenpolitische Perspektivlosigkeit hätten bereits während des Korinthischen Krieges zu einer allgemeinen Friedenssehnsucht unter den Griechen geführt. Tatsächlich haben wir ja gesehen, wie einst so kriegstüchtige Poleis wie Megara und Korinth ihre Rüstungsausgaben reduzierten und sich verstärkt dem Handel und der Wirtschaft zuwandten. Doch war dies eine Reaktion auf äußere Zwänge, die nicht unbedingt einen grundlegenden Mentalitätswechsel, eine allgemeine Friedenssehnsucht voraussetzt. Schwierig zu beurteilen ist auch die Situation in Athen. Nach Ansicht des französischen Forschers *E. Lévy* hätten sich Friedenssehnsüchte bereits während des Peloponnesischen Krieges unter den athenischen Bauern entwickelt und seien nach dem Königsfrieden zu einem politischen Friedensgedanken verdichtet worden, der sogar die alte Ideologie der Macht zurückdrängen konnte. Als Kronzeugen für diese Entwicklung gelten die Friedensrede des Andokides aus dem Jahre 392 und die Friedensrede des Isokrates aus dem Jahre 355. Andokides hatte als Gesandter an den Friedensverhandlungen mit Sparta während des Korinthischen Krieges teilgenommen und versuchte seine Mitbürger von der Annahme des spartanischen Friedensangebotes zu überzeugen. Ein Haupteinwand gegen die Annahme bestand in der Sorge vieler Athener, ein Friedensschluss könne zu einer Verfassungsänderung führen. Gegen diesen Einwand führte Andokides eine Fülle von historischen und pseudohistorischen Beispielen an, die belegen sollten, dass Friedensschlüsse keineswegs die Demokratie gefährdeten, sondern im Gegenteil die Verfassung und die Macht der Athener gestärkt hätten. Athen habe in der Vergangenheit immer wieder Friedenszeiten genutzt, um sich zu rüsten und

Friedensrede des Andokides

materielle Vorteile zu erringen. Dies könne auch ein aktueller Friedensschluss ermöglichen, der unter den gegebenen Umständen – fehlende militärische und finanzielle Mittel – nützlich sei. Von Friedenssehnsucht ist wenig zu spüren, es geht darum, aus der Beurteilung der aktuellen Lage einen Frieden als politisch vernünftig zu erweisen.

Auf einer ähnlichen Linie verläuft die Argumentation des Publizisten und Redelehrers **Isokrates** rund dreißig Jahre später, nur sind die Akzente angesichts der veränderten Lage nach dem Bundesgenossenkrieg anders gesetzt: Athen stand vor dem finanziellen Ruin; deshalb sei ein Frieden weiteren militärischen Kraftanstrengungen vorzuziehen. Dieser würde die Athener von den drückenden Kriegskosten befreien, ihren Lebensstandard sichern und Schutz gewähren (19). Diese auf den praktischen Nutzen eines Friedens zielende Argumentation erinnert an die Politik der Megarer und Korinther, doch anders als diese verspürten die Athener wenig Neigung, den Ratschlägen des Isokrates zu folgen. Oft muss sich der Redner für seine Thesen entschuldigen – „noch kein Redner hat es bisher gewagt, über dieses Thema zu Euch zu sprechen" (26) – und eingestehen, dass die Mehrheit der Athener nicht gewillt sei, den von ihm geforderten „Gesinnungswandel" zu vollziehen (27). Von einer *allgemeinen* Friedenssehnsucht ist wenig zu spüren, sie erscheint als eine intellektuelle Perspektive mit geringem Realitätsgehalt.

E

Isokrates (436–338)
Isokrates war ein produktiver Publizist und Haupt einer eigenen Rhetorikschule in Athen. Er trat zwar nie selbst als öffentlicher Redner auf, verfasste aber zahlreiche Denkschriften und Reden zu aktuellen politischen Fragen, die überliefert sind. Er vertrat als Redelehrer einen umfassenden Bildungsanspruch und setzte sich politisch für eine Einigung Griechenlands ein.

2. Demokratie, Seeherrschaft und Machtpolitik

Wenn aber die Propagierung eines Friedenszustandes mehr einem situationsbedingten Kalkül und einer nüchternen Einschätzung der eigenen Kräfte als einer allgemeinen Sehnsucht entsprang, wie steht es dann mit der Beurteilung des maritimen Machtstrebens? Wir haben gesehen, wie die mit der Demokratie aufs Engste verbundene Seeherrschaft von der Mehrheit der Athener auch nach 403 positiv beurteilt wurde: sie garantierte den wirtschaftlichen Aufschwung, stellte die Verteidigung der Heimat sicher und trug entscheidend dazu bei, das Prestige der Stadt zu mehren. Auch Andokides gab unumwunden zu, dass ein Friede dazu diene, die Grundlagen für eine kraftvolle Machtpolitik zu schaffen, und diese gehöre zur Basis der Demokratie.

Misstrauen gegenüber der Demokratie

Eine andere Position nahmen lediglich die Philosophen und Intellektuellen ein, die gegenüber der Demokratie traditionell ein tiefes Misstrauen verspürten. Dieses Misstrauen übertrugen sie auf die Seeherrschaft. Platon und – etwas vorsichtiger – Isokrates vertraten die Auffassung, das Meer und die Seeherrschaft übten einen schlechten Einfluss auf die Moral der Menschen aus; dementsprechend verurteilte Platon das ungezügelte maritime

Machtstreben seiner Heimatstadt und ließ Sokrates resümieren, dass die Städte weder Mauern noch Schiffswerften benötigen, noch eine Bevölkerung oder Größe ohne Macht, wenn sie glücklich sein wollten. Im *Staat* (544 f.) verdammt er das ehrgeizige Streben nach Macht, Ruhm und Beute, das den Staatsmann und die Völker in den Krieg zögen. Diejenigen, die beständig für den Krieg lebten – Söldner und Berufsoffiziere – seien Feinde des Staates. Der Begriff der *pleonexia*, der Drang zum Größerwerden, wird mit der Idee der Ungerechtigkeit bzw. des Unrechtes verbunden (Platon, Gorgias 483 c; vgl. auch Isokrates 18,67).

Kritik an der Seeherrschaft

Platon fand jedoch ebenso wenig Beifall unter seinen Mitbürgern wie Isokrates, der in der Friedensrede die Seeherrschaft und ihre Folgen für die momentane Notlage der Athener verantwortlich zu machen und seine Mitbürger zu einer Abkehr vom altem Machtstreben zu bewegen versuchte. Er war sich der geringen Durchschlagskraft seiner Argumente bewusst und entschuldigte sich mehrmals dafür, sie überhaupt vorgebracht zu haben. Davon abgesehen wollte auch er, dass sich die Athener „durch Übung und Ausrüstung" kriegstüchtig zeigen (136). Das Streben nach Hegemonie und Macht wird also nicht aufgegeben, es sollte nur vernünftiger betrieben werden, damit die Athener nicht noch einmal in eine so schwierige Lage wie nach dem Bundesgenossenkrieg geraten. Der Friede ist hier kein Selbstzweck, sondern notwendige Atempause, um unter günstigeren Voraussetzungen wieder an die alten machtpolitischen Ziele anzuknüpfen. Schon zwei Jahre später schreibt Isokrates, der Athener Stratege Timotheos habe „so viele Poleis im Sturm genommen wie kein Feldherr je zuvor – weder einer aus Athen noch einer aus dem übrigen Griechenland –, und unter diesen Poleis waren einige, deren gesamtes dazugehöriges Umland nach der Eroberung an Athen fiel" (15,107).

3. Die Idee des Allgemeinen Friedens (*Koine Eirene*)

Was die griechischen Redner umtrieb, war also nicht das Bemühen, ihren Mitbürgern ein neues Wertesystem nahe zu bringen, das Krieg und Machtstreben grundsätzlich verwarf; es ging ihnen auch nicht darum, anstelle des klassischen Aristie-Ideals einen universalen Friedensgedanken zu propagieren; im Mittelpunkt ihrer – meist fruchtlosen – Überlegungen stand vielmehr die Suche nach Mitteln und Wegen, mit denen man die aktuelle Lage ihrer Polis verbessern und die unsichere Gesamtsituation in Griechenland stabilisieren konnte. Hierzu bedurfte es neuer *politischer* Perspektiven: Da das kriegerische Kräftemessen nach allgemeiner Auffassung zum Wesen der Griechen gehörte, sollte man zumindest auf Eroberungskriege gegen Seinesgleichen verzichten und diese gegen die Barbaren führen. In Griechenland – darin sind sich alle Redner einig – sei ein Krieg nur dann gerechtfertigt, wenn man sich verteidigen, die Freiheit bzw. die Autonomie wiedererlangen oder eine ungerecht handelnde Polis (wie Sparta) bestrafen müsse. Um diese Maxime zu verwirklichen und das militärische Konfrontationspotential zu minimieren, müsse – so Andokides – ein allgemeiner, gerechter Friedenszustand geschaffen werden, der sich auf alle griechischen Städte erstrecken und ihre Autonomie garantieren würde. Das völkerrechtliche Instrument für die Herstellung eines solchen Friedens war die Koine Eirene, deren Grundzüge uns erstmals im Königsfrieden begegnen. Die Koine Eirene sollte den Zerfall der großen Bündnissysteme kompensieren und anstelle der athenisch-spartanischen Bipolarität eine gerechte und solidarische Ordnung in den internationalen Beziehungen schaffen.

4. Panhellenismus und Krieg gegen die Perser

Diese von den Intellektuellen geforderte Solidarität fand ihre ideologische Basis in der Idee des **Panhellenismus**. Die Vorstellung, dass sich alle Griechen durch eine gemeinsame, über die Polisgrenzen reichende Kultur auszeichneten und sich gegenüber den fremdsprachigen Barbaren abgrenzten, ist alt; ihre Ursprünge dürften auf die Begegnung mit den fremden Völkern während der Kolonisation zurückgehen. Politische Aktualität erhielt sie während der Perserkriege, als die Griechen von einem übermächtigen Gegner überrollt zu werden drohten. Nach der Abwehr der Perser reduzierte sich der Panhellenismus zunächst wieder auf eine kulturelle und moralische Kategorie, erst die Endphase des Peloponnesischen Krieges erweiterte die kulturelle Gemeinsamkeit zu einer „Gemeinschaft der Leiden". „Wie traulich", so der Götterbote Hermes im *Frieden* des Aristophanes, „dort die Städte/verkehren, lachen, ganz versöhnt, vergnügt,/trotzdem dass ihr Gesicht zerfetzt, durchpflügt,/und an dem Kopf der Schröpfkopf angefügt" (538ff.). Den Weg aus der Not wies allein ein Frieden zwischen Athen und Sparta. Erst Lysias weitet den Panhellenismus (nach sophistischen Vorbildern) als politische Idee auf alle griechischen Poleis aus. Sie diente auch dazu, das Gefühl politischer Ohnmacht angesichts geistiger und kultureller Überlegenheit (s. S. 142) zu kompensieren. Dementsprechend begann man, die Perser als Barbaren noch stärker zu diffamieren: Sie sind wilde Tiere, gegen die ein Kampf gerechtfertigt sei; nach Aristoteles potentielle Sklaven, die einen Herren benötigten.

E

Panhellenismus
Der Panhellenismus war eine geistig-politische Bewegung, die sich zum Ziel setzte, alle Griechen zu einigen und gegen Persien zu führen. Bedeutendster Vertreter des Panhellenismus wurde der Publizist Isokrates.

Ein gemeinsamer Krieg gegen einen so diffamierten und gleichermaßen verhassten Feind erschien als ideale Lösung aller Probleme. Er würde – so Isokrates – den zu Hause gebliebenen Griechen Frieden bringen, die kleinasiatischen Brüder von der Sklaverei befreien und den arbeitslosen Vagabunden neue Lebensperspektiven bieten. Wer aber sollte die Führung übernehmen? Lysias setzte zunächst auf Sparta oder Athen, Isokrates sprach sich für Athen aus, doch müssten die Athener erst ihre Streitigkeiten mit Sparta beenden und jedes Machtstreben gegenüber den Bundesgenossen aufgeben (Panegyrikos 4, 17).

Erfolglosigkeit der Friedens- und Einigungskonzepte

Viel Erfolg war keinem der griechischen Friedens- und Einigungskonzepte beschieden. Die Koine Eirene konnte die großen Bündnissysteme nicht ersetzen und hat durch die Betonung des Autonomiegedankens eher dazu beigetragen, politischen Partikularismus und militärische Konflikte zu schüren. Auch die Rufe des Isokrates verhallten ungehört. Athen und Sparta hatten andere Probleme und nicht mehr die Autorität, um die Griechen gegen die Perser zu führen; anderen Mächten fehlten Zeit und Ressourcen, um ein solches Ziel zu verwirklichen. Am Ende war es Philipp von Makedonien, den Isokrates als einzigen der großen Aufgabe für gewachsen hielt.

Offensichtlich waren die Poleis unfähig, über längere Zeit ihre Interessen einer gemeinsamen Politik unterzuordnen. Nur eine drängende Gefahr von außen konnte sie zu solidarischem Handeln zwingen. Dagegen übte ein offensiver, ohne äußere Not zu führender panhellenischer Kriegszug gegen die Perser geringe Anziehungskraft aus. Viele Griechen brachten im Osten als Söldner und Händler auch ohne einen panhellenischen Feldzug Reichtümer mit nach Hause, und viele Poleis waren schlichtweg nicht gewillt, sich auf ein solches Abenteuer einzulassen.

5. Bundesstaatliche Zusammenschlüsse (*Koina*)

Eine andere Antwort auf das Versagen der alten Bündnissysteme und neuen Friedensordnungen entwickelte sich erneut in den Randgebieten. Hier schlossen sich seit Beginn des Jahrhunderts Poleis und Landschaften zu Bundesstaaten zusammen, man nannte sie Koina. Diese Zusammenschlüsse erfolgten auf der Basis einer gemeinsamen Verfassung, die dem föderalstaatlichen Prinzip oberste Priorität einräumte. Die Gliedstaaten übertrugen Teile ihrer Gesetzgebung und Rechtsprechung der Bundesorganisation, die in der Praxis vor allem für die Formulierung und Umsetzung einer gemeinsamen Außen- und Verteidigungspolitik zuständig war. Der Bürger eines Koinon besaß sowohl das Bürgerrecht eines Gliedstaates als auch das Bundesbürgerrecht und konnte insofern auf die Entscheidungen auf Bundesebene direkt Einfluss nehmen. Diese Entscheidungen wurden in der Versammlung des Bundes gefällt, beteiligt war ein (wahrscheinlich) probuleutisch tätiger Rat, in den alle Gliedstaaten Vertreter entsandten.

Die Koina gehörten staatsrechtlich zu den erstaunlichsten Errungenschaften des 4. Jahrhunderts; sie praktizierten mit ihrem Repräsentativgedanken Prinzipien, auf denen auch der moderne Parlamentarismus beruht. Diesem modern anmutendem Gepräge stand jedoch eine betont feudalistisch-aristokratische, meist stammestaatlich geprägte Gesellschaftsstruktur gegenüber, die sich erst langsam die wirtschaftlichen und organisatorischen Errungenschaften der autonomen Poleis zu eigen machte. In den meisten Koina war auch das Hoplitenethos nicht so stark verwurzelt, dagegen hatten die Pflege der Reiterei und der Söldnerdienst eine lange Tradition. Die Bünde konnten die militärischen Neuentwicklungen so viel konsequenter nutzen und wiesen einen betont militärischen Charakter auf. Selbst das arme Phokis konnte sich mit einem Söldnerheer von 20 000 Mann als gefürchtete Kriegsmacht etablieren. Die meisten Koina versäumten es jedoch, ihren Rüstungen einen soliden finanziellen Unterbau zu verschaffen, so dass nach dem Ausbleiben militärischer Erfolge und entsprechender Beute ihre Macht schnell zu schwinden begann. Dennoch blieb das bundesstaatliche Prinzip eine Alternative zur Polis-Symmachie und sollte in der hellenistischen Epoche ihre eigentliche Blüte erleben.

6. Der Aufstieg des monarchischen Prinzips

Ein weiterer Schwachpunkt der Koina lag gerade in einer ihrer modernsten Elemente, nämlich dem föderalistischen Repräsentativsystem. Der Trend zum professionellem Spezialistentum forderte schnelle und einfache Entscheidungsprozesse, mithin eine starke Exekutive, die unbedrängt von langwierigen Prozeduren, juristischen Kontrollen und finanziellen Beschränkungen sich den komplizierter werdenden Bedingungen von Krieg und Politik widmen konnte. Nicht ohne Grund stiegen in Sizilien und den nördlichen und östlichen Randgebieten Söldnerführer wie Dionysios und Jason von Pherai zu militärisch erfolgreichen Tyrannen auf, im Norden gewannen die thrakischen und odrysischen Könige auch aufgrund ihres großen Reservoirs an Leichtbewaffneten an Einfluss. In den 350er Jahren begann König Philipp von Makedonien die modernste Kriegsmaschinerie der Zeit aufzubauen. Er vereinte alle Eigenschaften des klugen Finanziers, des Söldnerführers und des skrupellosen Machtpolitikers in sich und entsprach damit am ehesten den aktuellen Anforderungen erfolgreicher Machtpolitik.

Publizistik der Zeit

Die Intellektuellen haben auf diese Veränderungen reagiert: Xenophon verfasste eine Schrift über die Jugend des persischen Königs Kyros, die nicht den Polisbürger, sondern den künftigen Monarchen erziehen sollte. Andere Schriften wie der *Hieron* oder *Agesilaos* beschreiben, wie man ein guter Tyrann bzw. ein edler griechischer Erbkönig werden solle. Isokrates wendet sich mit seinem *Euagoras* und *Nikokles* an zwei zyprische Dynasten, um sie zur edlen Staatsführung zu erziehen, und Platon macht die Philosophen-Könige zu den unumschränkten Leitern seines Staates. Allenthalben ist so die Bereitschaft athenischer Intellektueller zu erkennen, dem einst so verhassten Alleinherrscher (Tyrannen) oder Monarchen die Eigenschaften eines tugendhaften und weisen Regenten zuzuerkennen, der nach entsprechender Erziehung und Bildung seine Untertanen durch die Wirrnisse der Zeit führen kann. Diese Hoffnung, im Inneren Stabilität zu schaffen, verbindet sich mit der Überzeugung, dass der Alleinherrscher auch nach außen die politische Ohnmacht der Griechen beenden könne: Die gleichen Tyrannen und Monarchen, die man für ein mildes und weises Regiment fähig hielt, waren diejenigen, die die Griechen gegen Persien führen sollten.

7. Das Festhalten an der Polis als idealer Form der Gemeinschaft

Bei den Schriften des Isokrates, Platons oder Xenophons handelt es sich freilich um Werke und intellektuelle Programme, die wohl kaum den Horizont des einfachen Bürgers erreichten und selten in praktische Politik umgesetzt wurden; in jedem Fall lassen sie sich nicht als Beleg für eine allgemeine Akzeptanzkrise der Polis anführen. Der Erfolg des monarchischen Prinzips bei der Lösung der großen Probleme ließ sich durchaus mit der Überzeugung vereinbaren, dass die Polis das optimale Modell politischer Gemeinschaft war und ist. Selbst ein Söldnerführer wie Xenophon hielt die Gründung einer Kolonie für eine ruhmreiche Tat, Isokrates pries die Vorzüge der Athener Polis, Platon riet lediglich die Polis weit entfernt vom Meer anzulegen, und für Aristoteles bleibt die Polis Grundlage des politischen Lebens.

Sophistik und Polisgemeinschaft

Natürlich gab es geistige Strömungen und politische Herausforderungen, die dem Egoismus des Einzelnen einen größeren Wert einräumten als dessen Bindung an die Polisgemeinschaft. Die praktischen Auswirkungen dieser Entwicklung sind jedoch schwer zu ermessen, häufig in der Moderne mehr konstruiert als tatsächlich belegt. Die Sophistik scheint mehr die politische Entwicklung der Zeit analysiert als direkt beeinflusst zu haben. Wir haben ferner gesehen, wie nach 404 in Athen eine Reaktion gegen die sophistischen Lehren einsetzte, die fälschlicherweise zunächst Sokrates traf. Athen und Sparta scheinen den Emanzipationsbestrebungen ihrer Feldherrn und Politiker recht erfolgreich entgegengetreten zu sein. Ein Mann wie Alkibiades, aber auch die großen Strategen des 4. Jahrhunderts entsprechen im Wesentlichen dem traditionellen aristokratischen Verhaltenskodex, wenn sie sich grollend auf ihre thrakischen Besitzungen zurückzogen oder als Feldherrn die gesamte Welt zu ihrem Aktionsraum erklärten. Es mag sein, dass sie hierbei weiter gingen als im 5. Jahrhundert, doch war dies mehr eine Folge des Krieges als einer grundsätzlichen Abkehr von der Polis. Natürlich bestand nach wie vor eine strukturelle Spannung zwischen adligen Strategen und der Polis; schwerwiegende Fälle von Verrat sind jedoch nicht belegt, ganz im Gegenteil haben auch die Feldherrn des 4. Jahrhunderts bei allen individuellen Erfolgsbestrebungen für das Wohl und den Ruhm ihrer Heimat gekämpft. Von einer nachlassenden Bindung an die Polis kann kaum die Rede sein.

Verhältnis des Politen zur Religion

Schwieriger zu bestimmen ist das Verhältnis des Bürgers zur Religion. Auch in diesem Bereich neigt man heute dazu, weniger von einer Krise als vielmehr von einer Veränderung und Erweiterung religiöser Einstellungen und Praktiken zu sprechen. Die territoriale Ausweitung des Krieges hatte neue Kulte und Ideen in die griechische Poliswelt eindringen lassen, die sich an die traditionelle Religion anlagerten, ohne sie jedoch zu verdrängen. Ferner scheint der Krieg zu einem nüchternen Realismus und in bestimmten Bereichen zu einer Profanisierung religiöser Einstellungen beigetragen zu haben. Dies mag man jedenfalls aus den Tragödien des Euripides herauslesen (s. S. 107 ff.) und z. B. an der Tatsache erkennen, dass man im 4. Jahrhundert geringere Scheu zeigte, sich an Tempelschätzen zu vergreifen; schließlich deuten die göttlichen Ehrungen, die Feldherren wie Lysander zu Lebzeiten erfuhren, daraufhin, dass der Respekt vor der Exklusivität göttlicher Suprematie zu schwinden begann. Hieraus auf eine *generelle* Abkehr von religiösen Überzeugungen, eine Zunahme des Atheismus und Agnostizismus zu schließen, erscheint jedoch sehr gewagt. Denn wie sollte man etwa die Maßnahmen der Athener im Jahre 415 gegen Religionsfrevel und die zahlreichen Prozesse wegen Gottlosigkeit (*asebeia*) erklären? Sie zeigen, dass sich der Demos vehement gegen alle Versuche zur Wehr setzte, die traditionelle Polisreligion zu unterwandern. Das Resümee *Ed. Meyers* hat deshalb nichts von seiner Gültigkeit verloren: „Allerdings hat sich die Masse der Athener gegen die neuen Ideen durchaus ablehnend verhalten. (...) Mit Entrüstung wies sie ihre ethischen und religiösen Konsequenzen von sich. Für das athenische Volk als Ganzes blieben seine Götter noch lange lebendige Mächte, von denen es nicht lassen konnte und deren segensreiche Wirksamkeit es fühlte; es glaubte an die sittliche Weltordnung, an die Bürgertugend und die Heiligkeit des Staates."

VI. Bilanz und Ausblick

Am Beginn der klassischen Zeit steht ein Ereignis, das die griechische Geschichte wie kaum ein anderes geprägt hat: Der überraschende Sieg griechischer Poleis unter Führung Athens und Spartas über die persische Invasionsarmee eröffneten Handlungsspielräume, die Athen zum Aufbau eines neuartigen maritimen Bündnissystems und zur Erringung einer ungeahnten maritimen Machtstellung nutzte. Sparta entschied sich dagegen, seinen territorialen Einfluss auf der Peloponnes und in Griechenland zu festigen. Das 5. Jahrhundert wurde so die Zeit großer Bündnissysteme, die einen Großteil der griechischen Welt in zwei konkurrierende Machtsphären aufteilten.

Reaktionen der Hegemonialmächte auf außenpolitische Veränderungen

Beide Hegemonialmächte begannen unter dem Druck der außenpolitischen Konkurrenz und unvorhergesehener Belastungen (Sparta) bzw. im Zuge der maritimen Machtausdehnung und des Kampfes gegen Persien (Athen) ihre verfassungsrechtliche und gesellschaftliche Ordnung zu verändern. Beide fanden Lösungen, die schon die Zeitgenossen als typisch erachteten: Sparta versuchte den militärischen Anforderungen durch eine Versachlichung der aristokratischen Entscheidungsprozeduren und eine konsequente Disziplinierung der für das militärische Übergewicht auf der Peloponnes so wichtigen Hoplitenschicht zu begegnen. Athen integrierte dagegen die auf den Kriegsschiffen rudernden Theten als politisch gleichberechtigte Bürger in die isonome Ordnung, erweiterte angesichts wachsender organisatorischer, technischer und juristischer Aufgaben die Zuständigkeiten der Institutionen des Volkes und entwickelte so eine Verfassung, die man als Demokratie bezeichnete. Beide Verfassungen tendierten dazu, ihre Bürger nach außen und innen abzuschotten: Der Athener Bürgerstatus und die Partizipation an der Demokratie waren seit Perikles ein genauso exklusives Gut und auf eine im Vergleich zur Gesamtbevölkerung kleine Gruppe beschränkt wie die Zugehörigkeit zum Status der Homoioi und das Teilnahmerecht an der Apella in Sparta. Dieser Exklusivitätsanspruch wurde in Sparta wie in Athen durch eine spezifische Ideologie und Mentalität untermauert: In Sparta propagierte man Einfachheit und Schlichtheit als Grundlagen staatlicher und gesellschaftlicher Stabilität, die Athener priesen individuelle Freiheit als Basis ihrer demokratischen Lebensform. Beide Poleis zählten ferner militärische Tüchtigkeit zu den wichtigsten Staats- und Bürgeridealen. Die „freiheitliche" Demokratie unterschied sich hierin nicht von dem angeblich so rigiden „Kriegerstaat" Sparta. Nicht Sparta, sondern Athen entwickelte mit der Flotte das modernste und mächtigste Kriegsinstrument, das die griechische Welt gesehen hatte, und die Demokratie hat sich nicht gescheut, dieses Instrument zur Herrschaftsbildung und Machterweiterung einzusetzen.

Bürgerlicher Exklusivitätsanspruch

Das territorial verhaftete Sparta war dagegen schon aus strukturellen Gründen auf die Sammlung aller Kräfte fixiert und verfolgte eine statische, auf Stabilität und Sicherheit gerichtete Außenpolitik. Die Konzentrierung der Ressourcen im Innern ließen der wirtschaftlichen, künstlerischen und kulturellen Entwicklung wenig Raum. Athen etablierte sich demgegenüber im Zuge der maritimen Expansion als wirtschaftliches Zentrum und geistigkultureller Mittelpunkt der griechischen Welt. Die direkte Demokratie und der ihr innewohnende Zwang der Theten, ihre Regimentsfähigkeit zu beweisen, führten zu einer hohen politischen Aktivität im Innern und einer dynamischen Energieentfaltung nach außen. Die Erfolge der Flotte und die Ausweitung der Hegemonie über den Seebund haben nicht nur den Wohlstand der Stadt enorm gesteigert; sie verschafften auch den Adligen die Handlungsspielräume auf ihrer Suche nach Ruhm und Anerkennung und trugen entscheidend dazu bei, das alte Problem der Integration adliger Ansprüche in den Gleichheitsanspruch der Gesamtgemeinde soweit zu lösen, dass es zu keinem größeren Ausbruch innerer Spannungen kam.

Deshalb war die erste Demokratie der Weltgeschichte eine nach außen hin aggressive Staatsordnung. Überzeugt von der eigenen Leistungsfähigkeit haben die Athener jede Chance zur Machterweiterung zu nutzen versucht. Auch deshalb ist die Zeit des 5. und 4. Jahrhundert von so langen kriegerischen Verwicklungen bis hin zum Peloponnesischen Krieg geprägt. Das perikleische Athen brauchte eine neue militärische Bewährungsprobe, um den gesellschaftlichen Frieden zu sichern und die Bundesgenossen bei der Stange zu halten. Korinth gab mit seiner ehrgeizigen Flottenrüstung den Anlass und konnte das um die Loyalität der Bündner fürchtende Sparta zum Kriegseintritt zwingen. Beide Bündnissysteme hatten eine Eigendynamik entwickelt, der sich die Hegemonialmächte kaum entziehen konnten, wenn sie das Erreichte nicht verlieren wollten.

Der Peloponnesische Krieg

Der Peloponnesische Krieg bildet das zweite militärisch-außenpolitische Großereignis des 5. Jahrhunderts. Sein Ergebnis und seine Folgen haben die Perserkriege und die Entwicklung der Folgezeit geradezu auf den Kopf gestellt. Der machtpolitische Aufstieg Athens wurde jäh gestoppt, die Stadt verlor ihren Seebund und ihr maritimes Machtpotential; nur die Demokratie und ihre Ideale hatten sich im Bewusstsein der Mehrheit der Athener als die ihnen gemäße Verfassungs- und Lebensform etabliert, dass sie die militärische Niederlage überlebten. Sparta musste dagegen die ungeliebte und seiner inneren Struktur widersprechende Rolle einer ägäisumspannenden Hegemonialmacht übernehmen. Das überraschendste Phänomen bildete jedoch die machtpolitische Rückkehr Persiens in den griechischen Raum, die mit dem Königsfrieden ihren Höhepunkt fand. Die Athener Demokratie konnte zwar einen neuen Seebund gründen – und bewies damit erneut ihren Drang nach außenpolitischer Machtakkumulation –; doch bald zeigte sich, dass die Zeit der großen Bündnissysteme abgelaufen war. Sie waren dort erfolgreich gewesen, wo die Macht in Griechenland überschaubar verteilt und kalkulierbar war; doch schon die Politik ehrgeiziger Mittelmächte wie Samos oder Korinth hatten im 5. Jahrhundert die Schwachstellen der Bünde offengelegt; nach dem Königsfrieden verlagerte sich die Macht endgültig vom Zentrum an die Ränder der griechischen Welt. Hier entwickelten sich politische Organisationsformen wie die Koina oder es warteten monarchische Staatswesen darauf, das Machtvakuum zu füllen und die Möglichkeiten der neuen Zeit zu nutzen. Persien hat diese Entwicklung indirekt unterstützt und erwies sich als ständiger Unruheherd, dem die Griechen wenig entgegenzusetzen hatten.

Rückkehr Persiens in den griechischen Raum

Während so das 5. Jahrhundert nach dem Sieg über die Perser zu einer Epoche des selbstbewussten Leistungsoptimismus wurde, war die Zeit nach dem Korinthischen Krieg von Zweifel und Ratlosigkeit geprägt, weil man das Missverhältnis von kulturell-technischem Leistungsvermögen und machtpolitischer Schwäche weder zu erklären noch zu beheben vermochte. Gerade dieser Widerspruch hat aber zu den größten Errungenschaften der griechischen Kultur in der Philosophie, der Rhetorik und auch der Kunst geführt, die die abendländische Kultur vielfach tiefer geprägt haben als die Zeit des perikleischen Athen.

Missverhältnis zwischen kulturell-technischem Vermögen und machtpolitischer Schwäche

Auswahlbibliographie

Quellen, Quellensammlungen und -interpretationen

Arend, W., Altertum, in: Geschichte in Quellen. Hrsg. v. W. Lautermann/M. Schlenke. Bd. 1. München 4. Aufl. 1989. *Bewährte Sammlung der wichtigsten Quellen ohne Kommentierung.*

Balcer, J. M., The Athenian Regulations for Chalkis. Studies in Athenian Imperial Law (Historia Einzelschr. 33), Stuttgart 1976.

Brodersen, K., Günther, W., Schmitt, H. H. (Hrsg.), Historische griechische Inschriften in Übersetzung, Bd. 1: Die Archaische und Klassische Zeit. Darmstadt 1992 (HGIÜ). *Zentrale Inschriften der griechischen Geschichte in Übersetzung ohne Kommentar.*

Gomme, A. W., Andrewes, A., Dover, K. J.: A Historical Commentary on Thucydides, Bd. 1–5, Oxford 1945–1981.

Herter, H. (Hrsg.), Thukydides, Darmstadt 1968 (= Wege der Forschung Bd. 98).

Koch, C., Volksbeschlüsse in Seebundsangelegenheiten. Das Verfassungsrecht Athens im 1. Attischen Seebund, Frankfurt a. M. 1990.

Luschnat, O., Thukydides der Historiker, RE Suppl. XII (1970), col. 1085ff. und Nachträge in RE Suppl. XIV (1974), col. 760ff.

Meister, K., Die Interpretation historischer Quellen. Schwerpunkt Antike, Bd. 1, Paderborn u. a. 1997. *Eingehende Musterinterpretationen zentraler Quellen mit ausführlichen Literaturhinweisen und historischer Einführung.*

Meister, K., Die griechische Geschichtsschreibung. Von den Anfängen bis zum Ende des Hellenismus, Stuttgart u. a. 1990.

Die Staatsverträge des Altertums, 2. Bd.: Die Verträge der griechisch-römischen Welt von 700 bis 338 v. Chr. Unter Mitwirkung von R. Werner, bearbeitet von H. Bengtson, 2., durchgesehene und ergänzte Aufl. München 1975. *Sammlung aller Verträge mit ausführlichen Quellenzitaten (allerdings ohne Übersetzung!) und Kommentierung.*

Stahl, M., Die griechische Polis. Quellen zur griechischen Geschichte von 800–400 v. Chr., Zeiten und Menschen, Ausgabe Q, Paderborn 1989.

Wagner-Hasel, B., Das antike Griechenland. Weltgeschichte im Aufriß. Ausgabe in Themenheften von Werner Ripper, Frankfurt a. M. 1988.

Übergreifende Literatur

Beloch, K.-J., Griechische Geschichte, 2. neugestaltete Aufl. Bd. 2, 1. Abt., Strassburg 1914.

Bengtson, H., Griechische Geschichte. Von den Anfängen bis in die römische Kaiserzeit, 5. durchgesehene und ergänzte Aufl. München 1977. *In vielen Urteilen veraltet, aber immer noch hilfreich v. a. wegen der den einzelnen Kapiteln vorangestellten Einführungen in die Quellen.*

The Cambridge Ancient History (CAH) Vol. V: The Fifth Century B.C., hrsg. D. M. Lewis, J. Boardman, J. K. Davies, M. Ostwald, 2. Aufl. Cambridge 1992. *Moderne griechische Geschichte aus der Perspektive englischer Althistoriker. Enttäuschend ist lediglich das (jahrweise gegliederte) Kapitel über den Peloponnesischen Krieg.*

Dahlheim, W., Die Antike. Griechenland und Rom von den Anfängen bis zur Expansion des Islam, 4. Aufl. Paderborn 1998. *Schwungvoll geschriebene Geschichte auch des antiken Griechenlands mit starker Betonung der kulturellen, geistesgeschichtlichen und militärischen Entwicklungen.*

Davies, J. K., Das klassische Griechenland und die Demokratie, München 1983, 5. Aufl. 1996 (dtv-Geschichte der Antike, Bd. 2). *Handliche Geschichte des klassischen Griechenland mit besonderer Berücksichtigung des 4. Jahrhunderts. Präsentation zentraler Quellenpassagen.*

Dreher, M., Athen und Sparta, München 2001. *Geschichte Athens und Spartas, die vergleichend die Parallelen und Unterschiede der Entwicklungen berücksichtigt.*

Gehrke, H.-J., Schneider, H. (Hrsg.), Geschichte der Antike. Ein Studienbuch, Stuttgart/Weimar 2000.

Heuß, A., Hellas. Die klassische Zeit, in: Propyläen Weltgeschichte, Bd. 3: Griechenland. Die hellenistische Welt, hrsg. A. Heuß, G. Mann, Frankfurt a. M. 1979, S. 214–356. *Klassische Darstellung der klassischen Zeit.*

Hornblower, S., The Greek World 479–323 B.C., London/New York 1983, 2. Aufl. 1991. *Versteht konsequent das 5. und 4. Jahrhundert als Einheit und berücksichtigt die Randgebiete.*

Meyer, E., Geschichte des Altertums, Bd. 7, 9. Aufl. 1958.

Schuller, W., Griechische Geschichte, 5. Aufl. München 2002 (= Oldenbourg Grundriß der Geschichte, Bd. 1).

Literatur zu den einzelnen Kapiteln

I. Athens Aufstieg zur maritimen Großmacht

Amit, M., Athens and the Sea, Brüssel 1965. *Überblick über alle Fragen der Entwicklung der athenischen Flotte, insbesondere ihrer Bemannung.*

Baker, J. M., Gehrke, H. J., Raaflaub, K. A., Schuller, W. (Hrsg.), Studien zum Attischen Seebund, Konstanz 1984.

Bleimfelder, S., Kimon und seine Politik, Diss. Innsbruck 1953.

Brandhofer, F. J., Untersuchungen zur athenischen Westpolitik im Zeitalter des Perikles. Diss. München 1971.

Jordan, B., The Athenian Navy in the Classical Period, 1975.

Kiechle, F., Athens Politik nach der Abwehr der Perser, HZ 204 (1967), 265–304. *Kiechle ist überzeugt, dass Athen von Beginn an machtpolitische Interessen verfolgte und sich dabei Sparta zum Vorbild nahm.*

Martin, J., Von Kleisthenes zu Ephialtes, Chiron 4 (1974), 5–42.

Meyer, H. D., Vorgeschichte und Gründung des delisch-attischen Seebundes, Historia 12 (1963), 405–446. *Detaillierte quellenkritische Untersuchung der Ereignisse, die in der These eines von Beginn an stark ausgeprägten und konsequent verfolgten Machtwillens der Athener ihren Abschluss findet.*

Meiggs, R., The Athenian Empire, Oxford 1972. *Chronologisch aufgebautes Standardwerk zur Geschichte des Seebundes.*

Millet, P., Warfare, economy and democracy in Classical Athens, J. Rich, G. Shipley (Hrsg.), War and Society in the Greek world, London/New York 1999, 177–196.

Petzold, K.-E., Die Gründung des delisch-attischen Seebundes: Element einer „imperialistischen" Politik Athens?, Historia 42 (1993), 418 ff. und 43 (1994), 1 ff. *Gegen die Vorstellung einer von Beginn an konsequent betriebenen Machtpolitik Athens, die sich auch in der Gründung des Seebundes äußerte.*

Popp, H., Zum Verhältnis Athens zu seinen Bündnern im Delisch-Attischen Seebund, Historia 17 (1968), 425–443.

Raaflaub, K., Beute, Vergeltung, Freiheit? Zur Zielsetzung des delisch-attischen Seebundes, Chiron 9 (1979), 1 ff. *Grundlegende Studie zu den Zielen des Seebundes.*

Reiter, H. A., Athen und die Poleis des Delisch-Attischen Seebundes: Die Proxenoi und Euergetai des attischen Demos in den Poleis des Delisch-Attischen Seebundes im Lichte der attischen Proxenie- und Euergesiebeschlüsse des 5. Jahrhunderts v. Chr., Regensburg 1991.

Rhodes, P. J., The Athenian Empire, Oxford 1985. *Knapper, 59-seitiger Überblick.*

Salmons II, Loren J., Empire of the Owl. Athenian Imperial Finance (Historia Einzelschr. 142), Stuttgart 2000. *Erschöpfende moderne Darstellung der Finanzorganisation Athens als Hegemon des Seebundes.*

Schuller, W., Die Stadt als Tyrann. Athens Herrschaft über seine Bundesgenossen. Konstanz 1978.

Schuller, W., Die Herrschaft der Athener im ersten Attischen Seebund, Berlin/New York 1974. *Systematische herrschaftssoziologische Analyse des Seebundes.*

Smarczyk, B., Untersuchungen zur Religionspolitik und politischen Propaganda Athens im Delisch-Attischen Seebund, München 1990.

Steinbrecher, M., Der delisch-attische Seebund und die athenisch-spartanischen Beziehungen in der kimonischen Ära ca. 478/7 bis 462/1 v. Chr., Wiesbaden 1984.

Wentker, H., Sizilien und Athen. Die Begegnung der attischen Macht mit den Westgriechen. Heidelberg 1956.

II. Athen und Sparta in der Mitte des 5. Jahrhunderts

Bleicken, J., Die attische Demokratie, 2. völlig überarbeitete und wesentlich erweiterte Aufl., Paderborn u. a. 1994. *Beste Darstellung des Themas in verständlicher Form. Untergliedert in einen Darstellungsteil und einen Teil zu den einschlägigen Quellen und zur Forschung.*

Bowra, C. M., Periclean Athens, London 1971.

Connnor, W. R., The New politicians of fifth-century Athens, Princeton 1971.

Finley, M. I., Athenische Demagogen, Das Altertum 11 (1965), 67–79.

Flach, D., Der oligarchische Staatsstreich in Athen vom Jahre 411, Chiron 7 (1977), 9–33.

Funke, P., Athen in Klassischer Zeit, Beck-Wissen, München 1999. *Knapper und gut lesbarer Überblick über die Geschichte Athens im 5. und 4. Jahrhundert.*

Gehrke, H.-J., Zwischen Freundschaft und Programm. Politische Parteiung im Athen des 5. Jh. v. Chr., HZ 239 (1984), 529–565. *Richtet sich gegen die Auffassung, wonach politische Gruppen in Athen ohne sachliche Programme ausgekommen seien.*

Grütter, H.-T., Die athenische Demokratie als Denkmal und Monument: Überlegungen zur politischen Ikonographie im 5. Jh. v. Chr., in: W. Eder/K. J. Hölkeskamp (Hrsg.), Volk und Verfassung im im vorhellenistischen Griechenland. Beiträge auf dem Symposion zu Ehren von Karl-Wilhelm Welwei. Stuttgart 1997, 113–132.

Hölkeskamp, K.-J., Parteiungen und politische Willensbildung im demokratischen Athen: Perikles und Thukydides, Sohn des Melesias, HZ 267 (1998), 1–27.

Kagan, D., Perikles. Die Geburt der Demokratie, Stuttgart 1992. *Elegant geschriebene historische Biographie, die die Ergebnisse der Bücher des Autors zum Peloponnesischen Krieg zusammenfasst und nicht mit modernen Analogien spart.*

Kluwe, E. (Hrsg.), Kultur und Fortschritt in der Blütezeit der griechischen Polis, 1985, S. 206–246ff. (= Schriften zur Geschichte und Kultur der Antike Bd. 24). *Deutet die Akropolisbauten als repräsentativen Ausdruck des athenischen Elitebewusstseins. In Anschluss an Plutarch starke Betonung der Führungsrolle des Perikles.*

Knell, H., Perikleische Baukunst, Darmstadt 1979.

Lotze, D., Entwicklungslinien der athenischen Demokratie im 5. Jh. v. Chr., Oikumene 4 (1983), 9–24.

Meier, Chr., Athen. Ein Neubeginn der Weltgeschichte, Berlin 1993, TB München 1995. *Schwungvoll geschriebene Geschichte der Stadt, ihrer Verfassung, Politik und Kultur mit dem Schwerpunkt auf der klassischen Zeit.*

Meier, Chr., Die politische Kunst der griechischen Tragödie, München 1988. *Konsequent durchgeführte Interpretation der Tragödien des Aischylos und Sophokles in ihrer Funktion, politische Probleme durchzuspielen und so die mentale Infrastruktur des Atheners ins Lot zu bringen.*

Meier, Chr., Die Entstehung des Politischen bei den Griechen, 2. Aufl. Frankfurt am Main 1989. *Sammlung zentraler Aufsätze zur Entdeckung und Entwicklung der politischen Identität und Kultur des 5. Jahrhunderts.*

Oppermann, D., Außenpolitik und antike Demokratie. Anmerkungen zu ihrem Verhältnis in perikleischer Zeit, Frankfurt a. M. 1985. *Abriss der athenischen Außenpolitik, geschrieben aus der Erfahrung der Lehrerausbildung und mit dem Ziel einer praxisnahen Vermittlung. Das Buch bietet zahlreiche Vergleiche mit der Moderne, allerdings auch überzogene, wenn auch anregende Einzelurteile.*

Ruschenbusch, E., Athenische Innenpolitik im 5. Jh. v. Chr. Ideologie oder Pragmatismus?, Bamberg 1979.

Schubert, Ch., Athen und Sparta in klassischer Zeit. Ein Studienbuch, Stuttgart/Weimar 2003. *Auf das 5. Jahrhundert beschränkte Darstellung unter vergleichender Perspektive.*

Strocka, V. M., Athens Kunst im Peloponnesischen Krieg, in: G. Alföldy u. a. (Hrsg.), Krisen in der Antike, Düsseldorf 1975, 46–61.

Welwei, K.-W., Das Klassische Athen. Demokratie und Machtpolitik im 5. und 4. Jahrhundert. Darmstadt 1999. *Ausführliche Darstellung Athens in klassischer Zeit, die die enge Verzahnung von Innen- und Außenpolitik herausarbeitet.*

Will, W., Perikles, Reinbek 1995. *Knapper, z. T. provozierender Überblick, der die neueren Forschungskontroversen mit einbezieht.*

Baltrusch, E., Sparta. Geschichte, Gesellschaft, Kultur, München 1998. *Gut lesbare, eher konventionelle Einführung zu den wesentlichen Phänomenen der Geschichte Spartas.*

Christ, K. (Hrsg.), Sparta (WdF 622), Darmstadt 1986.

Clauss, M., Sparta. Eine Einführung in seine Geschichte und Zivilisation, München 1983.

Hooker, J. T., Sparta. Geschichte und Kultur, Stuttgart 1982.

Kennell, H. M., The Gymnasium of Virtue. Education and Culture in Ancient Sparta, Chapel Hill/London 1995.

Link, S., Der Kosmos Sparta. Recht und Sitte in klassischer Zeit, Darmstadt 1994.

Thommen, L.-H., Lakedaimonion politeia. Die Entstehung der spartanischen Verfassung, Stuttgart 1996. *Kernthese des Buches: Die Vollendung des spartanisches Staates setzte erst im Zuge der Perserkriege als Reaktion auf militärische, außenpolitische und innenpolitische Herausforderungen ein.*

Wickert, K., Der Peloponnesische Bund von seiner Entstehung bis zum Ende des archidamischen Krieges, Erlangen 1961.

III. Der Peloponnesische Krieg

Braunert, H., Der Ausbruch des Kampfes zwischen Athen und Sparta. Eine antike Kriegsschuldfrage, in: GWU 20, 1969, 38–52 = G. Wirth (Hrsg.): Perikles und seine Zeit, Wege der Forschung 412, Darmstadt 1979, 395–417. *Betont die Bedeutung des Prestigedenkens, das die Großmächte in den Krieg riss.*

Brunt, P. A., Spartan Policy and Strategy in the Archidamian War, Phoenix 19, 255–280. *Beste zusammenfassende Studie über die Spartanische Kriegsstrategie.*

Ste. Croix, G. E. M. de, The Origins of the Peloponnesian War, London 1972. *Sieht in den Spartanern die eigentlich kriegstreibende Partei und spielt dementsprechend das megarische Psephisma in seiner Bedeutung herunter.*

Ellis, W. M., Alcibiades, London/New York 1989. *Nüchterne Biographie, die insbesondere die Geschichten über die privaten und familiären Beziehungen des Alkibiades kritisch durchleuchtet und zu dem Schluss kommt, dass seine Strategie während des Sizilienfeldzuges die erfolgversprechendste war.*

Frost, F. J., Pericles, Thucydides, son of Melesias and Athenian Politics before the war, Historia 13 (1964), 385–399.

Holladay, J., Athenian Strategy in the Archidamian War, Historia 27 (1978), 399ff.

Kagan, D., The Outbreak of the Peloponnesian War, New York 1968. *Wie alle Bücher Kagans auf breiter Quellenbasis verfasste Darstellung der Ereignisse mit z. T. originellen Interpretationen.*

Kagan, D., The Archidamian War, Ithaca/London 1974.

Kagan, D., The Peace of Nicias and the Sicilian Expedition, Ithaca und London 1981.

Kagan, D., The Fall of the Athenian Empire, Ithaca und London 1987.

Kiechle, F., Ursprung und Wirkung der machtpolitischen Theorien im Geschichtswerk des Thukydides, Gymnasium 70 (1963), 298–312. *These, dass Perikles von sophistischen Machtlehren überzeugt gewesen sei und nach ihnen handelte.*

Legon, R. P.,The Megarian Decree and the Balance of Greek Naval power, Classical Philology 69 (1973), 161–171. *Überzeugende These, wonach das Flottenbauprogramm der Korinther die Athener zum Handeln bewog.*

Lotze, D., Lysander und der Peloponnesische Krieg, Berlin 1964. *Grundlegende Arbeit über die Politik Lysanders und ihr Verhältnis zur Entwicklung Spartas.*

MacDonald, B. R., The Megarian Decree, Historia 32 (1983), 396–410. *Gegen die Auffassung, das megarische Psephisma habe größere wirtschaftliche Schäden angerichtet.*

IV. Griechenland und die Folgen des Krieges im 4. Jahrhundert

Bockisch, G., Die sozial-ökonomische und politische Krise der Lakedaimonier und ihrer Symmachoi im 4. Jahrhundert v. Chr., in: Elisabeth Charlotte Welskopf (Hrsg.), Hellenische Poleis. Krise – Wandlung – Wirkung. Bd. 1, Berlin 1974, 199–223 *Nüchterne Übersicht über die spartanische Außenpolitik und ihre Probleme bis Leuktra.*

Burke, E. M., Athens after the Peloponnesian War: Restoration Effects and the Role of Maritime Commerce, Classical Antiquity 9 (1990), 1–13. *These, dass ein großer Teil der athenischen Außenpolitik nach dem Peloponnesischen Krieg durch die Bemühungen zu erklären ist, die athenische Wirtschaft und Seehandel im Piräus wieder zu beleben.*

Carter, L. B., The Quiet Athenian, Oxford 1986.

David, E., Aristophanes and Athenian Society of the Early Fourth Century, Leiden 1984.

French, A., Economic Conditions in Fourth Century Athens, Greece and Rome 38,1 (1991), 24–40. *Beste Übersicht über die wirtschaftlichen Folgen des Krieges und die ökonomischen Bedingungen in Athen. Relativiert die wirtschaftlichen Schäden des Krieges.*

Funke, P., Homónoia und Arché. Athen und die griechische Staatenwelt vom Ende des Peloponnesischen Krieges bis zum Königsfrieden (404/3–387/6 v. Chr.). Historia Einzelschriften 37, Wiesbaden 1980. *Grundlegende Darstellung der Außenpolitik der griechischen Staaten und ihrer innenpolitischen Implikationen bis zum Königsfrieden. Widerlegung der These von Parteien und ihren sozioökonomischen Zuordnungen.*

Gehrke, H.-J., Jenseits von Athen und Sparta. Das Dritte Griechenland und seine Staatenwelt, München 1986. *Klar gegliederter und informativer Überblick, der besonders die unterschiedlichen geographischen und wirtschaftlichen Bedingungen mit berücksichtigt.*

Hansen, M. H., Die Athenische Demokratie im Zeitalter des Demosthenes, Berlin 1995. *Systematisch angelegtes und quellengestütztes Standardwerk.*

Hodkinson, St., Warfare, wealth, and the crisis of Spartiate Society, in: J. Rich, G. Shipley (Hrsg.), War and Society in the Greek world, London/New York 1999, 146–176. *Beste zusammenfassende Untersuchung über die Auswirkungen des Krieges und die neuen Herrschaftsaufgaben der spartanischen Gesellschaft.*

Legon, R. P., Megara. The Political History of a Greek City-State to 336 B.C., Ithaca/ London 1981. *Standardwerk zur Geschichte der Stadt, das die wirtschaftliche Blüte Megaras nach dem Großen Krieg herausarbeitet.*

McKechnie, P., Outsiders in the Greek Cities in the Fourth Century BC, London/New York 1989.

Meier, Chr., Athen gegen Sparta. Die Bilanz eines Krieges, Damals 20 (1988), 462–477. *Essayistischer Überblick über den Krieg und seine Konsequenzen.*

Mossé, Cl., Der Zerfall der Athenischen Demokratie (404–86), Zürich/München 1977. *In ihrer Kernthese zwar überholte, aber zur Einführung in die Epoche immer noch sehr hilfreiche, quellennahe Darstellung.*

Nippel, W., Mischverfassungstheorie und Verfassungsrealität in Antike und früher Neuzeit, Stuttgart 1980.

Ober, J., Fortress Attica: Defense of the Athenian Land Frontier 404–322 B.C., Leiden 1985.

Salmon, J. B., Wealthy Corinth. A History of the City to 338 B.C., Oxford 1984. *Beste Zusammenfassung der Geschichte der Stadt mit breiter Berücksichtigung auch der archäologischen Funde. Gegen die alte These von Korinth als „Handelsstadt".*

Strauss, B. S., Athens after the Peloponnesian War, Itaca/New York 1986. *Eindringliche Analyse der Innen- und Außenpolitik sowie ihrer Rahmenbedingungen bis zum Königsfrieden auf der Basis der neueren Forschung. These von den Faktionen als Träger des Entscheidungsprozesses.*

Tritle, L. A. (Hrsg.), The Greek world in the fourth century, London 1977.

Schulz, R., Militärische Revolution und politischer Wandel. Das Schicksal Griechenlands im 4. Jahrhundert, HZ 268 (1999), 281–310.

Urban, R., Der Königsfrieden von 387/86 v.Chr. Vorgeschichte, Zustandekommen, Ergebnis und politische Umsetzung (Historia Einzelschr. 68), Stuttgart 1991.

V. Neue Ordnungskonzepte und die Antworten der Intellektuellen auf die Probleme der Zeit

Beck, H., Polis und Koinon. Untersuchungen zur Geschichte und Struktur der griechischen Bundesstaaten im 4. Jahrhundert v.Chr. (Historia Einzelschr. 114), Stuttgart 1997.

Ceccarelli, P., Sans Thalassokratie, pas de Démocratie? Le Rapport entre thalassocratie et démocratie à Athènes dans la discussion du Ve et IVe siècle av. J.-C., Historia 42 (1993), 444–470. *Gründliche Analyse der Redner, Historiker, Philosophen und Publizisten hinsichtlich der Frage, ob sie einen Zusammenhang zwischen der Seeherrschaft und der athenischen Demokratie thematisieren. Dies ist mit Ausnahme der Philosophen nicht der Fall: Die Seeherrschaft wird als (wirtschaftlich) vorteilhaft interpretiert.*

Funke, P., Die Bedeutung der griechischen Bundesstaaten in der politischen Theorie und Praxis des 5. und 4. Jahrhunderts v.Chr. (Auch eine Anmerkung zu Aristot. pol.1261 a 22–29), in: W. Schuller (Hrsg.), Politische Theorie und Praxis im Altertum, Darmstadt 1998, 59–71.

Jehne, M., Koine Eirene. Untersuchungen zu den Befriedungs- und Stabilisierungsbemühungen in der griechischen Poliswelt des 4. Jahrhunderts v. Chr. (Hermes Einzelschriften 63), Stuttgart 1994.

Lévy, E., Athènes devant la Défaite de 404, Histoire d'une crise Idéologique, Athen 1976. *Häufig zitierte, aber selten gelesene, auf umfangreicher Quellenanalyse basierende Arbeit über die ideologische und geistige Auseinandersetzung der Athener mit der Niederlage von 404.*

Ober, J., Views of Sea Power in the Fourth-Century Attic Orators, The Ancient World 1 (1978), 113–130.

Perlmann, S., Panhellenism, the Polis and Imperialism, Historia 25 (1976), 1–30. *Panhellenismus als Ideologie zur Durchsetzung machtpolitischer Ziele (v.a. Athens).*

Personen- und Sachregister

Die hervorgehobenen Seitenzahlen verweisen auf ein Insert zum Registerstichwort.